中国社会科学院创新工程学术出版资助项目

国家社科基金重大特别委托项目
西藏历史与现状综合研究项目

中国社会科学院创新工程学术出版资助项目

国家社科基金重大特别委托项目
西藏历史与现状综合研究项目

西藏基本公共服务能力提升与民生改善研究

郑 洲 著

社会科学文献出版社
SOCIAL SCIENCES ACADEMIC PRESS (CHINA)

本著作获教育部新世纪优秀人才支持计划项目（NCET-13-0981）资助

西藏历史与现状综合研究项目
编 委 会

名誉主任　江蓝生

主　　任　郝时远

副 主 任　晋保平

成　　员　（按姓氏音序排列）

　　　　　　旦增伦珠　尕藏加　郝时远　何宗英
　　　　　　胡　岩　　江蓝生　晋保平　刘晖春
　　　　　　马加力　　石　硕　宋月华　苏发祥
　　　　　　许德存（索南才让）许广智　杨　群
　　　　　　扎　洛　　张　云　仲布·次仁多杰
　　　　　　周伟洲　　朱　玲

总　序

郝时远

中国的西藏自治区，是青藏高原的主体部分，是一个自然地理、人文社会极具特色的地区。雪域高原、藏传佛教彰显了这种特色的基本格调。西藏地区平均海拔 4000 米，是人类生活距离太阳最近的地方；藏传佛教集中体现了西藏地域文化的历史特点，宗教典籍中所包含的历史、语言、天文、数理、哲学、医学、建筑、绘画、工艺等知识体系之丰富，超过了任何其他宗教的知识积累，对社会生活的渗透和影响十分广泛。因此，具有国际性的藏学研究离不开西藏地区的历史和现实，中国理所当然是藏学研究的故乡。

藏学研究的历史通常被推溯到 17 世纪西方传教士对西藏地区的记载，其实这是一种误解。事实上，从公元 7 世纪藏文的创制，并以藏文追溯世代口传的历史、翻译佛教典籍、记载社会生活的现实，就是藏学研究的开端。同一时代汉文典籍有关吐蕃的历史、政治、经济、文化、社会生活及其与中原王朝互动关系的记录，就是中国藏学研究的本土基础。现代学术研究体系中的藏学，如同汉学、东方学、蒙古学等国际性的学问一样，曾深受西学理论和方法的影响。但是，西学对中国的研究也只能建立在中国历史资料和学术资源基础之上,因为这些历史资料、学术资源中所蕴含的不仅是史实,而且包括了古代记录者、撰著者所依据的资料、分析、解读和观念。因此,中国现代藏学研究的发展,不仅需要参考、借鉴和吸收西学的成就,而且必须立足本土的传统,光大中国藏学研究的中国特色。

作为一门学问,藏学是一个综合性的学术研究领域,"西藏历史与现状综合研究项目"即是立足藏学研究综合性特点的国家社会科学基金重大特别委托项目。自2009年"西藏历史与现状综合研究项目"启动以来,中国社会科学院建立了项目领导小组,组成了专家委员会,制定了《"西藏历史与现状综合研究项目"管理办法》,采取发布年度课题指南和委托的方式,面向全国进行招标申报。几年来,根据年度发布的项目指南,通过专家初审、专家委员会评审的工作机制,逐年批准了一百多项课题,约占申报量的十分之一。这些项目的成果形式主要为学术专著、档案整理、文献翻译、研究报告、学术论文等类型。

承担这些课题的主持人,既包括长期从事藏学研究的知名学者,也包括致力于从事这方面研究的后生晚辈,他们的学科背景十分多样,包括历史学、政治学、经济学、民族学、人类学、宗教学、社会学、法学、语言学、生态学、心理学、医学、教育学、农学、地理学和国际关系研究等诸多学科,分布于全国23个省、自治区、直辖市的各类科学研究机构、高等院校。专家委员会在坚持以选题、论证等质量入选原则的基础上,对西藏自治区、青海、四川、甘肃、云南这些藏族聚居地区的学者和研究机构,给予了一定程度的支持。这些地区的科学研究机构、高等院校大都具有藏学研究的实体、团队，是研究西藏历史与现实的重要力量。

"西藏历史与现状综合研究项目"具有时空跨度大、内容覆盖广的特点。在历史研究方面，以断代、区域、专题为主，其中包括一些历史档案的整理，突出了古代西藏与中原地区的政治、经济和文化交流关系；在宗教研究方面，以藏传佛教的政教合一制度及其影响、寺规戒律与寺庙管理、僧人行止和社会责任为重点，突出了藏传佛教与构建和谐社会的关系；在现实研究方面，则涉及政治、经济、文化、社会和生态环境等诸多领域，突出了跨越式发展和长治久安的主题。

在平均海拔4000米的雪域高原，实现现代化的发展，是中国改革开放以来推进经济社会发展的重大难题之一，也是没有国际经验可资借鉴的中国实践，其开创性自不待言。同时，以西藏自治区现代化为主题的经济社会发展，不仅面对地理、气候、环境、经济基础、文化特点、社会结构等特殊性，而且面对境外达赖集团和西方反华势力制造的"西藏问题"。因此，这一项目的实施也必然包括针对这方面的研究选题。

所谓"西藏问题"是近代大英帝国侵略中国、图谋将西藏地区纳入其殖民统治而制造的一个历史伪案，流毒甚广。虽然在一个世纪之后，英国官方承认以往对中国西藏的政策是"时代错误"，但是西方国家纵容十四世达赖喇嘛四处游说这种"时代错误"的国际环境并未改变。作为"时代错误"的核心内容，即英国殖民势力图谋独占西藏地区，伪造了一个具有"现代国家"特征的"香格里拉"神话，使旧西藏的"人间天堂"印象在西方社会大行其道，并且作为历史参照物来指责1959年西藏地区的民主改革、诋毁新西藏日新月异的现实发展。以致从17世纪到20世纪上半叶,众多西方人(包括英国人)对旧西藏黑暗、愚昧、肮脏、落后、残酷的大量实地记录,在今天的西方社会舆论中变成讳莫如深的话题,进而造成广泛的"集体失忆"现象。

这种外部环境,始终是十四世达赖喇嘛及其集团势力炒作"西藏问题"和分裂中国的动力。自20世纪80年代末以来,随着苏联国家裂变的进程,达赖集团在西方势力的支持下展开了持续不断、无孔不入的分裂活动。达赖喇嘛以其政教合一的身份,一方面在国际社会中扮演"非暴力"的"和平使者",另一方面则挑起中国西藏等地区的社会骚乱、街头暴力等分裂活动。2008年,达赖集团针对中国举办奥运会而组织的大规模破坏活动,在境外形成了抢夺奥运火炬、冲击中国大使馆的恶劣暴行,在境内制造了打、砸、烧、杀的严重罪行,其目的就是要使所谓"西藏问题"弄假成真。而一些西方国家对此视而不见,则大都出于"乐观其成"的"西化""分化"中国的战略意图。其根本原因在于,中国的经济社会发展蒸蒸日上,西藏自治区的现代化进程不断加快,正在彰显中国特色社会主义制度的优越性,而西方世界不能接受中国特色社会主义取得成功,达赖喇嘛不能接受西藏地区彻底铲除政教合一封建农奴制度残存的历史影响。

在美国等西方国家的政治和社会舆论中,有关中国的议题不少,其中所谓"西藏问题"是重点之一。一些西方首脑和政要时不时以会见达赖喇嘛等方式,来表达他们对"西藏问题"的关注,显示其捍卫"人权"的高尚道义。其实,当"西藏问题"成为这些国家政党竞争、舆论炒作的工具性议题后,通过会见达赖喇嘛来向中国施加压力,已经成为西方政治作茧自缚的梦魇。实践证明，只要在事实上固守"时代错误"，所谓"西藏问题"的国际化只能导致搬石砸脚的后果。对中国而言，内因是变化的依据，外因是变化的条件这一哲学原理没有改变，推进"中国特色、西藏特点"现代化建设的时间表是由中国确定的，中国具备抵御任何外部势力破坏国家统一、民族团结、社会稳定的能力。从这个意义上说，本项目的实施不仅关注了国际事务中的涉藏斗争问题，而且尤其重视西藏经济社会跨越式发展和长治久安的议题。

在"西藏历史与现状综合研究项目"的实施进程中，贯彻中央第五次西藏工作座谈会的精神，落实国家和西藏自治区"十二五"规划的发展要求，是课题立项的重要指向。"中国特色、西藏特点"的发展战略，无论在理论上还是在实践中，都是一个现在进行时的过程。如何把西藏地区建设成为中国"重要的国家安全屏障、重要的生态安全屏障、重要的战略资源储备基地、重要的高原特色农产品基地、重要的中华民族特色文化保护地、重要的世界旅游目的地"，不仅需要脚踏实地地践行发展，而且需要科学研究的智力支持。在这方面，本项目设立了一系列相关的研究课题，诸如西藏跨越式发展目标评估，西藏民生改善的目标与政策，西藏基本公共服务及其管理能力，西藏特色经济发展与发展潜力，西藏交通运输业的发展与国内外贸易，西藏小城镇建设与发展，西藏人口较少民族及其跨越式发展等研究方向，分解出诸多的专题性研究课题。

注重和鼓励调查研究，是实施"西藏历史与现状综合研究项目"的基本原则。对西藏等地区经济社会发展的研究，涉面甚广，特别是涉及农村、牧区、城镇社区的研究，都需要开展深入的实地调查，课题指南强调实证、课题设计要求具体，也成为这类课题立项的基本条件。在这方面，我们设计了回访性的调查研究项目，即在20世纪五六十年代开展的藏区调查基础上，进行经济社会发展变迁的回访性调查，以展现半个多世纪以来这些微观社区的变化。这些现实性的课题，广泛地关注了经济社会的各个领域，其中包括人口、妇女、教育、就业、医疗、社会保障等民生改善问题，宗教信仰、语言文字、传统技艺、风俗习惯等文化传承问题，基础设施、资源开发、农牧业、旅游业、城镇化等经济发展问题，自然保护、退耕还林、退牧还草、生态移民等生态保护问题，等等。我们期望这些陆续付梓的成果，能够从不同侧面反映西藏等地区经济社会发展的面貌，反映藏族人民生活水平不断提高的现实，体现科学研究服务于实践需求的智力支持。

如前所述，藏学研究是中国学术领域的重要组成部分，也是中华民族伟大复兴在学术事业方面的重要支点之一。"西藏历史与现状综合研究项目"的实施涉及的学科众多，它虽然以西藏等藏族聚居地区为主要研究对象，但是从学科视野方面进一步扩展了藏学研究的空间，也扩大了从事藏学研究的学术力量。但是，这一项目的实施及其推出的学术成果，只是当代中国藏学研究发展的一个加油站，它在一定程度上反映了中国藏学研究综合发展的态势，进一步加强了藏学研究服务于"中国特色、西藏特点"的发展要求。但是，我们也必须看到，在全面建成小康社会和全面深化改革的进程中，西藏实现跨越式发展和长治久安，无论是理论预期还是实际过程，都面对着诸多具有长期性、复杂性、艰巨性特点的现实问题，其中包括来自国际层面和境外达赖集团的干扰。继续深化这些问题的研究，可谓任重道远。

在"西藏历史与现状综合研究项目"进入结项和出版阶段之际，我代表"西藏历史与现状综合研究项目"专家委员会，对全国哲学社会科学规划办公室、中国社会科学院及其项目领导小组几年来给予的关心、支持和指导致以崇高的敬意！对"西藏历史与现状综合研究项目"办公室在组织实施、协调联络、监督检查、鉴定验收等方面付出的努力表示衷心的感谢！同时，承担"西藏历史与现状综合研究项目"成果出版事务的社会科学文献出版社，在课题鉴定环节即介入了这项工作，为这套研究成果的出版付出了令人感佩的努力，向他们表示诚挚的谢意！

2013年12月北京

目 录

第一章 绪论 / 1
 第一节 选题背景与研究意义 / 1
 第二节 研究文献综述 / 9
 第三节 研究内容 / 18
 第四节 研究方法 / 18
 第五节 研究创新 / 22
 第六节 资料来源 / 23

第二章 西藏基本公共服务能力提升的
    理论框架 / 24
 第一节 相关概念界定 / 24
 第二节 西藏基本公共服务能力提升的
    理论借鉴 / 34
 第三节 西藏基本公共服务能力提升
    面临的特殊性 / 46

第三章　西藏基本公共服务供给中的基础教育 / 55
　第一节　基础教育纳入基本公共服务的理由 / 55
　第二节　西藏基础教育供给现状：以农牧区
　　　　　为考察重点 / 59
　第三节　西藏农牧区基础教育服务供给
　　　　　存在问题 / 65

第四章　西藏基本公共服务供给中的医疗卫生 / 75
　第一节　公共卫生纳入基本公共服务的理由 / 75
　第二节　西藏医疗卫生服务供给现状：以农牧区
　　　　　为考察重点 / 79
　第三节　西藏农牧区医疗卫生服务发展概况 / 83
　第四节　西藏农牧区医疗卫生服务供给成效 / 87
　第五节　西藏农牧区医疗卫生服务供给
　　　　　存在问题 / 93

第五章　西藏基本公共服务中的公共就业 / 102
　第一节　公共就业纳入基本公共服务的理由 / 102
　第二节　西藏自治区公共就业服务：以大学生
　　　　　就业服务为例 / 105
　第三节　西藏自治区公共就业服务：以农牧民
　　　　　就业服务为例 / 125

第六章　西藏基本公共服务中的社会保障 / 135
　第一节　社会保障纳入基本公共服务的理由 / 135

第二节　西藏社会保障服务供给现状：

以农牧区为考察重点 / 141

第三节　西藏农村社会保障服务建设概况 / 148

第四节　西藏农村社会保障服务供给

存在问题 / 156

第七章　西藏基本公共服务能力提升路径研究 / 166

第一节　加大中央财政支持与提升西藏基本

公共服务能力 / 171

第二节　加大对口援藏帮扶与提升西藏基本

公共服务能力 / 206

第三节　加强政府能力建设与提升西藏基本

公共服务能力 / 221

第四节　加强管理制度设计创新与提升西藏基本

公共服务能力 / 230

主要参考文献 / 234

第一章 绪论

第一节 选题背景与研究意义

一 选题背景

西藏自治区地处我国西南边陲，全区面积为122.84万平方公里，约占我国国土面积的1/8。西藏自治区北面与新疆维吾尔自治区和青海省毗邻，东面隔金沙江与四川省相望，东南面与云南省相连，西南面分别与缅甸、印度、不丹、尼泊尔等国接壤。西藏自治区是我国西南边陲的重要门户，边境线长达4000多公里。众所周知，由于十四世达赖分裂集团与西方反华势力的长期干扰破坏，西藏长期处于反分裂斗争的前沿阵地，同时也是保卫我国西南边疆安全与国家领土主权完整的前沿阵地。相对于我国内地其他省（自治区、直辖市）而言，西藏自治区在构筑牢固的国家安全屏障方面发挥着十分重要的作用。

自1951年西藏和平解放以来，在中央政府的大力支持与内地省市的无私援助下，在西藏全区各级政府与各族人民的共同努力下，西藏经济社会发展取得了显著成效：城乡基础设施不断完善，瓶颈制约因素进一步缓解，推进跨越式发展的物质基础进一步夯实；社会环境进一步改善，各级政府管理和服务经济社会发展的水平逐步提高，吸引区外资本、技术、人才的能力进一步增强；人口素质稳步提升，各族干部群众思稳定、谋跨越、奔小康的愿望更加强烈，推进跨越式发展的内生环境明显改善。特别是进入21世纪以来，西藏自治区已经驶入经济快速发展、社会全面进步、人民生活水平显著提高的快车道。2010年1月，胡锦涛同志在中央第五次西藏工作座谈会上指出："经过民主改革50年特别是改革开放30多年来的不懈努力，西藏已经实现了基本小康，西藏发展已经站在新的历史起点上。"这为今后西藏实现更好、更快、更大发展奠定了坚实基础。

然而，受特殊的自然条件、地理环境与经济发展水平等因素制约，西藏自治区仍然是我国欠发达地区与落后地区之一，西藏与全国发展差距仍然较大。2010年，西藏全区生产总值仅为507.46亿元；地方财政一般预算收入仅为36.65亿元。① 由此可以看出，西藏经济社会发展基础较为薄弱，经济社会发展水平整体较低，城乡发展不平衡与区域发展不协调状况依然较为严重；城乡居民特别是农牧民生活水平还比较低，改善农牧民生产生活条件的任务依然十分艰巨；西藏农牧民人均收入与全国农村居民人均收入差距逐渐拉大，实现农牧民增收的长效机制尚未建立，农牧民持续增收的难度越来越大，需要进一步拓宽西藏农牧民增收渠道。

胡锦涛同志在中央第五次西藏工作座谈会上指出："当前西藏的社会主要矛盾仍然是人民日益增长的物质文化需要同落后的社会生产之间的矛盾；同时，西藏还存在着各族人民同以达赖集团为代表的分裂势力之间的特殊矛盾。"十四世达赖集团的干扰破坏，仍然是影响西藏跨越式发展与长治久安的最大障碍。我们同十四世达赖集团的斗争是长期的、复杂的、尖锐的，有时甚至是激烈的，反

---

① 《西藏自治区"十二五"时期国民经济和社会发展规划纲要》，《西藏日报》2011年2月11日。

对分裂、维护社会稳定的任务十分艰巨，容不得我们有丝毫懈怠。西藏客观存在的社会主要矛盾与特殊矛盾，决定了西藏工作的主题必须是推进跨越式发展和长治久安；也进一步决定了加快西藏经济社会发展，既是确保各民族实现共同繁荣发展进步的基本公共需求，也是确保我国边疆民族地区长治久安的基本公共需求。

胡锦涛同志在中央第五次西藏工作座谈会上进一步强调指出：做好西藏工作，是深入贯彻落实科学发展观、全面建设小康社会的迫切需要；是构建国家生态安全屏障、实现可持续发展的迫切需要；是维护民族团结、维护社会稳定、维护国家安全的迫切需要；是营造良好国际环境的迫切需要。全党同志一定要站在党和国家工作全局的战略高度，进一步认识做好西藏工作的重要性和紧迫性，认真落实中央关于西藏工作的一系列方针政策，不断开创西藏工作新局面。

根据第六次全国人口普查公布数据，2010年西藏全区总人口为300.22万，其中，农牧民人口占全区总人口的80%左右。西藏自治区人口密度平均为2.4人/平方公里，其中，农牧区人口密度更低，属于典型的地广人稀地区，由此决定了西藏农牧区基本公共服务半径较大，社会管理成本较高，农牧区人口及生产要素的高度分散与政府集中提供基本公共服务能力不足之间的矛盾较为突出。与此同时，由于西藏农牧区自然环境恶劣、自然灾害频繁，导致农牧民生活异常困难，农牧业生产异常脆弱，农牧民生产生活成本相对较高，这也决定了西藏农牧民对农村基本公共服务更加依赖。结合西藏实际区情来看，改善基本公共服务的重点领域在农牧区，重点工作是抓好"改善农牧民生产生活条件、增加农牧民收入"这一首要任务。2010年，西藏农牧民人均纯收入仅为4138.7元，排在全国倒数几位。[①] 与全国一样，西藏全面建设小康社

---

① 《西藏自治区"十二五"时期国民经济和社会发展规划纲要》，《西藏日报》2011年2月11日。

会的战略重点在于妥善解决"三农"问题或"三牧"问题，建设团结、民主、富裕、文明、和谐的社会主义新西藏的重点和难点就在农牧区，因此，要把更多的关怀和温暖送给西藏农牧民群众。胡锦涛同志在中央第五次西藏工作座谈会上指出，推进西藏跨越式发展，要更加注重改善农牧民生产生活条件，切实把保障和改善民生作为西藏经济社会发展的出发点和落脚点，更加注重提高基本公共服务能力和均等化水平。通过不断加大投入，把更多财力投到公共服务领域、落实到重大公益性项目上，把政策资金更多向广大农牧区和边远地区倾斜，推进基本公共服务均等化。

"十二五"时期是西藏自治区承前启后、全面推进跨越式发展和实现长治久安、加快全面建成小康社会的攻坚时期，也是西藏自治区继续追赶全国发展步伐的关键时期。"十二五"时期为了实现西藏更好、更快、更大发展，必须始终突出跨越式发展和长治久安这个主题，这是由西藏的社会主要矛盾与特殊矛盾决定的。为此，必须始终坚持把保障和改善民生作为一切工作的出发点和落脚点，这是我们推进西藏跨越式发展和长治久安的最终目的。西藏自治区"十二五"规划指出，坚持把改善农牧民生产生活条件、增加农牧民收入作为西藏经济社会发展的首要任务。民生凝聚民心，民心关乎和谐。只有突出改善农牧民生产生活条件，增加农牧民收入，切实解决农牧民群众最关心、最直接、最现实的利益问题，实现好、维护好、发展好最广大人民的根本利益，才能让各族人民共享发展成果，共同致力于社会主义新西藏的繁荣进步。

在我国，随着服务型政府建设目标的提出，涉及民生问题的基本公共服务供给日益受到人们的广泛关注。党的十六届六中全会提出，要以发展社会事业和解决民生问题为重点，优化公共资源配置，注重向农村、基层、欠发达地区倾斜，逐步形成惠及全民的基本公共服务体系。党的十七大再次提出，要加快推进以改善民生为重点的社会建设，扩大公共服务，并将人人享有基本公共服务作为促进社会公平正义、让人们共享发展成果的重要内容和基本途径。西藏自治区作为我国欠发达地区之一，只有始终坚持科学发展，更加注重以人为本，更加注重全面协调可持续发展，更加注重统筹兼顾，更加注重保障和改善民生，促进社会公平正义，才能充分发挥后发优势，实现更好、更快、更大发展。西藏自治区"十二五"规划指出，必须坚持共享发展，着力在保障和改善民生上取得新突破。以保障和改善民生为出发点和落脚点，实施"富民兴藏"战略，大力提高基本公共服务能力，尤其是提高政府提供基本民生服务的能力和水平，着重解决农牧区生产生活条件较差、农牧民增收困难等突出问题，努力提高西藏各族群众的生活水平和生活质量，实现"富民"与"强区"的有机统一。

目前，西藏基本公共服务供给水平不仅与自身发展需求相比存在较大差距，而且也落后于全国平均水平。相对我国内地其他省（自治区、直辖市）而言，"民生问题"在西藏表现得尤为突出，保障和改善民生面临的任务也更加艰巨。中央第五次西藏工作座谈会对西藏经济社会发展的主要目标进行了初步规划：到2015年西藏农牧民人均纯收入与全国平均水平的差距显著缩小，基本公共服务能力显著提高，全面建设小康社会的基础更加扎实。西藏自治区"十二五"规划对西藏经济社会发展的总体目标再次进行了规划："十二五"时期西藏农牧民人均纯收入与全国平均水平的差距显著缩小，基本公共服务能力显著提高，全面建设小康社会的基础更加扎实，为到2020年同全国一道实现全面建成小康社会的宏伟目标打下具有决定性意义的基础。中央第五次西藏工作座谈会及西藏自治区"十二五"规划都对"十二五"时期显著提高基本公共服务能力提出了具体要求。

"十二五"时期是西藏自治区全面建设小康社会的关键时期，

也是西藏自治区全面走向现代化的重要转型时期。综合国内外情况来看，在社会转型期存在的社会矛盾普遍较多，也普遍较为突出，进一步对政府的公共服务能力建设提出了严峻考验。就当前西藏自治区政府公共服务能力建设而言，有两个亟须解决的矛盾。一是解决西藏农牧民群众日益增长的公共需求与政府公共产品供给不足之间的矛盾。公共产品供给不足开始取代物质产品供给不足成为新的社会焦点，新的短缺不再存在于商品领域，而是发生在公共服务领域，诸如教育、医疗卫生、社会保障等，尤其是对于西藏农牧民来说，虽然其物质生活条件有了很大的改善，但基本公共服务的供给仍然不足。二是解决西藏经济快速增长背景下农牧民群众迫切要求共享改革发展成果的愿望与现实不够一致之间的矛盾。实事求是地讲，西藏自治区作为我国经济发展较为落后的地区之一，社会发育程度不高，各级政府及干部的思想观念、行政方式、工作作风等还不能完全适应西藏社会发展稳定的新要求和人民群众的新期待；政府部门及部分工作人员的公共服务意识还比较薄弱，为人民群众及市场主体服务的质量和水平有待提高；有的政府部门权责脱节、有权无责，或职责不清、推诿扯皮，办事效率不高，工作作风亟待改进；市场监管和社会管理体系不够健全；等等。这些既影响了政府职能的正常发挥，也不利于市场在资源配置中决定性作用的发挥。这就进一步要求"十二五"时期西藏自治区必须加快转变政府职能，不断强化政府公共服务，努力提升基本公共服务能力。基于此，本书以"十二五"时期西藏自治区基本公共服务能力提升为主题、以改善民生为视角开展研究工作。

二 研究意义

"十二五"时期，西藏自治区政府要有所作为，公平、有效地推进本地区基本公共服务的快速发展，必须充分意识到提升政府基本公共服务能力的重要性。事实上，无论是中央政府，还是西藏自治区政府，都已经意识到这个问题，并开始从整体角度构建和提升西藏自治区政府基本公共服务能力。从2010年1月中央第五次西藏工作座谈会的召开也可以看出，中央政府已经把提升西藏基本公共服务能力和推进基本公共服务均等化作当前和今后一个时期的重要任务。

自2001年中央第四次西藏工作座谈会召开以来，随着西藏经济社会快速、持续发展，事关西藏农牧民群众生活的"民生问题"，如基础教育、医疗卫生、社会保障等受到了前所未有的重视。"民生问题"不仅关系到西藏自治区广大农牧民群众的基本生存权和发展权，也关系到广大农牧民群众的生活品质以及由此产生的"幸福感"。解决西藏"民生问题"，关键在政府。政府的主要职责是为社会公众提供有效的基本公共服务，这对政府基本公共服务能力提出了更高的要求。可以说，增强西藏自治区各级地方政府基本公共服务能力就成了解决"民生问题"的关键。

从西藏基本公共服务供给纵向比较来看，相对于过去而言，西藏基本公共服务供给水平确实有了明显提升，农牧民群众的生产生活条件有了明显改善；但从横向比较来看，西藏不仅与东部发达地区存在很大差距，同时也落后于全国平均水平，尤其是在基础教育、医疗卫生、社会保障、公共就业等基本公共服务方面存在明显短板。西藏公共服务水平整体较为落后的状况，迫切需要我们对西藏自治区政府基本公共服务能力建设进行专题研究。中共十七届二中全会通过的《关于深化行政管理体制改革的意见》中也进一步指出："要全面正确履行政府职能，更加注重公共服务，着力促进教育、卫生等社会事业健康发展，建立健全公平公正、惠及全民、水平适度、可持续发展的公共服务体系，推进基本公共服务均等化；按照财力与事权相匹配的原则，科学配置各级政府的财力，增强地方政府特别是基层政府提供公共服务的能力。"

新公共服务理论认为，服务型政府以公正、透明、高效的理念作为支撑，以更好地为公众和社会提供优质公共产品和服务作为目的。可见，构建现代公共服务型政府的前提就是要提升政府公共服务能力。加强对政府公共服务能力的建设，是现代服务型政府为社会提供各种优质服务的前提和基础。当前，我国正处于由经济建设型政府向公共服务型政府转变的重要阶段，西藏自治区也不例外。本书通过对西藏自治区政府基本公共服务能力建设进行专题研究，有助于推动西藏自治区政府职能转变和构建现代公共服务型政府。

西藏自治区作为我国西部边疆少数民族地区，民族地区地方政府在提升公共服务能力过程中，与我国内地省市地方政府在提升公共服务能力过程中面临相同的问题，诸如公共服务供给投入不足、公共服务体制不够完善，等等。当然，这些因素也是导致西藏自治区政府公共服务供给能力与供给水平长期偏低的重要原因。同时，由于在自然地理、社会文化、民族宗教与生态环境等方面有其内在特殊性，西藏自治区政府在提升基本公共服务能力过程中必然要受到这些特殊性的影响。因此，要保障西藏自治区政府提高公共服务质量、推动民生改善，就必须对西藏自治区政府基本公共服务能力提出更高要求。民族地区地方政府公共服务能力的强弱决定着公共服务供给水平的高低、供给质量的优劣。西藏自治区公共服务水平整体偏低，一方面是受制于其经济发展水平较低等因素的影响；另一方面是西藏自治区政府在提供公共服务的能力上也存在明显差距。这就更需要结合西藏自治区面临的实际特殊情况，对其展开专题研究，以进一步提升西藏自治区政府基本公共服务能力，提高公共服务水平与质量，切实保障和改善民生。

综上所述，对"十二五"时期西藏自治区政府基本公共服务能力提升问题进行研究，对我国构建地方服务型政府、转变地方政府服务职能、加强地方政府公共服务能力建设等具有重要的理论意义。本书可以为提升西藏自治区政府基本公共服务能力探索出一条切实可行的路径，有助于切实解决西藏农牧民群众的"民生问题"，对于进一步维护社会公平正义、减少社会矛盾、促进民族团结、实现社会稳定与推动发展进步、构建西藏和谐社会也具有重要的现实意义。

第二节 研究文献综述

近年来，学术界对我国基本公共服务供给及政府公共服务能力建设问题开展了广泛而又热烈的讨论，取得了一系列较为丰硕的研究成果。同时，有部分学者开始将研究视野转向我国民族地区基本公共服务供给及其政府公共服务能力建设问题，也初步取得了一些研究成果。

一 基本公共服务范畴

中共中央政策研究室原副主任郑新立指出，努力建设服务型政府，提高公共服务能力，为全体居民提供大体均等的公共服务，是市场经济条件下政府的首要职责。当前，要把公共服务的重点放在教育、医疗、就业和社会保障上。[1] 国家行政学院丁元竹教授认为，应当把我国现阶段的基本公共服务界定在医疗卫生（或者叫公共卫生和基本医疗）、义务教育、社会救济、就业服务和养老保险等方面，而且，义务教育、公共卫生和基本医疗、最低生活保障，应当是我们基本公共服务中的"基本"[2]。国务院发展研究中心陈昌盛

---

[1] 郑新立：《深化改革 转变职能 提高政府公共服务能力》，《宏观经济管理》2006年第10期。

[2] 丁元竹：《基本公共服务如何均等化》，《瞭望新闻周刊》2007年第22期。

认为，基本公共服务是建立在一定社会共识基础上，为实现特定公共利益，根据一国经济社会发展阶段和总体发展水平，为维持本国经济社会的稳定、基本的社会正义和凝聚力，保护个人最基本的生存权和发展权所必须提供的公共服务；基本公共服务是一定阶段公共服务应该覆盖的最小范围和边界；根据需求层次，将基础教育、公共卫生和社会保障划分为最基本的公共服务。①中国（海南）改革发展研究院课题组在《2007/08中国人类发展报告：惠及13亿人的基本公共服务》中提出，从基础性、广泛性、迫切性和可行性角度出发，义务教育、公共卫生与基本医疗、基本社会保障、公共就业服务是中国建立社会安全网、保障全体社会成员基本生存权和发展权所必须提供的基本公共服务，它们构成了当前中国基本公共服务的主要内容。②

综上所述，学术界对我国基本公共服务的范围和内容讨论得比较清楚，基本上达成了较为一致的意见。所谓基本公共服务，是指建立在一定社会共识基础上，根据一国经济社会发展阶段和总体发展水平，为维持本国经济社会的稳定、基本的社会正义和凝聚力，保护个人最基本的生存权和发展权，实现人的全面发展所需要的基本社会条件。如基础教育、公共卫生和基本医疗、社会保障等，就是满足一个社会成员基本生存权所需要的基本公共服务。

二　西藏基本公共服务

近年来，有学者结合我国民族地区面临的特殊实际，对民族地区基本公共服务展开了研究。陈全功等认为，对于民族地区而言，在

---

① 陈昌盛：《基本公共服务均等化——中国行动路线图》，《上海证券报》2007年12月21日。
② 联合国开发计划署编《2007/08中国人类发展报告：惠及13亿人的基本公共服务》，中国对外翻译出版公司，2008。

众多基本公共服务中,应该允许结构性不均衡,不同时期的侧重点有所不同。在目前情势下,基础设施、基础教育和基本医疗是最紧要的。[①] 还有学者认为,对于民族地区而言,生存和发展是广大民众的迫切需要。生存,意味着那些能改善生活生命质量的服务是最基本和最需要的;发展,意味着那些能提高个人和家庭收入、提高个人素质,改善未来状况的服务是最需要的。综合来看,基础设施、基础教育、基本医疗与基本生活保障才是民族地区最基本的公共服务。

作为我国以藏族占绝对主体的少数民族自治地区,相对于我国其他少数民族地区而言,西藏自治区因其独特的地理区位与宗教文化,一直受到国内外学者的高度关注。近年来,藏学研究热潮在国内外的骤然兴起便是明证。在此背景下,有学者对西藏基本公共服务供给问题展开了研究。

朱玲认为,在内地大部分地区尤其是欠发达地区基本公共服务供给不足和分配不平等加剧的情况下,西藏自治区政府却保证了农牧业生产支持系统的正常运转,加强了对基础教育和基本健康服务的公共投资,保证了对弱势群体的重点救助。[②] 扎洛认为,西藏自治区仍有80%的人口生活在农牧区,这就意味着西藏人口中的绝大多数所需要的公共产品,诸如经济安全、社会稳定、公益设施以及医疗、教育等全部或部分地依赖村级组织提供。就目前西藏的发展水平说,西藏村级组织所提供的公共服务值得肯定:一是村民获得了较为全面的公共服务,即村民在物质生活和精神生活方面的需求都得到了相应的满足;二是村民获得了较为有效的公共服务,村级组织针对不同情况提供了多样化的服务,说明克服了因其官方色

---

① 陈全功、程蹊:《民族地区的基本公共服务均等化:涵义、现状水平的衡量》,《中南民族大学学报》2008 年第 9 期。

② 朱玲:《西藏农牧区基层公共服务供给与减少贫困》,《管理世界》2004 年第 4 期。

彩而可能带来的僵化。这与全国许多地方村级组织的"瘫痪"状态形成了鲜明对比。①李锦认为，西藏农牧区公共产品供给的大幅度增长，对于改善农牧业发展环境、提高积累、加快农牧业市场化、提高农牧民收入具有明显的作用。但从总体发展水平看，西藏农村公共服务供给还处于较低状态，在今后较长的一段时间内，还需要保持一个较高的投入，才能从根本上缓解西藏农村公共服务供给不足的状况。②郑洲认为，西藏农牧区基础设施"瓶颈"制约较为严重，难以对西藏农牧业经济发展形成有力的支撑，农牧民生活仍然普遍处于贫困阶段。西藏各级政府在财政投入有限的条件下，在增加农村公共产品供给的同时，必须更加注重提高农村公共产品供给效率。③安七一认为，农村公共产品供给是西藏农村和谐社会建设的突破口，并针对西藏农村公共产品供给存在的问题，提出了应着力解决西藏农村公共产品供给的"可得性"问题：让不同地方的农牧民都能够有条件地分享公共产品，公共产品覆盖面要实现公共产品供给和公共服务均等化。④张志英认为，近年来西藏民营经济迅速发展，为社区和私人提供公共产品创造了良好条件，采用社区集体力量和个人力量相结合的方式，能激发农牧民的集体感和参与积极性，更有效地提高农村公共产品供给效率。⑤郑洲以西藏农牧区基础设施、基础教育、基本医疗卫生和基本社会保障等"四基"供

---

① 扎洛：《西藏农区的村级组织及其公共服务供给——西藏农区七村的案例分析》，《中国人口科学》2004年第3期。
② 李锦：《公共品供给——西藏农牧民增收的社区环境改善》，《中国藏学》2006年第3期。
③ 郑洲：《西藏德吉新村扶贫综合开发绩效研究——基于农村公共产品供给的视角分析》，《西藏研究》2007年第4期。
④ 安七一：《公共产品供给与西藏农村和谐社会建设》，《财经科学》2007年第4期。
⑤ 张志英：《西藏农村公共产品供给多元途径的探索》，《西南民族大学学报》2008年第3期。

给为例，对农牧区基本公共服务供给进行了较为系统的研究。① 李雪萍认为，对西藏自治区而言，要实现基本公共服务均等化，应重点增加基本公共服务中的最基本的公共产品供给。②

三　政府能力及公共服务能力

国外学者率先对政府能力及其公共服务能力展开研究。R. 霍金斯认为，政府"能力建设"这一概念蕴含广泛，其目的在于增进政府的公共服务能力，以产生更有效率的、更能回应民意的公共财富和服务。G. F. 凯特林基金会认为，政府能力是一种理性能力，这种理性能力乃是组织成员在学习使用某些技术和模型后，更理性地作出决策和分配资源的能力，以提供良好的公共服务。从上述学者对政府能力概念的描述可以看出，政府能力具有共同特性——服务性，即政府的服务行为和服务能力是为了满足社会公众的基本需求。

对我国政府能力较早展开研究的国内学者是王绍光、胡鞍钢等人，他们在1993年出版了《中国国家能力报告》一书，该著作主要集中探讨中央政府与地方政府的关系，即中央政府和地方政府的职责权限该如何划分等问题。研究结果表明，应加强中央政府的职能，同时在今后要加强政府的公共服务职能。这一研究在当时产生了示范效应，拉开了我国学术界研究政府能力的序幕。

从国外学者的研究成果来看，政府公共服务能力当然是政府能力的一部分，许多学者在研究政府能力的同时已经在探讨政府的公

---

① 郑洲：《西藏农村公共产品供给研究——以农牧区"四基"供给为例》，四川大学出版社，2009。
② 李雪萍：《短板效应：西藏公共产品供给——兼论均衡性公共产品供给特点》，《贵州社会科学》2009年第12期。

共服务能力。目前，国内学者的研究主要体现在对政府公共服务能力的内涵、政府公共服务能力存在的问题及政府公共服务能力的建设等方面。谭兴中认为，政府公共服务能力是指政府提供公共产品和服务的功能及其有效性，"有效性"是政府公共服务能力的终极指标。① 郑中华认为，政府公共服务能力是指政府在公共服务理论指导下，领导制定和实施公共服务规划与公共服务政策，提高公共服务水平，扩大公共服务覆盖面，以公共服务的质量和数量服务于经济增长的本领，具体包括提高政府统筹协调各社会群体利益的能力、提高在生产力发展的过程中实现人民利益的能力、提高政府构造和谐社会的能力、提高政府发展社会事业的能力。② 吕稚知认为，政府公共服务能力是指以政府为主体的社会公共权力组织，为社会公众提供公共产品和公共服务，以不断满足社会大众日益增长的公共需求的能力。③

在此基础上，有学者对我国民族地区公共服务能力建设问题展开了研究。王胜章认为，要提高民族自治地方政府公共服务能力，需要进一步落实民族自治地方财政自治权，完善政府公共财政体制，重新调整政府间公共服务事权、财权划分，建立与完善以社会化为目标的多中心治理的公共服务供给体系。④ 周平认为，民族自治地方政府能力是由各种不同要素组成的，民族自治地方政府能力主要包括发展规划能力、制度创新能力、资源配置能力、市场规制能力、提供公共产品的能力、组织协调能力、社会控制能力七个基本的方面。⑤ 江娟从分析民族自治地方政府公共服务的特殊性入手，总结出了提升民族自治地方政府公共服务能力的对策，即重

---

① 谭兴中：《西部县级政府公共服务能力建设初探》，《重庆社会科学》2007年第12期。
② 郑中华：《政府公共服务的能力建设刍议》，《学习月刊》2009年第1期。
③ 吕稚知：《关于政府服务能力的概念界定及阐述》，《前沿》2010年第14期。
④ 王胜章：《民族自治地方政府公共服务建设思考》，《思想战线》2006年第4期。
⑤ 周平：《边疆多民族地区政治文明建设的问题分析》，《思想战线》2006年第5期。

塑民族自治地方政府公共服务理念、优化民族自治地方政府公共服务职能、创新民族自治地方政府公共服务方式、完善民族自治地方政府公共服务体制等。①党秀云主编的《民族地区公共服务体系创新研究》是目前民族自治地方公共服务领域研究具有代表性的著述，该著作对西藏、内蒙古、广西等民族自治地区的基础设施、基础教育、公共医疗卫生等基础公共服务项目进行了实地考察与调研，对我国少数民族自治地方公共服务体系中存在的问题及其根源进行了全面的梳理与分析。②李秀芹认为，应该从树立和增强公共服务意识、合理增加财政收入和创新公共服务机制等方面着手，不断提高民族自治地方政府服务能力。③蒋莉莉认为，西部少数民族地区基层政府提供公共服务能力的高低主要受限于基层政府"公共服务供给能力"、"基层财政增收能力"和"公共行政管理能力"的强弱，初步提出了基层政府的公共服务供给能力、基层财政增收能力和公共行政管理能力"三大能力"建设方案。④

四 西藏自治区政府公共服务能力

目前，学术界很少有学者对西藏自治区政府公共服务能力建设问题展开系统研究。就笔者目前查阅的研究文献来看，仅有为数不多的几位学者及政府官员提及西藏自治区政府公共服务能力建设的重要性及其存在的问题，但还没有对此进行深入研究。李俊清认为，在促进西藏人权状况改善的诸要素中，政府的公共服务能力起

---

① 江娟：《论民族自治地方政府公共服务能力》，《学理论》2008年第24期。
② 党秀云主编《民族地区公共服务体系创新研究》，人民出版社，2009。
③ 李秀芹：《提升我国民族自治地方政府公共服务能力的路径思考》，《法制与社会》2010年第12期。
④ http://www.gzass.net.cn/kyzg/kyzg27.html。

着最直接、最关键的作用。① 西藏自治区原党委副书记、政府常务副主席郝鹏认为，1951年西藏和平解放以来，依靠中央财政的大力支持，西藏在教育、文化、卫生等公共基础设施建设方面取得了巨大成就，但与各族群众的实际需求相比，还有很大缺口，人口及生产要素高度分散与政府集中提供公共产品能力之间的矛盾比较突出。②

五 基本公共服务与民生改善关系研究

解决"民生问题"，关键在政府。政府的主要职责是为公众提供有效的公共服务和产品，因而首先对政府的公共服务能力提出了更高的要求。有学者研究指出，加强基本公共服务供给是推动民生改善的重要基础。常修泽、陈海威等从公共服务具体内涵的分析维度，将公共服务大致划分为涉及公民生存权的基本民生服务、涉及公民发展的公共事业服务、为公民提供生活环境的基础服务与社会公共安全服务四个方面，其中，涉及公民生存权的基本民生服务包括劳动就业、社会保障、社会服务以及社会救助等。③ 李培林认为，根据新阶段我国民生问题的新特点，在改善民生上要有新举措、新突破，首先应在提供公共产品和公共服务方面有所突破。随着人民群众生活水平的日益提高，他们有了更高的物质文化需求，于是出现了某些公共产品和公共服务的供给短缺，为此，必须加大教育、医疗、住房、社会保障等公共服务供给，提高人民群众在这方面的享有能力。④ 王伟同认为，随着中国民生领域矛盾的不断深化，民

---

① 李俊清：《从政府公共服务水平提升看西藏人权的改善》，《中国行政管理》2008年第6期。
② 郝鹏：《关于现阶段政府管理创新的初步思考》，《行政管理改革》2010年第3期。
③ 常修泽：《和谐社会四个关系之分析》，《经济前沿》2006年第12期；陈海威：《中国基本公共服务体系研究》，《科学社会主义》2007年第3期。
④ 李培林：《改善民生的三个突破》，《农村工作通讯》2008年第1期。

众对于政府提供更多、更有效的公共服务诉求也日益强烈。现阶段，政府应将关注的焦点仍应放置于公共服务内部，以期在有限的公共服务投入基础上实现最优的公共服务效果，这不失为一条合理的民生解决之道。①

在此基础上，有学者对西藏基本公共服务供给与民生问题展开了初步研究。次仁卓玛认为民生是西藏稳定的基石，改善民生为化解西藏社会矛盾提供了良好平台，有助于促进西藏社会稳定与和谐。②扎洛从农牧民增收、教育普及、医疗服务与救济救灾等方面简要分析了西藏民生改善的成就、困境与路径选择。③

综上所述，目前学术界对西藏基本公共服务供给问题比较关注，初步形成了一系列有影响的研究成果，但对如何增强西藏基本公共服务能力的研究尚显不足。尽管也有少数学者涉及西藏民生改善问题的研究，但其研究范围还有待进一步拓宽，研究深度也还有待进一步提高；如何将增强西藏自治区政府基本公共服务能力与改善民生二者结合起来进行研究，尚付阙如，正是本课题的研究任务所在。总之，"十二五"时期西藏自治区如何抓住国家改善民生的发展机遇以及中央给予西藏的各种特殊优惠政策，切实增强西藏自治区政府基本公共服务能力，建立健全基本公共服务体系，进而大力改善西藏民生，就成为一个既顺应国内形势需要，又能推进西藏和谐社会建设的重大现实问题。

---

① 王伟同：《公共服务投入决策与产出效果的互动影响》，《财经科学》2010年第10期。
② 次仁卓玛：《民生是西藏稳定的基石——纪念邓小平〈立足民族平等，加快西藏发展〉发表20周年》，《西藏发展论坛》2007年第4期。
③ 扎洛：《西藏的民生改善——成就、困境与路径选择》，《青海社会科学》2009年第5期。

第三节　研究内容

本书主要从以下四个部分、七个章节开展研究工作。

第一部分，即本书第一章绪论部分。本部分主要介绍了选题背景、研究意义、研究文献综述、研究内容、研究方法及研究创新等，为本书研究工作的开展进行了全面铺垫。

第二部分，即本书第二章西藏基本公共服务能力提升的理论框架。本部分首先对基本公共服务、西藏基本公共服务及西藏基本公共服务能力提升等概念的基本内涵进行了初步界定，这是本书开展研究工作的逻辑起点；其次，以新公共管理理论与新公共服务理论为基础，对西藏基本公共服务能力提升的理论依据进行了分析，这是本书开展研究工作的理论借鉴；最后，对西藏基本公共服务能力提升面临的特殊性进行了系统分析，进一步找到本书开展研究工作的切入点。

第三部分，即本书第三章至第六章，以"十一五"时期为例，对西藏基本公共服务能力现状进行研究。本部分以西藏农牧区基础教育、医疗卫生、公共就业与社会保障服务为研究对象，对"十一五"时期西藏基本公共服务供给现状、供给成效以及存在的问题进行全面分析，是本书研究西藏基本公共服务能力现状的现实写照。

第四部分，即本书第七章西藏基本公共服务能力提升路径研究。本部分为结论部分，以"十二五"时期为考察维度，全面分析西藏基本公共服务能力提升的具体路径。

第四节　研究方法

本书的主要研究方法有以下几种。

第一，一般与特殊相结合的研究方法。西藏农村公共产品供给是我国农村公共产品供给体系中的一个重要有机组成部分，西藏农村公共产品供给与我国农村公共产品供给之间的关系是个别与一般的关系，因此，研究"十二五"时期西藏自治区基本公共服务能力提升这一主题，首先应将其放到全国整体格局中进行一般性分析。然而，由于在自然地理条件、社会发育程度、历史传统文化以及生态环境建设等方面均有别于内地其他省市，西藏农村公共产品供给有其内在特殊性，因此，研究"十二五"时期西藏自治区基本公共服务能力提升这一主题，更应充分结合西藏自治区面临的诸多特殊实际进行深入分析，了解西藏农牧区这个特殊区域内基本公共服务能力提升的内在特殊运行机理。如第二章对西藏基本公共服务能力提升进行理论解读时，既结合西方公共经济学的一般原理进行详细解读，同时，又紧密结合西藏农牧区的特殊情况，对西藏农村公共产品供给的内在特殊性进行了具体分析。

第二，文献研究与实地调查相结合的研究方法。目前，有关西藏农村公共服务的文献资料比较丰富。如国家统计局主编的《西藏统计年鉴》（2000~2015年）、西藏社会科学院主编的《中国西藏发展报告》（蓝皮书）等；中国藏学研究中心主办的《中国藏学》、西藏社会科学院主办的《西藏研究》等学术刊物，所刊发的一系列学术论文均与西藏农村公共服务相关。近年来，随着"藏学"研究热的再度兴起，国内外一些学者出版了系列有关西藏农村公共服务研究的学术著作。西藏自治区政府主办的中国西藏新闻网，也刊登了大量有关西藏农村公共服务的文献资料。对现有文献资料进行搜集、整理和消化，既是本课题研究的重要方法，也是本课题研究的重要基础。西藏自治区是一个具有诸多特殊性的地区，对于许多至今没有到过西藏的人来说，西藏仍然是一个十分"神秘"的地区。在这个特殊区域内，有许多情况至今仍然属于未解之迷。基于此，我们必须坚持实事求是的态度和一切从实际出发的原则，脚踏实地深入西藏农牧民生产生活第一线，开展大量实地调查研究，广泛收集第一手研究资料，进一步增强对西藏农牧民生产生活的亲身体验与主观感受。然后，结合公共部门经济学的相关理论，将田野调查数据与文献研究资料相结合，以增强理论分析的说服力。唯有如此，本书所开展的研究工作才不至于脱离西藏农牧区实际，本书研究所提出的政策建议，也才更能具有参考价值与指导意义。

第三，比较分析的研究方法。比较分析是指将同类事物在发展过程中的异同点进行对比的分析方法，具体分为纵向比较和横向比较。在笔者看来，纵向比较就是对西藏基本公共服务能力在不同阶段的表现情况进行比较，以掌握其发展过程中的共同特征及其差异性，从而全面认识其演进特点与运行规律。本书以西藏农牧区基础教育、医疗卫生、社会保障、公共就业服务等农村基本公共服务供给为例，以西藏和平解放为起点，对民主改革、西藏自治区政府成立以及中央第一次西藏工作座谈会以来等不同阶段的供给能力进行纵向比较。其中，本书重点以"十一五"时期西藏基本公共服务供给情况为考察对象，通过梳理"十一五"时期西藏基本公共服务能力提升脉络，把握其内在运行规律和演变机理，进而为"十二五"时期提升西藏基本公共服务能力提供参考。横向比较就是把西藏农村基本公共服务供给情况与我国内地省市农村基本公共服务供给情况进行比较分析。通过横向比较分析，既看到西藏基本公共服务能力与全国存在的差距，找到努力方向与目标，又清醒地看到与内地其他地区相比，西藏自治区在提升基本公共服务能力进程中所享有的特殊优惠政策及潜在优势，进而在发展差距与现实困难面前增强自信，在提升基本公共服务能力进程中增添动力。

第四，系统分析的研究方法。西藏农村基本公共服务供给是一个由多要素组成的有机整体，而且各要素之间是相互依存、相互制约、相互作用的，并在这种过程中形成相对稳定的程序性和层次性。因此，本书在研究中把西藏农村基本公共服务供给作为一个系统来对待，用系统的观点进行研究。在西藏农牧区特殊的自然地理环境下，农牧民生产生活条件还比较差，对农村公共服务的依赖程度将大于内地任何一个省市。然而，长期以来西藏与内地省市一样实施城乡公共服务二元供给体制，由此造成农村基本公共服务供给严重不足，这也是导致西藏基本公共服务能力较差的重要原因。西藏农牧民对农村公共产品的需求量比较大，需求面比较宽，供需缺口也比较大。目前，西藏全区上下正在大力推进"民生工程"建设，以期推进西藏和谐社会建设。然而，在中央财政对西藏农村公共服务供给投入还相对有限的情况下，必须抓住重点，着力解决西藏农牧民最关心、最直接的切身利益问题，并从系统的角度提供西藏农村基本公共服务。首先，应优先提供解决促进西藏农牧区人力资本发展的农村公共服务，如提供基础教育、医疗卫生服务等；其次，应着重提供促进西藏农牧区大学生及农牧民就业的公共就业服务，这是增加西藏农牧民家庭收入的重要途径；最后，应扩展供给改善西藏农牧民社会福利水平的农村公共服务，如提供农村基本社会保障服务等。

第五，个案分析的研究方法。个案分析的研究方法是指对具体的人物、事情、社区等进行全面深入的研究。个案分析研究方法的特点是所获取的资料特别具体、丰富，对研究对象的了解也特别深入、细致，能够较好地反映事物或事件发生、发展的变化过程。个案分析的研究方法具有详细、深入等特点，因而其研究结论更具参考价值。尤其是通过微观的个案分析研究，有助于加深对个案类型的透彻了解，进而有助于加深对一般性问题的认识。西藏农牧区地域辽阔，农牧民居住相对分散，西藏农牧区各地农村公共服务供给或多或少存在一些差异，加上受调研经费、调研时间等诸多因素限制，要想对西藏农村公共服务供给的整体情况进行全面分析，还存在不少困难。基于此，本书主要采用了大量的个案分析研究方法，希望通过对个案开展较为深入的调查研究，以期把握西藏基本公共服务能力提升的一般规律。

第五节 研究创新

本书在以下几个方面有所创新。

一是研究视角的创新。本书从提升西藏基本公共服务能力的研究视角，分析了西藏基本公共服务能力提升与保障改善民生的内在逻辑关系。在此基础上，进一步指出了提升西藏基本公共服务能力的实践路径。本书从提升政府公共服务能力的视角进行研究，不仅从理论上进一步丰富和完善了关于我国民族自治地区地方政府公共服务研究，而且从履行政府职能的角度，为西藏自治区政府更好地提供农村基本公共服务提出一系列切实可行的原则与方法，初步提出西藏自治区政府公共服务能力提升的具体实践路径。

二是研究内容的创新。从理论上讲，相对于内地一般省市政府基本公共服务供给而言，西藏自治区政府基本公共服务在供给方式、供给内容、政策环境、效率评价等方面存在诸多差异。本书通过对西藏农村基本公共服务进行系统研究，有利于我们深刻把握西藏自治区政府提供农村基本公共服务面临的特殊性，从而为西藏自治区政府更好地提供基本公共服务提出可供参考的政策与建议。从实践上看，有助于西藏自治区政府结合本地实际情况，提供更加具有地方特色的公共服务，进而达到更好地实现民族团结、社会稳定与和谐发展的目的。

三是研究方法的创新。目前，学术界对西藏基本公共服务能力的研究还没有完全破题，主要是少数学者和政府官员通过感性的认知，对能力结构、能力水平、能力改进对策与建议进行描述性研究。本书拟采用定性分析与定量研究相结合的方法，以期找到影响西藏自治区政府公共服务能力的确定性变量以及变量影响值的大小，进而根据分析结果提出具体的改进对策与建议。

第六节　资料来源

本书的资料来源主要有：国内外公开发表的有关西藏农村经济研究的各类学术专著及期刊论文等；西藏统计年鉴及西藏地方各级政府的数据统计资料等；西藏自治区人民政府及相关职能部门发布的文件及年度工作报告等；中国西藏信息网及国内其他网站资料、《西藏日报》及国内其他相关报纸等；2007年3月至2015年8月，笔者多次与西藏自治区人民政府办公厅、农牧厅、教育厅、卫生厅、民政厅等相关部门领导座谈所得资料；笔者对贡嘎、扎囊、那曲、定日、定结、萨迦、曲水、日喀则、南木林、江孜、林周、墨竹工卡等地领导及农牧民群众的访谈资料。

第二章 西藏基本公共服务能力提升的理论框架

第一节 相关概念界定

一 基本公共服务

近年来，随着我国建设服务型政府目标的提出，学术界对与之密切相关的一个主题，即基本公共服务展开了广泛而又热烈的讨论。郑新立认为，教育、医疗、就业和社会保障是基本公共服务[1]；丁元竹认为，义务教育、公共卫生和基本医疗、最低生活保障是基本公共服务[2]；陈昌盛认为，基础教育、公共卫生和社会保障是基本公共服务[3]；中国（海南）改革发展研究院课题组认为，义务教育、公共卫生与基本医疗、基本社会保障、公共就业是基本公共服务[4]。在此基础上，有学者进一步对基本公共服务做了分层研究，认为我国基本公共服务大致可细分为四个层面：一是基本民生性服

---

[1] 郑新立：《深化改革，转变职能，提高政府公共服务能力》，《宏观经济管理》2006年第10期。
[2] 丁元竹：《基本公共服务如何均等化》，《瞭望新闻周刊》2007年第22期。
[3] 陈昌盛：《基本公共服务均等化——中国行动路线图》，《上海证券报》2007年12月21日。
[4] 中国（海南）改革发展研究院课题组：《农村基本公共服务现状与问题入户问卷调查报告》，《中国（海南）改革发展研究院简报》第658期。

务，具体包括就业服务、社会保障、住房保障等；二是公共事业性服务，具体包括公共教育、医疗卫生、文化体育等；三是公益基础性服务，具体包括基础设施、生态环境保护等；四是公共安全性服务，具体包括社会安全、国防安全等。由此可以看出，相关研究机构和学者对我国基本公共服务的范围和内容讨论得较为清楚，也基本上达成了相对一致的意见，如把基础教育、公共卫生和基本医疗、社会保障等划为基本公共服务。这种划分标准肯定了满足每个社会成员基本生存权所需要的公共服务，带有普遍意义。综合学术界现有研究来看，所谓基本公共服务是指建立在一定社会共识基础上，根据一国经济社会发展阶段和总体发展水平，为维持本国经济发展与社会稳定、基本的社会正义与凝聚力，保护个人最基本的生存权和发展权，为实现人的全面发展所需要的基本社会条件。

2011年3月16日，《中华人民共和国国民经济和社会发展第十二个五年规划纲要》（以下简称"十二五"规划纲要）正式颁布实施。与《中华人民共和国国民经济和社会发展第十一个五年规划纲要》相比，"十二五"规划纲要多了一篇《改善民生，建立健全基本公共服务体系》，这是整个"十二五"规划纲要中最长的一篇，对我国"十二五"时期基本公共服务的范围和重点做了明确界定。"十二五"时期，我国基本公共服务的范围和重点主要有九个方面，即公共教育、就业服务、社会保障、医疗卫生、人口计生、公共文化、基础设施、住房保障与环境保护。同时，再具体结合"十二五"规划纲要中"改善民生行动计划专栏"来看，"十二五"时期，我国基本公共服务体系大致由"六根支柱"构成，即公共教育、就业服务、社会保障、医疗卫生、公共文化与保障性住房。

2012年7月11日，国务院印发《国家基本公共服务体系"十二五"规划》，对基本公共服务的概念及范围进行了明确界定。所谓基本公共服务，是指建立在一定社会共识基础上，由政府主导提供的、与经济社会发展水平和阶段相适应，旨在保障全体公民生存和发展基本需求的公共服务。① 一般来说，基本公共服务范围可以从狭义与广义两个角度理解：狭义上包括保障基本民生需求的教育、就业、社会保障、医疗卫生、计划生育、住房保障、文化体育等领域的公共服务；广义上还包括与人民生活环境紧密关联的交通、通信、公用设施、环境保护等领域的公共服务，以及保障安全需要的公共安全、消费安全和国防安全等领域的公共服务。②

《中华人民共和国国民经济和社会发展第十二个五年规划纲要》与《国家基本公共服务体系"十二五"规划》关于基本公共服务的概念及范围界定，也就成为本书研究西藏自治区"十二五"时期基本公共服务能力提升的指导思想与参考依据。

二 西藏基本公共服务

（一）民族地区基本公共服务

由于受特殊的自然条件、地理位置、民族宗教、社会文化与经济发展水平等因素影响，我国民族地区基本公共服务的具体内涵，既与全国相似的一面，如民族地区基本公共服务内涵仍然包括公共教育、医疗卫生、社会保障、就业服务等一般性项目，也有民族地区自身较为特殊的一面，因此，需要中央政府和民族自治地区各级地方政府提供一些特殊的基本公共服务，如维护民族团结与促进边疆稳定、弘扬民族传统优秀文化等。尤其是在我国西部民族地区农村牧区，要么是市场经济刚刚起步，要么是市场经济还没有进入这

---

① http://www.gov.cn/zwgk/2012-07/20/content_2187242.htm.
② http://www.gov.cn/zwgk/2012-07/20/content_2187242.htm.

一特殊区域。在西部民族地区由于市场经济不发达，一些在非民族地区可以视为准公共产品，可以由政府和市场共同提供的基本公共服务，因难以实现排他性且缺乏竞争性而成为纯公共产品，必须由政府出资供给。如基础教育，在内地属于准公共产品的，既可以由政府也可以由市场参与供给；在民族地区却具有纯公共产品的性质，市场供给主体缺乏，只好由政府提供。一些原本在非民族地区属于私人产品的，在民族地区却成为准公共产品。如农村住房，在非民族地区属于私人产品，但在民族地区却具有了准公共产品的性质，需要政府加以扶持并保障有效供给。[①] 由此可见，西方公共产品理论的一般原理与我国西部民族地区农村牧区的具体实际还存在一定差距。因此，在研究我国西部民族地区农村基本公共服务时，一定要结合其内在特殊性进行具体分析。

有学者对我国民族地区基本公共服务内涵进行了初步研究。陈全功认为，对我国民族地区而言，基础设施、基础教育和基本医疗才是最基本的公共服务[②]；吕中军认为，基础设施（重点是道路建设）、基础教育、基本医疗与基本生活保障是民族地区最基本的公共服务。[③] 上述学者对我国民族地区基本公共服务具体内涵的研究以及取得的初步成果，对本书开展西藏自治区基本公共服务能力提升研究具有重要的参考价值与借鉴意义。

（二）西藏基本公共服务的内涵

西藏自治区作为我国一个藏族人口占绝对主体的少数民族自治地区，相对于我国其他少数民族地区而言，因其独特的地理位置与

[①] 郑洲：《西藏农村公共产品供给研究——以农牧区"四基"供给为例》，四川大学出版社，2009。

[②] 陈全功、程蹊：《民族地区的基本公共服务均等化：涵义、现状水平的衡量》，《中南民族大学学报》2008年第9期。

[③] 吕中军：《民族自治地方政府公共服务能力研究》，中央民族大学博士学位论文，2012。

宗教文化，一直备受国内外学者的高度关注。近年来，藏学研究热在国内外的骤然兴起便是明证。有学者结合西藏农牧区实际，对西藏基本公共服务供给问题展开了研究，并以西藏农牧区基础设施、基础教育、基本医疗卫生与基本社会保障四类基本公共服务为例，对西藏农村公共产品供给展开了较为深入的研究。①

西藏自治区政府紧密结合"十二五"规划纲要精神与西藏实际区情，对西藏基本公共服务的具体内涵进行了探索。

2008年11月6日，时任西藏自治区人民政府主席向巴平措在接受第二届"全国重点网络媒体西藏行"的记者团采访时谈道，西藏自治区在全国实现了"四个率先"，即"率先在全国实现了真正意义上的免费义务教育、率先在全国实现了免费医疗农村全覆盖、率先在全国实现了最低生活保障制度城乡全覆盖、率先在全国省会城市中实现了无零就业家庭"。目前，西藏最关键的问题是群众生产生活问题，一个是饮用水，一个是道路交通，一个是实现群众安居乐业的民房改造、教育、卫生等问题，再一个就是大的水利设施和大的电力建设。②

2010年3月6日，时任西藏自治区人民政府主席白玛赤林在参加十一届全国人大三次会议时指出，保障和改善民生是西藏工作的出发点和落脚点。西藏自治区保障和改善民生主要抓五个方面的工作：一是大力实施以安居乐业为突破口的社会主义新农村建设，力争让群众住得安心、富得开心、过得舒心；二是优先发展教育，力争让所有的孩子都能够上学、上得好学；三是加快发展医疗卫生事业，力争让各族群众少得病、看得起病、看得好病；四是认真做好就业和再就业工作，力争让各族劳动者就业有岗位、创业有门路、

---

① 郑洲：《西藏农村公共产品供给研究——以农牧区"四基"供给为例》，四川大学出版社，2009。

② http://news.xinhuanet.com/politics/2008-11/08/content_10324903.htm.

致富有盼头；五是完善覆盖城乡的社会保障体系，力争让各族群众衣食有着落、生活有来源、养老有保障。① 西藏自治区人民政府两任主席对西藏民生问题的解读，对本书界定西藏基本公共服务范畴及研究西藏基本公共服务能力提升有重要参考意义。

2011年1月16日，西藏自治区第九届人民代表大会第四次会议正式通过了《西藏自治区"十二五"时期国民经济和社会发展规划纲要》（以下简称西藏"十二五"规划纲要）。西藏"十二五"规划纲要指出："大力加强社会建设，全面提高公共服务水平。逐步建立符合西藏特点、满足基本需求、覆盖城乡的公共服务体系，切实保障和改善民生，确保各族人民物质文化生活水平不断提高。"西藏"十二五"规划纲要还紧密结合保障和改善民生现实需要，进一步提出要按照"政策突出导向、教育突出优先、卫生突出基层、就业突出充分、保障突出覆盖、文化突出繁荣、科技突出普及"的基本要求，建立健全覆盖城乡居民的公共服务体系，全力推进民生改善。这既为"十二五"时期西藏基本公共服务建设做了详细规划，即优先发展教育事业、加快发展医疗卫生事业、着力扩大城乡就业、构建覆盖城乡的社会保障体系、促进文化大发展大繁荣等，又为"十二五"时期西藏自治区保障和改善民生指明了方向。总之，西藏"十二五"规划纲要关于基本公共服务内涵的界定，也就成为本书研究"十二五"时期西藏自治区基本公共服务能力提升的重要依据。

综上所述，依据国内外学术界对基本公共服务内涵的理解，以及西藏自治区在公共服务供给、保障和改善民生等方面客观存在的现实问题，西藏自治区基本公共服务涵盖的范围较为全面，包括基础设施、基础教育、公共卫生、社会保障、就业服务、住房保障、

---

① http://news.sina.com.cn/c/2010-03-10/165619834908.shtml.

公共安全、公共文化及环境保护等。本书仅以西藏农牧区基础教育、公共卫生、公共就业与社会保障为例,对"十二五"时期西藏自治区基本公共服务能力提升这一主题展开系统研究。

三 西藏基本公共服务能力提升

(一)政府能力及其公共服务能力

国外学者率先对政府能力及其公共服务能力展开研究。R. 霍金斯认为,政府"能力建设"这一概念蕴含广泛的活动,其目的是增进政府的服务能力,以产生更有效率的、更能回应民意的公共财富和服务。G. F. 凯特林基金会认为,政府能力是一种理性能力,这种理性能力乃是组织成员在学习使用某些技术和模型后,更理性地作出决策和分配资源的能力,以提供良好的公共服务。[①] 从上述对政府能力的理解,可以看出它们具有共同特性,即服务性,意即政府的服务行为和能力是为了满足社会公众的基本需求。

国内对政府能力研究最早的是王绍光、胡鞍钢等学者,1993 年王绍光和胡鞍钢出版了《中国国家能力报告》,此著作集中探讨中央政府与地方政府的关系,如中央政府和地方政府的职责权限该如何划分。他们认为,应加强中央政府的职能,特别是今后应加强政府的公共服务职能。这一研究在当时产生了示范效应,拉开了我国学术界研究政府能力的序幕。[②]

1997 年,世界银行出版了《1997 年世界发展报告:变革中的世界政府》。该报告将每一个政府的核心使命概括为五项最基本的责任,大体上反映了现代政府所行使的基本职能,即确定法律基

---

① 吕中军:《民族自治地方政府公共服务能力研究》,中央民族大学博士学位论文,2012 年。
② 王绍光、胡鞍钢:《中国国家能力报告》,辽宁人民出版社,1993。

础、保持一个未被破坏的政策环境（包括保持宏观经济的稳定）、投资于基本的社会服务和社会基础设施、保护弱势群体与保护环境。该报告还对县级政府公共服务能力的具体范畴进行了初步界定，即提供基础设施的能力、提供医疗卫生的能力、提供基础教育的能力、提供环境保护的能力、提供社会保障的能力、提供社会秩序的能力及提供政策法规的能力。要全面推进县级政府的公共服务能力建设，就必须对以上七种能力的优化提升予以全面的战略规划。[①] 该研究报告的出版，为我国学者进一步研究政府公共服务能力指明了方向。

从目前学术界研究现状来看，许多学者在研究政府能力的同时已经开始探讨政府公共服务能力建设这一主题。谢来位认为，公共服务能力是指以政府为主体的公共组织在满足社会公众的公共需求中的本领，核心是公共服务的有效性。[②] 谭兴中认为，政府公共服务能力是指政府提供公共服务的功能及其有效性。[③] 由此看来，"有效性"是政府公共服务能力的终极指标。郑中华认为，政府公共服务能力是指政府在公共服务理论的指导下，领导制定和实施公共服务规划与公共服务政策，提高公共服务水平，扩大公共服务的覆盖面，以公共服务的质量与数量服务于经济增长的本领。政府公共服务能力具体包括提高政府统筹协调各社会群体利益的能力、提高在生产力发展的过程中实现人民利益的能力、提高政府构建和谐社会的能力、提高政府发展社会事业的能力。[④] 李松林认为，政府公共服务能力包括自我更新能力、有效的反应和应变能力

[①] 世界银行：《1997年世界发展报告：变革中的世界政府》，蔡秋生等译，中国财政经济出版社，1997。
[②] 谢来位：《公共服务能力建设要点分析》，《行政法》2006年第2期。
[③] 谭兴中：《西部县级政府公共服务能力建设初探》，《重庆社会科学》2007年第12期。
[④] 郑中华：《政府公共服务的能力建设刍议》，《学习月刊》2009年第1期。

以及高效能力与开放能力。① 吕稚知认为，政府公共服务能力是指以政府为主体的社会公共组织，为社会公众提供公共产品和公共服务，以不断满足社会大众日益增长的公共需求的能力。② 综合来看，吕稚知对政府公共服务能力内涵的界定是比较全面的，也基本上为学术界所认同。

（二）民族自治地方政府能力及其公共服务能力

在上述研究的基础上，学者对我国民族自治地方政府能力及其公共服务能力问题展开了研究。周平认为，民族自治地方政府能力主要包括发展规划能力、制度创新能力、资源配置能力、市场规制能力、提供公共产品的能力、组织协调能力、社会控制能力七个方面。③ 本书认为，提供基本公共服务的能力是民族自治地方政府的主要能力之一。蒋莉莉认为，西部少数民族地区基层政府公共服务能力主要表现为基层政府公共服务供给能力、基层财政增收能力与公共行政管理能力。④ 就学术界研究现状来看，吕中军对我国民族自治地方政府公共服务供给能力做了较为深入的研究，分别从狭义与广义两个角度对民族自治地方政府公共服务供给能力的内涵进行了界定。从狭义角度来看，民族自治地方政府公共服务供给能力是指民族自治地方政府在履行其公共服务职能时所体现出来的能力，主要包括对社会公共需求的回应能力与公共服务体系构建的能力，其衡量指标主要包括公共服务的质量、数量以及公众满意度等；从广义的角度来看，民族自治地方政府公共服务供给能力包括民族自治地方政府的自我治理能力、社会治理能力及其综

---

① 李松林：《论新公共服务理论对我国建设服务型政府的启示》，《理论月刊》2010 年第 2 期。
② 吕稚知：《关于政府服务能力的概念界定及阐述》，《前沿》2010 年第 14 期。
③ 周平：《边疆多民族地区政治文明建设的问题分析》，《思想战线》2006 年第 5 期。
④ http://www.gzass.net.cn/kyzg/kyzg27.html.

合治理能力的体现。① 由此看来，民族自治地方政府公共服务能力是指民族自治地方政府在履行公共服务职能时所体现的能力，意即在提供公共服务过程中所体现出的政府自我治理能力以及社会治理能力的总和。

西藏自治区是我国五大民族自治区之一，西藏自治区政府属于典型的民族自治地方政府，故上述研究成果对本书研究"十二五"时期西藏自治区基本公共服务能力提升这一主题，进一步明确界定西藏自治区基本公共服务能力及其能力提升的具体内涵具有重要参考意义。此外，笔者认为研究民族地区基本公共服务能力建设这一主题，一定要结合民族自治地方的特殊性进行研究。

（三）西藏基本公共服务能力及其供给能力提升内涵

就目前笔者查阅的研究文献来看，尽管学术界对西藏自治区公共服务供给展开了广泛研究，也初步取得了系列研究成果，但还没有学者直接对西藏自治区基本公共服务能力及服务能力提升这一主题展开研究，故也还没有学者对西藏自治区基本公共服务能力及服务能力提升的内涵进行界定。基于此，本书在学习借鉴现有研究成果的基础上，紧密结合西藏自治区的特殊区情，尝试对西藏自治区基本公共服务能力及基本公共服务能力提升这一对概念进行分析界定，这是本书研究的逻辑起点。

西藏自治区基本公共服务能力，是指以西藏自治区政府为主体的社会公共组织，为改善西藏各族群众尤其是农牧民群众的基本生产生活条件，通过领导制定和实施基本公共服务政策与规划、整合利用社会各方资源、统筹协调各社会群体利益、回应社会公共需求，在履行公共服务职能时所体现的能力，以及在提供公共服务过

---

① 吕中军：《民族自治地方政府公共服务能力研究》，中央民族大学博士学位论文，2012。

程中所体现出的政府自我治理能力与社会治理能力的总和。西藏自治区基本公共服务能力的具体表现：一是西藏自治区政府构建公共服务体系的能力，即在回应西藏各族群众尤其是农牧民群众的社会公共需求基础上，努力提高基本公共服务供给数量与质量，进而提高社会公众的满意度；二是西藏自治区政府的自我治理能力，即以实现公共利益为价值目标，运用公共权力，制定并执行基本公共服务政策与规划；三是西藏自治区政府的社会治理能力，即西藏自治区政府如何协调处理好与中央政府、援藏省（市）政府、西藏自治区内部不同层级政府之间的关系，以及西藏自治区政府如何协调处理好与市场、非政府组织之间的关系，以实现公共利益最大化。

西藏自治区基本公共服务能力提升，是指西藏自治区政府在重塑公共服务理念与优化公共服务职能的基础上，进一步提升西藏自治区政府的自我治理能力与社会治理能力，不断创新基本公共服务方式与完善公共服务体制，努力提高西藏自治区政府在基础教育、基本医疗卫生、基本社会保障与公共就业等民生领域的基本公共服务能力。

第二节　西藏基本公共服务能力提升的理论借鉴

一　新公共管理理论与西藏基本公共服务能力建设

（一）新公共管理理论

新公共管理理论是 20 世纪 80 年代以来在英国、美国等西方国家出现的行政改革理论，它既是对当代西方行政改革实践经验的归纳总结，也是近年来西方行政改革的主体指导思想之一。在近代西方行政改革实践中，出现了行政管理与治理方式的根本性转变，一个综合运用现代政府科层体系、市场机制、社会自治机制来高效提供公共产品与公共服务的新体制已基本形成,对这一政府管理创新和公共服务创新运动的理论总结,就是新公共管理理论。

新公共管理理论的代表人物有戴维·奥斯本、弗里德曼、哈耶克、霍哲等。戴维·奥斯本指出,政府的角色定位应是"掌舵",而不是"划桨"。传统政府效率较低的一个重要原因就是忙于"划桨",而忘了"掌舵",政府做了许多"做不了、做不好、舍本求末"的事情。弗里德曼、哈耶克等指出,政府应努力缩小管辖的空间范围,活动内容只是提供那些市场"做不了也做不好"的服务,即提供具有非排他性、非竞争性的公共产品和公共服务。当然,政府的"小",只是空间范围上的小,并不意味着政府能力的弱小。霍哲提出了基于回应性的政府全面质量管理,即建立起一套以顾客为中心,持续改进,强调授权和协作基础上的全面质量管理,其目的在于通过引入政府全面质量管理,消除由于官僚制、利益集团以及专业化的结构所带来的回应性障碍,建立更具回应性以及以顾客为中心的公共机构。

新公共管理理论不再将公共管理活动仅仅看作政府的管理职能,也不是仅仅将公共管理活动等同于公共部门的管理活动,而是将公共管理活动看成公共产品与公共服务供给过程中由多元主体共同组成的复杂网络的社会治理,是由公共部门、准公共部门及部分参与公共服务提供的私人部门共同对公共事务的治理,这是新公共管理理论的最基本的特征。

新公共管理理论的基本观点主要表现在以下六个方面[①]。

第一,政府的管理职能应由"划桨"转为"掌舵"。新公共管理理论主张政府在公共行政中应该只是制定政策而不是执行政策,

---

① 李军鹏:《新公共服务学——政府公共服务的理论与实践》,国家行政学院出版社,2007。

政府应该把公共管理和具体操作分开,通过"政府公共政策化",将政府从公共管理的具体事务中解脱出来。同时,政府应该将市场机制、公共权威机制和社会自治机制结合起来,实现良好的社会治理。政府组织的职能是"掌舵",而服务提供组织与服从型组织的职能是"划桨"。政府"掌舵"后,"划桨"的任务应交给私人部门和非营利性组织、社区组织、公民自治组织等第三部门。这样,政府就成为多元管理主体的组织者、协调者,是多元管理主体的核心。

第二,以顾客为导向,奉行顾客至上的全新价值理念。新公共管理理论重新定位了政府与社会之间的关系,政府不再是凌驾于社会之上的、封闭的、自我服务的官僚机构,而是负有责任的"公共企业经理和管理人员",公民则是其"顾客"或"客户";政府不再是发号施令的权威官僚机构,而是以人为本的服务提供者;政府公共行政不再是"管治行政"而是"服务行政"。政府服务应该以顾客或市场为导向,只有顾客驱动的政府才能满足多样化的社会需求并促进政府服务质量的提高。对公共服务的评价,应以顾客的参与为主体,通过顾客介入,保证公共服务的提供机制符合顾客的偏好,并能产出高效的公共服务。

第三,公共管理中引入竞争机制。新公共管理理论主张政府管理应广泛引入市场竞争机制,以竞争求生存、以竞争求质量、以竞争求效率,让更多的私营部门参与公共服务的提供,努力提高公共服务供给质量和供给效率,以实现成本的节省。新公共管理理论认为公共组织与私人组织具有相同的管理属性,并认为私营部门的管理水平比公共部门要先进得多,因而主张引进私营部门成功的管理经验与管理手段,全面降低公共部门管理成本,提高公共部门管理效益。

第四,公共管理应重视追求效率。社会要求政府"花费更少、做得更好",要更有效地使用公共财政资源。因此,政府必须主动从内部管理上挖掘潜力，寻求新的管理理念与管理工具，提升政府公共服务能力。公共部门管理应由重视工作过程与投入转向注重结果与产出，追求效率是公共行政的出发点和落脚点。

第五，新公共管理理论主张采用授权或分权的方式进行管理。新公共管理理论提倡以授权或分权的办法来改进公共部门的工作，致力于打破传统科层制的刚性约束，使公共组织及其公共管理活动更加具有柔性、灵活性与回应性。与集权的机构相比，授权或分权的机构具有以下优点：比集权的机构具有更多的灵活性，对于新情况和顾客需求的变化能迅速作出反应；比集权的机构更加富有效率；比集权的机构更加具有创新精神；比集权的机构更能产生强烈的社会责任感与更高的生产效率。

第六，新公共管理理论重视人力资源的管理与开发。新公共管理理论主张改革公务员制度，破除文官法中"常任文官无大错不得辞退免职"的规定，强调文官对社会公众的响应力与政治敏锐性；主张让公务员参与公共政策制定，并承担相应的责任；正视行政机构和公务员的政治功能是有益的，不仅能使公务员尽职尽责地执行公共政策，还能使他们以主动的精神设计公共政策，充分发挥公共政策的社会功能。

（二）新公共管理理论对西藏基本公共服务能力建设的经验启示

新公共管理理论对西藏基本公共服务能力建设具有重要的借鉴与启示意义。一方面，通过将市场竞争机制引入公共服务领域，允许和鼓励一些私营部门进入公共服务领域，可以改变西藏自治区基本公共服务供给主体较为单一的状况；另一方面，可以提高西藏自治区政府部门的公共行政效率与公共服务质量，有利于提升西藏基本公共服务能力。引入市场竞争机制，重构公共服务能力，新公共管理理论对西藏基本公共服务能力提升具有重大的理论参考价值与现实指导意义。

一是有助于进一步明确和规范西藏自治区政府的公共行政职能。我国原有的行政管理模式是建立在计划经济基础之上的，政府是"全能政府""万能政府"，政府职能渗透到社会领域各个角落，对社会和公民进行全方位的管理，这一特点在西藏自治区表现得尤为突出。这种看似"无所不包"，实际上却又存在"该管的又无人管"的现象，随着社会主义市场经济体制在西藏自治区日益健全和完善，遇到了前所未有的挑战。事实上，在西藏自治区公共部门管理实践中，地方政府不仅普遍存在"越位""错位"现象，同时也普遍存在"缺位"现象。新公共管理理论强调政府首先应该解决自身职责定位问题，即该管什么、不该管什么，分清公共管理与具体操作。因此，要认真研究、科学把握西藏自治区政府与市场、企业、社会及公民个体之间的关系，进一步清晰界定政府角色、明确规范政府职能。只有进一步明确和规范西藏自治区政府职能，西藏自治区政府才能在自己的能力范围内做些"力所能及"的事情，只有这样，提升西藏自治区基本公共服务能力才有基础。为此，西藏自治区政府必须切实履行公共行政职能，扮演好"社会福利的提供者"与"经济增长和社会稳定的主舵手"的角色，大力提供基础教育、基本医疗卫生、基本社会保障与公共就业等民生性公共服务，切实推动民生改善。

二是有助于大力推进西藏自治区服务型政府建设。长期以来，我国政府实质上是一种"管制型"政府，主要强化了政府的公共管理职能，而弱化了政府的公共服务职能。直到2004年2月温家宝总理在省部级主要领导干部"树立和落实科学发展观"专题研究班结业式上的讲话中才正式明确提出政府的"公共服务"职能。公共服务就是提供公共产品和服务，主要包括加强公共设施建设，发展社会就业、社会保障、基础教育、科技文化、卫生体育等公共事业，发布公共信息等。随后，全国上下才开始转变政府管理理念，强化政府公共服务意识，全面推进服务型政府建设。结合新公共管理理论来看，"人本精神"是新公共管理理论的灵魂，服务型政府是一种"把公民作为顾客，主张以顾客为导向，以社会和公民的满意程度为价值取向和评价标准，全面提高公共服务质量"的新型管理模式。尽管早在2003年10月中共十六届三中全会就提出了"以人为本"的科学发展观，主张为社会和公民提供更多的公共服务，然而，无论是从全国一般情况来看，还是从西藏自治区个别情况来看，在推进"以人为本"的服务型政府建设方面做得还不够。为此，西藏自治区政府要认真学习和借鉴新公共管理理论经验，深入推进服务型政府建设，把自己作为提供公共服务的"企业"，以购买公共服务的"顾客"（西藏全区各族人民）的实际需求作为行动指南。只有这样，才能大力提升西藏基本公共服务能力。

三是有助于提高西藏自治区政府的公共行政效率。正如有学者对公共服务能力所理解的那样，"服务能力"即为"服务的有效性"。长期以来，无论是在我国其他省（自治区、直辖市），还是在西藏自治区，地方政府的公共服务能力普遍较弱。究其原因，显然跟地方政府行政效率普遍较低有着直接关系。新公共管理理论认为，企业的一些先进管理方法和手段确实能够改进政府管理、提高工作效率，而且这已为新公共管理运动实践所证明。提高政府公共行政效率是提升政府公共服务能力的重要前提和基础。为此，西藏自治区政府要积极引入企业管理方法，大胆借鉴企业管理中的成功经验，切实提高地方政府公共行政效率，进一步提升地方政府公共服务能力。如企业重视市场需求与顾客反馈、讲求投入和产出、讲求成本核算等成功经验，都可以引入西藏自治区政府公共管理中，这样既可以增强西藏自治区政府工作人员的责任感，使他们牢固树立效率意识，将有限资源集中到关键领域，以提高政府工作效率与服务效能，同时，还可以显著提升政府基本公共服务能力，以有限的资源创造更多的公共服务，为社会公众提供更好的公共服务。

四是有助于培育西藏自治区基本公共服务多元供给主体。新公共管理理论主张公共管理主体多元化。现代政府管理的一个重要特征就是治理结构主体的多元化。事实上，随着社会不断向前发展，政府是无法包揽所有公共事务的，需要非政府组织共同参与承担，即非政府组织应该成为西藏基本公共服务供给的重要主体。与政府组织相比，非政府组织有明确的服务对象，具有更贴近基层群众的优势，有利于提高解决问题的效率；与企业组织相比，非政府组织具有鲜明的非营利性，具有维护社会公平的优势等。基于这些优势，非政府组织在政府、企业与社会之间，在政府、社会与公民之间发挥着沟通协调、承上启下等社会整合功能。由此可见，非政府组织在公共事务管理和公共服务提供过程中发挥着政府和市场不可替代的作用。然而，长期以来西藏自治区政府出于对维护社会稳定等诸多因素的考量，非政府组织在西藏自治区的发展环境还不够成熟，制约了非政府组织的健康发展以及在基本公共服务供给中发挥作用。为此，西藏自治区政府必须进一步解放思想，采取措施加快非政府组织发展步伐。当前，首要措施就是西藏自治区政府要学会放权，敢于放权，大力培育各类非政府组织并积极引导它们主动参与公共服务供给。根据新公共管理理论，在西藏基本公共服务供给中，引入多中心治理模式，是西藏自治区政府提升公共服务能力的有效途径。

二 新公共服务理论与西藏基本公共服务能力建设

（一）新公共服务理论

新公共服务理论是在20世纪80年代与新公共管理理论的争论中产生与发展起来的。自新公共管理学派诞生起，新公共服务学派就对其企业家政府理论缺陷加以不断的批评，用公共管理的公共取向、民主取向或社群取向批评新公共管理学的"市场模式"。新公共服务理论主张在政府公共管理中应以公民为服务对象，强调政府公共管理的多元主体与多元参与，以尊重公民权、实现公共利益为目标，充分发挥社区与非政府组织在公共管理中的作用，发挥民主机制特别是直接民主机制的作用。首次正式系统地提出新公共服务理论的学者是美国著名公共管理学家罗伯特·丹哈特和珍妮特·丹哈特，他们在《新公共服务：服务，而不是掌舵》一书中正式提出一种全新的现代公共行政理论——新公共服务理论。

新公共服务理论是一种超越新公共管理理论的全新理念。一是新公共服务理论纠正了新公共管理理论中的"理性经济人"假设，用"社会人"假设来看待公民，并认为公民都是具有良好品德的社会人。新公共服务理论认为，一个真正的公民应当关注更广泛的社会，他们应当为超越短期利益之上的问题承担责任，他们也愿意为邻里和社区发生的事件承担个人责任。二是新公共服务理论对新公共管理理论中的"市场价值取向"提出了质疑，并把公平、公正、民主和正义看作公共行政的重要价值取向。新公共服务学派认为，新公共管理学派把"三E"（Economy、Efficiency、Effectiveness，即经济性、效率性、效果性）作为自己价值的基础，忽视了公共管理中人对公平、公正、民主、正义等愿望的要求，无力担负公共行政捍卫民主与公平的政治责任。三是新公共服务理论纠正了把公民当成"顾客"的倾向。政府不仅要关注"顾客"的需求，对公民和社区团体之间的利益进行协商和协调，还要更加关注公民并且在公民之间建立信任和合作关系，进而形成共同的价值观。罗伯特·丹哈特认为："那些政府中的人也必须愿意去倾听，以及愿意把公民的需要和价值放在决策和行动的首要位置上；他们必须以新的和革新的方式主动出击，去理解公民正在关心什么；他们必须对市民的需要和利益作出回应。"

新公共服务理论的基本原则和基本观点主要表现在以下七个方面。①

一是政府的作用是服务而不是掌舵。罗伯特·丹哈特认为它是七大原则中最突出的原则。公共管理者的重要作用并不是体现在对社会的控制或驾驭上，而是在于帮助公民表达并满足他们的共同利益。现代政府的作用是与非政府组织一道为社区面临的问题寻找解决办法，现代政府的作用是服务，政府官员不能只是扮演公共服务提供者的角色，他们还需要扮演协调者、调解者甚至仲裁者的角色，为促进公共问题的协调解决提供便利。

二是公共利益是目标而不是副产品。新公共服务理论认为，公共利益是管理者和公民共同的利益和责任，是目标而不是副产品。确立社会发展的长远目标与规划，不能仅仅由政府官员来进行，而应把人们聚集到能无拘无束、真诚地进行对话的环境中，通过广泛的公众对话和协商来共商社会应该选择的发展方向。政府应该积极地为公民通过对话清晰地表达共同的价值观念并形成共同的公共利益观念提供舞台。政府的角色在于确保公共利益居于主导地位，确保公共问题的解决方案本身及其产生的过程都完全符合公正和公平的规范。

三是战略地思考，民主地行动。新公共服务理论认为，满足公共需要的政策和计划，只有通过集体努力和相互协作过程，才能够最有效地、负责任地得到贯彻执行。因此，政府应该鼓励公民责任感的强化，支持群体和个人参与社区契约的订立活动，从而为有效的和负责任的公民行动奠定基础。通过参与和推动公民教育计划，

---

① 李军鹏：《新公共服务学——政府公共服务的理论与实践》，国家行政学院出版社，2007。

培养更多的公民领袖，政府就可以激发公民的自豪感与责任感。政府应该具有开放性、可亲近性和回应性，能够为公民服务并且为公民参与创造机会。

四是服务于公民，而不是顾客。新公共服务理论认为，政府与公民之间的关系不完全等同于企业与顾客的关系。事实上，在公共部门我们很难确定谁是顾客，因为政府服务的对象不只是直接的当事人。公共利益是通过关于共享价值的对话而产生的，因此，政府工作人员不应仅仅满足于回应"顾客"的需要，而是要聚焦于公民并且在公民之间建立信任与合作关系。公正与公平是政府提供服务时必须考虑的重要因素，政府必须关注公民的需要和利益。

五是责任不是一个简单的概念。新公共服务理论认为，要将政府公务人员的角色重新界定为公共利益的引导者、服务员和使者，而不是企业家。政府公务人员不仅要关注市场，还应同时关注依法行政，关注社会价值、政治规范、职业标准与公民利益。政府官员的行动应该受到包括公共利益、宪法法令、职业标准、环境因素、公民需要在内的各种制度和标准等复杂因素的综合影响。新公共服务理论意识到了这些责任的现实性与复杂性，主张政府公务人员应该对这些制度和标准负责。这种负责不是官僚层级制的"终端负责"，而是从一开始的政策制定阶段就对公民负责，并始终贯彻法律、宪政、民主、公共利益等原则。

六是重视人的价值而不只是生产力的价值。新公共服务理论在探讨公共管理和组织时，十分强调"通过人来进行管理"的重要性。在新公共服务理论中，人是处于核心地位的，人的尊严、信任与归属感，以及基于共同理想和公共利益的公民意识都应受到尊重。如果公共组织基于对所有人的尊重，通过合作过程与共享领导来运作，那么从长期来看公共组织将运作得更为成功。新公共服

43

理论认为，如果要求公务员善待公民，那么公务员本身就必须受到公共机构管理者的善待。这样可以吸引和授权那些愿意并且能够为公共利益服务的人，充分发挥人的价值。

七是尊重公民与公共服务的价值。新公共服务理论认为，公共行政官员不是他们所在机构与项目的所有者，政府的所有者应该是公民。公共行政官员有责任通过担当公共资源的管理员、公共组织的监督者、公民权利和民主对话的促进者、社区参与的催化剂以及基层领导者等角色来为公民服务。在新公共服务理论看来，政府其实就是一个博弈参与者，因此，政府必须将其自身角色定位为负责任的参与者，而非企业家。政府公务人员应分享权利，通过人民来开展工作，通过中介服务来解决公共利益问题。

（二）新公共服务理论对西藏基本公共服务能力建设的经验启示

新公共服务理论的核心价值和理念在于以公民为中心，强调政府、社会及个人的共同作用，主张以社会和民主的标准来衡量公共服务质量，不断增强服务意识，提高服务效率与服务质量，这为提升西藏基本公共服务能力、构建服务型政府提供了重要的理论参考依据。同时，新公共服务理论强调政府与公民之间的关系，这为西藏自治区政府在公共治理中建立起良好的"政府—公民"社会关系，具有重要的现实指导意义。

一是有助于培育西藏自治区政府的公共精神理念，加快西藏自治区基本公共服务均等化进程。新公共服务理论给我们的启示是，公共行政是公共精神的回归，而基本公共服务所体现的是政府的一种公共精神，这种公共精神也是全体社会成员普遍认同的价值观念。基本公共服务覆盖全体社会公民、满足全体社会公民对公共资源的最低水准需求，它涉及基础教育、医疗卫生、劳动就业、社会保障、基础设施、文化体育、生态环境保护等诸多方面。所谓基本公共服务均等化，是指建立在一定的社会共识基础上，根据一国的经济社会发展阶段和总体水平，为保护社会个体成员最基本的生存权与发展权，实现人的全面发展，公共管理部门（主要是政府组织）为不同社会阶层提供一视同仁的基本公共服务。结合新公共服务理论来看，西藏自治区政府应以公共精神理念为指导，以提升基本公共服务能力为出发点，逐步缩小西藏同我国内地省份之间、西藏自治区内城乡之间以及西藏自治区内不同群体之间的基本公共服务水平差距，努力实现社会公平与社会正义，深入推动西藏和谐社会建设。

二是有助于促进西藏自治区政府树立"人本主义"理念，构建政府与公民之间的良好互动关系。新公共服务理论认为，不仅要重视公民需求，更要重视与公民之间的关系，要充分尊重公民。不管是由政府组织来提供公共服务，还是由非政府组织来提供公共服务，都不要将公民仅仅看成是生产力，而要重视人的价值，人的尊严、信任与归属感，以及基于共同理想和公共利益的公民意识都应该受到尊重。公民既是公共服务的接受者，也是公共服务的参与者，因此，公民有权利选择和参与公共服务决策。政府应该为公民参与公共服务决策创造条件和搭建平台。结合新公共服务理论来看，当前，西藏自治区政府在推动服务型政府建设进程中，一定要树立"人本主义"理念。首先，要充分尊重西藏各族人民的意愿，认真倾听西藏各族人民的呼声，广泛听取西藏各族人民的意见，形成良好的公共利益表达机制；其次，要积极搭建公民参与公共服务决策平台，畅通公民参与公共事务管理渠道，实现公共服务决策的民主化与透明化。唯有如此，才能有效构建政府与公民之间的良好互动关系，实现政府与公民对公共生活的合作管理与协作互动，充分调动西藏自治区社会各方面力量参与公共服务供给，进而有助于提升西藏基本公共服务能力。

三是有助于推动西藏自治区政府"民主行政"进程，构建良好的公共服务供需整合机制。长期以来，我国公民的政治参与积极性普遍不高，一方面与我国公民自身参与意识不强、参与能力不足、参与意愿不高有很大关系；另一方面与我国政府所提供的参与途径不多、参与渠道不畅有很大关系。结合新公共服务理论来看，西藏自治区应该致力于搭建公民参与基本公共服务决策的平台，建立起社情民意反映机制、与公众沟通的对话机制、公众参与的民主决策机制等，以确保公民的知情权与话语权，推进政府与公众进行无拘无束、真诚的对话，共同商讨西藏基本公共服务应该选择的发展方向，而不是只凭政府部门及其工作人员的主观决策。只有在基本公共服务供给中建立起良好的供需整合机制，才能提升西藏基本公共服务供给的针对性与有效性。唯有如此，才有助于培育一种以公共协商对话和公共利益为基础的公共行政精神，推进西藏自治区政府"民主行政"进程，进一步增强自治区政府的回应能力与服务意识。通过西藏自治区政府积极有效回应公众需求，寻求与公众的良好互动，也是实现西藏民生改善这一"善治"的题中应有之义。

第三节　西藏基本公共服务能力提升面临的特殊性

受特殊的地理区位、民族宗教、历史文化、社会发育与经济发展水平等诸多因素影响，西藏自治区在其发展进程中呈现出有别于我国内地省份的一些重要特征，使其基本公共服务与其他地区特别是东、中部地区相比，存在许多差异性，或者称之为特殊性。中央政府及西藏自治区地方各级政府在提供基本公共服务时更为关注社会福利的改善及其对区内稳定、地区经济发展以及社会进步的促进作用。总之，相对于我国内地其他省份而言，西藏自治区基本公共服务能力提升面临诸多特殊性，具体表现在以下五个方面。

一 政治特殊性

新公共管理理论认为，公共管理应重视追求效率。从新公共管理理论的具体内容来看，追求"三 E"（Economy、Efficiency、Effectiveness）是新公共管理理论的价值核心。这表明在公共管理中，应注意提高公共服务供给的质量与效率，以实现成本的节省。众所周知，西藏自治区是我国的重要国防前线，有着4000余公里的国境线，其中，未勘定国境线2000多公里，时刻面临着印度等国家的蚕食斗争；加上十四世达赖集团长期在国外进行分裂破坏活动，西藏自治区又时刻面临着反分裂、反渗透斗争；西方反华势力也经常借所谓的"西藏问题"攻击中央政府治藏成效。西藏的一举一动，直接关系着中国在国际上的影响，关系着中国的稳定与发展，"牵一发而动全身"，西藏自治区任何一个不安定因素的存在都将可能威胁到整个国家的和平与稳定。目前，西藏自治区边境线附近还分布着一些国家级贫困县（如定日县、定结县等），西藏农牧民群众的生产生活还比较艰苦。贫困往往是各种不安定行为的诱因，早日使西藏贫困地区脱贫致富，并使西藏自治区摆脱区域整体性贫困的落后面貌，是维护我国边疆稳定、实现国家长治久安的战略举措。由此可见，西藏自治区担负着保障国家领土主权完整、保障国家安全的重任。

基于此，西藏自治区政府在提供基本公共服务时，不能仅考虑经济因素而不考虑政治因素，在某种程度上政治因素的重要性远远超越经济因素。也就是说，有些公共服务的供给成本从经济意义上来看是不符合效率原则的，甚至成本也极高。然而，如果一旦涉及一定的政治意义，就必须供给。例如，尽管西藏自治区21个边境县人口数量较少，尤其是边境线附近分布的农牧民数量更少，但是，出于维护国家领土主权安全的需要，我们也要对其设置行政区划、修建道路等基础设施、提供必需的基本公共服务，这样才不至于给各种分裂主义分子以可乘之机。实事求是地讲，西藏边境沿线一带农牧区生产生活条件还比较差，农牧民生产生活中还面临着不少困难和问题，因此，西藏自治区政府在提供基本公共服务时，应该给予公平原则更大的权重，以提高这部分人的社会福利水平，进而最大限度地争取和赢得民心。唯有如此，我们在反分裂斗争中才能取得主动。由此看来，政治特殊性决定了西藏自治区政府在提升基本公共服务能力进程中，将面临比内地省份更为严峻的政治稳定压力。

二　经济特殊性

西方公共产品理论认为，公共产品具有两大基本特征：一是消费的非竞争性；二是消费的非排他性。公共产品消费的非竞争性与非排他性，决定了追求利润最大化的生产者是不愿意提供这类产品的，即市场无法有效地配置这类产品，"市场失灵"由此产生。因此，政府必须行使干预市场的配置职能，以纠正"市场失灵"或采用政策弥补其效果。马斯格雷夫将其称之为政府的配置职能。这表明公共产品有效供给通常需要政府行动，即公共产品应由政府供给。然而，政府要实现公共产品有效供给，其前提是必须有相应的财力作保障。由此看来，公共服务的提供与经济发展水平有着直接关系，经济环境的好坏在某种程度上决定着公共服务质量的高低。就西藏自治区而言，经济体制转型较慢、经济发展水平较低、财政收入水平较低等是目前经济环境的总体特点，这些特点将直接决定其基本公共服务水平。

受特殊的自然地理环境与落后的生产生活方式制约，西藏自治区目前仍然是我国最不发达地区之一。从西藏经济发展水平来看，农牧民人口占全区总人口的80%以上，西藏自治区仍是我国农（牧）民人口占绝对主体的省区。农牧民主要从事农牧业生产，农牧业总产值约占工农业总产值的80%以上，农牧业仍是西藏国民经济的基础。西藏农牧区从事传统农牧业的人口、农牧业产值所占的比重均很高，西藏自治区仍然处于传统的农牧业社会阶段。在西藏广大农牧区，仍然是以相对独立的一家一户"小而全"的经济模式占据主导地位。在这种经济模式下，农牧区劳动生产率极其低下，生存经济至今仍然是西藏农牧业经济的主要特征之一。在市场经济发育程度较低的情况下，西藏自治区地方财政收入极为有限，由此决定了西藏自我积累与自我发展能力不足。长期以来，西藏经济社会发展都是在中央政府的大力支持、内地省份的无私援助下实现的，90%以上的财政支出是需要中央政府补贴的。西藏财政自给能力一直处于较低水平，而且这种现象在短时期内难以改变。这种经济发展水平与财政收入水平，导致西藏自治区政府在公共服务投入上的不足，公共服务职能难以有效发挥，政府公共服务欠账较多。由此看来，经济落后性决定了西藏自治区政府在提升基本公共服务能力进程中，将面临比内地省份更大的经济发展压力。

三 自然环境特殊性

西藏自治区平均海拔在4000米以上，自然生态环境十分脆弱。在特殊的自然地理条件下，自然灾害种类较多、发生频率较高。滑坡、崩塌、泥石流、风灾、旱灾、冰雹、雪灾等自然灾害层出不穷。原本脆弱的自然生态环境，再加上人为破坏因素，西藏自然生态环境日趋恶化，森林资源减少、草原生态退化、土壤侵蚀加剧、沙漠化突出、野生动植物资源破坏等，都严重威胁着西藏的生态平衡，这直接威胁着广大农牧民群众的基本生存条件。由于西藏农牧区基础设施建设滞后，抵御各种自然灾害的能力较弱，西藏农牧业生产将面临比其他省区农牧业生产更大的风险，由此决定了西藏农牧业生产对基础设施等基本公共服务的需求更加迫切，农牧民对农村基本公共服务的依赖程度更高。发展经济学相关理论表明，经济社会发展越滞后的地区，其政府活动受自然地理环境的影响也就越显著，政府活动与其所处的环境进行信息和能量交换时，首先遇到的就是自然地理环境因素。就西藏自治区而言，各级地方政府在提供基本公共服务时还必须考虑生态环境的承载能力，必须有益于生态恢复与环境保护。

西藏自治区还是我国人口数量最少、人口密度最小的省区。西藏全区总面积达122多万平方公里，占我国国土面积的1/8。2010年，西藏全区总人口仅为300万，全区人口密度平均为每平方公里2.4人，其中，农牧区人口密度更低，属于典型的地广人稀地区。由于西藏农牧区地域辽阔，农牧民居住相对分散，西藏农牧区基本公共服务半径较大、供给成本较高。在西藏农牧区提供基础教育、医疗卫生等基本公共服务极为困难，公共服务普及难度较大，加上西藏农牧区交通不便、信息不畅等客观因素影响，西藏农牧区很难像内地省份农村一样建立起较为完善的农村公共服务体系，地区间公共服务资源共享难度较大。而且，在特殊的自然地理环境影响下，西藏农村基本公共服务具有典型的非规模效应特征。在西藏农牧区，普遍存在基本公共服务设施建成后实际消费者只有几个人的现象，由此决定了西藏农村基本公共服务供给成本必然高于内地一般地区。这不仅导致西藏农村基本公共服务的建设与维护成本较高，而且也不能充分发挥农村基本公共服务的规模效应优势，这也是西藏农村基本公共服务供给效率长期得不到有效提高的重要原因之一。此外，恶劣的自然环境与地理条件等因素也影响着西藏基本公共服务供给，限制我们对效率原则的追求。虽然多年来西藏依靠中央财政的支持，在基础教育、医疗卫生等基本公共服务供给方面取得了显著成效，但与西藏农牧区各族群众的实际需求相比，还有很大缺口，人口及生产要素高度分散与政府集中提供公共产品能力之间的矛盾较为突出。① 由此看来，自然地理环境的特殊性决定了西藏自治区政府在提升基本公共服务能力进程中，将面临比其他省区更大的效率提升压力。

四 社会制度特殊性

西藏和平解放前，长期处于政教合一、僧侣和贵族专政的封建农奴制社会。和平解放后，考虑到特殊的社会历史与宗教文化等诸多因素，西藏没有立即推行社会主义制度，这也决定了西藏仍处于相对封闭落后的农奴制社会形态。1959年3月，西藏开始民主改革，推翻了封建农奴制，直接从封建农奴制社会过渡到社会主义社会，并逐步走上社会主义道路。由此看来，西藏建设社会主义社会的时间比其他省区要整整晚10年。废除封建农奴制度后，翻身获得解放的西藏各族人民建立起人民民主政权。1965年9月，西藏自治区第一届人民代表大会成功召开，西藏自治区人民政府正式宣告成立，标志着民族区域自治制度在西藏全面确立，西藏各族人民从此进入了当家做主的新时代。昔日的农奴和奴隶从此享有了平等参与管理国家事务及自主管理本地区和本民族事务的政治权利。西藏各族人民与全国各族人民一样，享有了国家宪法和法律规定的所有权利。如依法直接选举县（区）、乡（镇）人民代表大会代表，并由这些代表选举出席全国和自治区等各级人民代表大会的代表，依法通过各级人民代表大会代表行使参与

---

① 郝鹏：《关于现阶段政府管理创新的初步思考》，《行政管理改革》2010年第3期。

管理国家和地方公共事务的权利。与此同时，西藏自治区不仅享有一般省级国家机关制定地方性法规的权力，而且还有权根据本地政治、经济及文化等特点决定本地事务，制定自治条例及单行条例；上级国家机关的决议、决定、命令、指示，如有不适合西藏地方实际情况的，西藏自治机关可以报请批准变通执行或停止执行。

根据《中华人民共和国民族区域自治法》相关规定，中央与民族自治地方的政治关系和中央与一般地方的政治关系存在本质差异。中央与民族自治地方的政治关系的本质是民族权，是以实现各民族平等而进行的权力分配、权力运行和权力保障，这种政治关系直接影响着民族自治地方政府的公共服务模式。在民族区域自治制度框架下，民族自治机关依法享有教育、科技、文化、卫生等公共事业管理自治权等。这些规定实际上赋予了民族自治地方政府发展社会事业和提供公共服务方面很大的自治权。基于此，西藏自治区政府作为民族自治地方政府，在履行一般地方政府的公共服务职能外，还要综合运用民族自治权，承担更为广泛的公共服务职能，如民族关系的调节、民族文化的传承与保护、民族宗教活动的保护支持等。另外，西藏社会发展的历史滞后性痕迹至今依然比较明显。西藏自治区是我国经济社会发展较为滞后的地区，部分政府部门及工作人员的服务意识不强，为市场主体服务的质量和水平还不高；有的政府部门权责脱节、有权无责，或职责不清、推诿扯皮，办事效率不高；市场监管和社会管理体系不健全，公共服务体系还比较薄弱；等等。这既影响了市场在资源配置中的决定性作用发挥，也影响了政府公共服务职能的有效履行。由此看来，社会制度特殊性决定了西藏自治区政府在提升基本公共服务能力进程中，将面临比其他省区更大的制度创新压力。

五 民族宗教文化特殊性

第六次全国人口普查数据资料显示，西藏全区常住人口为3002166人，藏族和其他少数民族人口占91.83%，其中，藏族人口为2716389人，占全区总人口的90.48%。[①] 由此可以看出，藏族是西藏自治区的主体民族，同时还兼有汉族及其他少数民族，这就决定了西藏自治区基本公共服务供给的民族特殊性。一是从西藏自治区基本公共服务的受众对象来看，既要包括藏族群体，又要包括汉族及其他少数民族群体。然而，民族文化的差异性决定了公共服务需求的差异性。因此，西藏自治区政府在提供基本公共服务过程中，既要满足特殊性的公共服务需求，又要满足一般性的公共服务需求。二是由于西藏自治区基本公共服务具有一定的民族性特征，决定了西藏自治区政府在相应的职能部门设置及人员配备方面也必然体现出民族性特点。如为更好地提供基本公共服务，西藏自治区政府还设立了民族宗教事务委员会，促进民族宗教事业的发展，同时，还大力选拔、培养和使用少数民族干部。

西藏自治区是一个以藏族为主体的地区，而藏族几乎全民信仰藏传佛教。在相对封闭的青藏高原地区，宗教信仰成为西藏农牧民的重要精神支柱。目前，西藏全区共有1700多座宗教活动场所，平均不到1300人就有一处；全区共有僧尼4.6万多人，约占总人口的2%。[②] 这就决定了西藏自治区政府在提升基本公共服务能力进程中，将面临比其他省区更为艰巨的宗教事务管理重任。特殊的民族构成与宗教影响需要西藏自治区政府的高度重视，这也是西藏自治区政府提升基本公共服务能力创新的重点和难点之一。

---

① http://news.xinhuanet.com/2011-05/05/c_121380300.htm.
② 郝鹏:《关于现阶段政府管理创新的初步思考》,《行政管理改革》2010年第3期。

在青藏高原相对封闭的地理环境下,西藏各族群众尤其是农牧民群众几乎形成了一种小富即安、自我满足、安于现状的生活观念,市场经济观念缺乏、重农轻商观念浓厚,竞争意识与进取精神缺乏,相信神或其他超人的力量。由于西藏各少数民族都有自己的传统宗教节日与生活习俗,因此,他们除了基础教育、医疗卫生、社会保障、就业服务等一般性公共服务需求外,还有一些特殊性的公共需求,诸如对民族文化、生活习俗的尊重和发展,宗教传统的继承和发扬,等等。这些内生于少数民族自身的文化特征,对西藏自治区基本公共服务的内容与方式均产生了重要影响。[①] 由此看来,民族宗教文化的特殊性决定了西藏自治区政府在提升基本公共服务能力进程中,将面临比内地省区更为严峻的处理复杂民族宗教问题与民族关系的形势。

总之,由于在政治、经济、自然地理环境、社会制度与民族宗教文化等方面面临着诸多特殊性,一方面决定了西藏自治区基本公共服务的外延具有特殊性,主要体现在基本公共服务需求的种类和数量较之内地省区有所扩大;另一方面也决定了西藏自治区政府在基本公共服务供给过程中必然会受到这些特殊性的影响。因此,进一步提高西藏自治区基本公共服务供给质量与效率,进而切实推动西藏民生改善,对西藏自治区政府的基本公共服务能力建设提出了更高的要求。

[①] 王胜章:《加强民族自治地方政府公共服务建设需要注意的几个问题》,《云南行政学院学报》2006年第3期。

第三章 西藏基本公共服务供给中的基础教育

第一节 基础教育纳入基本公共服务的理由

一 基础教育的内涵

基础教育是一个特殊的教育阶段,其教育内容对于受教育者未来的生存与发展而言,是基础性的,包括获得基本知识与基本技能,养成基本生活习惯与基本行为规范,树立基本价值观,等等。在我国,基础教育一般是指从小学到高中阶段的教育。就西藏自治区而言,基础教育还应包括幼儿教育在内。基础教育的对象和着眼点是全体人民,基础教育的价值目标是提高整个民族的素质。基础教育通过为适龄青少年儿童提供基础性的知识和技能,帮助其形成基本的行为规范与人生价值观,以便使其未来能更好地生存和发展。基础教育的普及水准与质量水平是衡量一个国家或地区现代文明的标志之一,也是一个国家或地区经济发展与社会进步的重要基础。基础教育作为造就人才和提高国民素质的奠基工程,在世界各国面向 21 世纪的教育改革中占有重要地位。

二 基础教育的功能及特征

公共服务是政府在市场失灵的领域发挥作用,实现社会公平的重要途径。基本公共服务具有公共服务的基本特征,即非排他性与非竞争性。提供基本公共服务是现代政府的基本要求。从上面对基础教育的内涵理解来看,政府应提供基础教育这一基本公共服务,其理由主要体现在以下几个方面。①

一是基础教育的公共产品性质。马斯格雷夫认为,基础教育是更接近纯公共产品的准公共产品。基础教育属于一种具有较大外溢性的准公共产品,具有不完全的非竞争性与非排他性。基础教育具有明显的正外部性,这些正外部性主要表现在:一是受教育多的人更能成为理智的选民,这对每个人来说意味着更好的政府;二是受教育多的人意味着更低的犯罪率,人人可以阅读的社会比很少有人能够阅读的社会运行时会更加平稳;三是受教育多的人更能成为经济发展所需的高素质劳动力,促进技术进步的开发与扩散,提高社会劳动生产率。由此看来,基础教育不仅可以使受教育者本人受益,又能够通过受教育者将相当一部分教育收益外溢给社会。正是基础教育收益的外溢性特征,决定了政府应对基础教育这一基本公共服务进行供给。

二是基础教育的公平视角。基础教育的对象是全体公民,其价值目标是提高整个民族的素质。基于此,能够平等地接受基础教育,是每个人都具有的基本权利,这种权利的实现是保证每一个人在社会中发挥其积极性的重要前提。但这种权利不能是依靠个人的行为或其他资源通过"交换"而获得的,必须是通过政府的行为来实现的,这也正是基础教育发展机会均等原则的重要体现。政府对基础教育投资的增加,将会大大提高劳动者的工资收入及其在全部收入中的比重,这将有助于缓解社会收入分配的不公平;反之,如果政府对基础教育投入不足,大量家庭由于承担不起高昂的教育成

---

① 陈昌盛、蔡跃洲编著《中国政府公共服务:体制变迁与地区综合评估》,中国社会科学出版社,2007。

本而无法接受最基本的基础教育，那就发生了受教育机会的不公平。这种不公平将进一步引致其他的种种不公平，诸如就业机会的不公平、收入分配不公平等。这所有的不公平会在社会中蔓延并在代际间积累起来，从而对一个国家和地区的发展产生不良影响。

三是基础教育领域的市场失灵。在基础教育领域也同样存在市场失灵这一现象，具体表现为因代理和信息不对称所产生的社会有效需求不足。因未成年人可能没有充分了解接受教育的好处，也没有能力决定他们的教育水平；父母是孩子受教育水平的决策者，也是孩子受教育成本的承担者，父母同样可能由于自身经济条件的限制，无法帮助孩子选择最佳的教育水平。这样就会导致一些潜在的个人需求因为资金不足而不能转化为有效需求，最终导致基础教育的个人有效需求之和低于社会需求。众所周知，政府与社会、家庭与个人对基础教育的需求是不一样的。保证所有学龄儿童全部按时入学则反映了政府与社会对基础教育的需求，然而，家庭与个人对基础教育的需求不同，个人的需求部分属于潜在无效需求，部分属于显在有效需求。在政府投入不足的条件下，并非所有家庭都愿意并且都能够送子女上学，显然，这时家庭与个人对基础教育的有效需求之和低于政府与社会对基础教育的总体需求。接受基础教育对于个人和社会而言，都具有重要价值。然而，由于信息不对称、个体判断能力不足以及家庭收入水平较低，会导致人们对此缺乏足够的认识。当某一产品的提供存在市场失灵时，往往需要政府的介入和干预；如果政府的干预不能更好地解决市场提供不足的问题，则由政府直接提供是必然选择。所以，政府应通过提供基础教育这一基本公共服务来帮助提高整个人类社会的受教育水平。

综上所述，基础教育这一类公共服务供给，属于市场不灵或市场不能有效率地配置资源的领域。私人生产者难以向所有受益于这类服务的个人收费，即难以通过市场交易获得其全部应得的收益，故缺少足够的动力来满足社会对基础教育的需求。为此，需要政府承担筹资乃至直接提供这类产品与服务的责任，以促使基础教育供给达到社会所期望的水平。① 在西藏，基础教育不仅具有提高国民整体素质的功效，还具有维护社会稳定与维护边疆领土主权完整的重大作用。因此，实践中西藏自治区政府将基础教育作为一种基本公共产品进行强制性供给，属于典型的纯公共产品。

三 基础教育与民生改善的内在联系

改善民生是政府工作的根本目标，也是社会发展的根本目标。关注民生问题，就是关注人民的福祉。教育是民生问题的核心要素，不仅关乎国家发展大计，而且关乎人民切实利益。努力让全体人民受到良好的基础教育，努力提高我国人民的科学文化水平与思想道德素质，既是社会主义国家人民应享有的基本权利，也是中国走向现代化的重要前提。

国家"十二五"规划纲要指出，教育是民生之基。中央政府通过为西藏各族人民提供基础教育这一基本公共服务，能够产生以下功效。

一是西藏各族人民通过接受良好的基础教育，能够拥有社会需要的知识与技能，这是实现充分就业的前提和基础，也是实现民生改善的前提和基础。

二是西藏各族人民通过接受良好的基础教育，能够从根本上改变自身的命运。知识改变命运，教育为西藏各族人民的未来发展奠定了坚实基础，可以更好地成就其未来。

三是教育公平是社会公平的基础。中央政府为西藏各族人民提供大致均等的基础教育服务，可以有效地促进社会公平与实现社会公正。为此，西藏自治区政府要把办好基础教育事业作为改善民生

---

① 朱玲：《西藏农牧区基层公共服务供给与减少贫困》，《管理世界》2004年第4期。

之举,在战略上优先部署、在经费上优先保障、在资源上优先配置;重点在于推动农牧区基础教育普及,确保每一位学生不因经济困难而失学;关键在于促进教育公平,努力促进人人成才;核心在于提高教育质量,以素质教育为导向,促进学生全面发展,努力实现学有所教、学有所成、学有所用。

第二节 西藏基础教育供给现状:
以农牧区为考察重点

一 基础教育在西藏民生改善中的作用

教育是民生之基。基础教育可以直接提高西藏农牧民素质,改善其生存状况。美国著名经济学家舒尔茨曾经指出,促使农业生产量迅速增加和农业生产力提高的重要因素已不是土地、劳动力、资本,而是人的知识、能力和技术水平的提高。改善穷人福利的决定性生产要素不是资金、能源和耕地,而是人口质量的改善和知识的增进。[①] 教育越来越成为西藏农牧民提高自身素质、提升致富本领、摆脱贫困落后的有效手段。根据西藏自治区2004年进行的一项调查显示,西藏城乡居民家庭收入与户主受教育程度有着直接的关系。户主为文盲的家庭年收入为3000元左右;受过初中教育的户主,其家庭年收入约为6000元;而受过职业技术教育甚至是高等教育的户主,其家庭年收入则可以达到12000元,甚至更高。

实事求是地讲,由于西藏农牧民家庭现金收入普遍不高,因贫困而辍学的现象在农牧区依然存在。从现实来看,孩子辍学在家可以帮助家庭从事农牧业生产,进而增加家庭现金收入;但从长远来

---

① 成文科:《发展经济学与21世纪中国西部发展》,山西经济出版社,2001。

看，这又导致其子女因接受教育水平有限，未来的预期收入也就更加有限，必然会导致贫困问题的代际传递。① 因此，应通过专门的制度安排，让西藏农牧区贫困人口得以享受基础教育这一基本公共服务，对农牧区人口具有发展促进的功能，将有助于提高农牧区贫困人口所拥有的人力资本水平，也有助于他们从根本上摆脱贫困。② 加快农牧区基础教育发展，是缩小西藏城乡居民之间贫富差距、促进社会公平的重要途径。

教育公平对实现西藏农村社会和谐发展也同样具有重要现实意义。③ 西藏自治区地处我国西南边疆地区，分裂与反分裂的斗争形势将长期存在。农牧民占西藏全区总人口的80%以上，因此，农牧民的素质高低是保持西藏社会和谐稳定的关键所在。④ 为西藏农牧民提供良好的基础教育服务，有助于提高西藏农牧民思想道德素质与科学文化素质，进而有助于提高西藏农牧民对达赖分裂集团本质的认识以及培养其明辨是非的能力，显然这有利于巩固我国西南边防。⑤ 教育作为重要的社会系统之一，对维护西藏农牧区安定团结具有重要的社会意义，可以为西藏和谐社会建设作出基础性的贡献。⑥

近年来，西藏自治区积极实施"科教兴藏"的发展战略，大力在农牧区发展基础教育，普及科学文化知识，依靠科技发展农牧业特色经济以增加农牧民收入，并取得了初步成效。由此看来，基础

---

① 新华网，2004年6月15日，http://news.xinhuanet.com。
② 朱玲：《西藏农牧区基层公共服务供给与减少贫困》，《管理世界》2004年第4期。
③ 张弘、刘洪渊、肖怡然：《西藏农牧区合理配置教育资源的路径研究》，《理论与改革》2007年第1期。
④ 达娃卓玛、拉琼：《发挥远程教育优势，加快提高西藏农牧民科技文化素质》，《西藏科技》2007年第11期。
⑤ 杨明洪：《西藏经济社会跨越式发展的实证研究》，中国藏学出版社，2006。
⑥ 卢德生、巴登尼玛：《发挥教育在西藏和谐社会建设中的重要作用》，《西藏发展论坛》2007年第1期。

教育是西藏农牧区经济社会发展的重中之重，是政府供给基本公共服务的重要组成部分，也是改善西藏民生的重要手段。

二 西藏农牧区基础教育服务供给成效

西藏和平解放前，没有一所现代意义上的学校。西藏全区适龄儿童入学率不到2%，而文盲率高达95%。1951年，西藏和平解放后，鉴于西藏当时特殊的政治与社会环境，为了促进西藏教育事业的发展，中央政府实行了面向西藏所有学生的供给制形式的助学金制度。当时，中央政府就作出特殊规定，凡是购买校舍与教学场地、发放教职工工资与学生助学金以及其他各项费用开支，全部由中央人民政府拨款解决。1958年，西藏自治区筹委会再次提出，西藏的办学经费全部由中央人民政府负担。至此，西藏全区所有中小学都实行以免费供给为特征的基础教育发展模式。[①]

1984年，中央第二次西藏工作座谈会召开后，中央政府从西藏自治区经济落后的实际情况出发，针对西藏农牧民生活困苦、无力承担子女上学费用的实际情况，于1985年出台了《关于全区公办重点中小学实行"三包"的试行办法》，国家拨出专款在西藏农牧区实行了以寄宿制为主的中小学办学模式，以帮助农牧民子女接受更好的基础教育，并对西藏农牧区中小学实施"三包"政策和助学金制度。[②]"三包"经费与助学金的经费来源均由中央财政承担。中央政府实施的特殊优惠政策惠及了占西藏全区总人口80%以上的农牧民群众，农牧民子女也由此享受到了以免费供给为特征的基础

[①] 《当代中国》丛书编辑委员会：《当代中国的西藏》，当代中国出版社，1991。
[②] "三包"政策是指国家财政为西藏自治区义务教育阶段的农牧民子女住校生提供的"包吃、包住、包学习费用"的优惠政策；助学金制度是指国家财政为西藏自治区中小学不能享受"三包"经费的农牧民子女在校生提供的帮助完成中小学学业的补助经费的制度。1985年，农牧民子女"三包"经费为353元。

教育服务。西藏农牧区基础教育也真正体现出"义务教育"特征。① "三包"政策的实施对象是西藏农牧民子女,而城镇居民子女暂时被排除在外,这是中央政府对西藏农牧区基础教育实施倾斜政策的表现。在西藏农牧民家庭收入普遍还比较低的情况下,中央政府采取适当的倾斜政策正好体现了公平、公正的精神。这一政策在不降低西藏城镇居民受教育水平的前提下,重点扶持农牧区基础教育发展,有利于调动西藏农牧民家庭送子女上学的积极性,有力地保障了农牧民子女接受基础教育的权利。"三包"政策在西藏农牧区的全面实施,切实减轻了农牧民家庭经济负担,基本上解决了农牧民子女"上不起学"的问题,有力地促进了西藏农牧区基础教育健康发展,进而有助于提高西藏全区基础教育发展水平。②

1994年中央第三次西藏工作座谈会召开后,西藏自治区人民政府规定,在地方年度财政预算支出总额中,基础教育事业经费、教育基建经费分别占17%。2000年,西藏基础教育事业经费与教育基建经费逐步提高到20%,同时,西藏自治区人民政府要求各地方财政收入要努力增加对基础教育的投入。从2004年起,西藏自治区人民政府明确规定,自治区各地(市)、县政府必须把地方财政收入的20%用于发展基础教育。相关统计资料表明,西藏和平解放以后至2000年,西藏全区教育经费总投入近100亿元。随着教育经费投入逐渐增加,西藏农牧区学校基础设施等硬件建设取得了明显进步。特别是第三次西藏工作座谈会后,中央政府确定的援藏工程中教育工程投资达6900万元,主要用于改善西藏农牧区学校基

---

① 王洛林、朱玲:《市场化与基层公共服务——西藏案例研究》,民族出版社,2005。
② 郑洲、张明:《需求不足对农牧区基础教育影响的经济学分析——基于农牧民实际需求的视角》,《财经科学》2008年第10期。

础设施。① 此后，西藏农牧区中小学的办学条件得到了明显改善，基本实现了"一无两有"的目标（即无危房、有教室、有课桌凳）。2000年，西藏自治区基本实现了"县县有中学、乡乡有完小、村村有小学"的目标。②

2001年中央第四次西藏工作座谈会后，中央政府进一步加大了对西藏自治区教育发展的投入力度，并对西藏农牧区基础教育发展继续实施一系列优惠政策。中央政府每年给西藏自治区划拨固定的专项补助经费，西藏自治区政府每年也划拨1000万元专项经费用于农牧区基础教育基本建设，改善办学条件。③"十五"期间，西藏全区教育经费投入达到87.31亿元，相当于西藏和平解放后至2000年这50年教育经费投入总和。西藏全区教育经费年均投入达17.5亿元，人均教育经费投入在全国是最高的。④"十五"期间，西藏全区教育基础设施建设投入达18亿元（其中，中央政府投入13亿元，自治区政府投入3亿元，对口援藏省市投入2亿元），新建校舍面积150万平方米（其中，中小学基建投入达15亿元，新建校舍面积125万平方米）。⑤随着中央政府对西藏农牧区基础教育发展资金投入的不断增加，农牧区办学条件得到明显改善，基本结束了西藏农牧民子女"无学可上"的历史。⑥

"十一五"时期，西藏自治区继续坚持教育优先发展战略，公共财政在教育支出上不断增加。五年内，公共财政对教育支出总额

---

① 姚俊开：《〈义务教育法〉在西藏的实施》，《民族教育研究》2006年第5期。
② 赵曦、周炜：《21世纪西藏农牧民增收的途径》，中国藏学出版社，2006。
③ 姚俊开：《〈义务教育法〉在西藏的实施》，《民族教育研究》2006年第5期。
④ 西藏自治区教育厅文件：《西藏自治区"十一五"时期教育事业规划和2020年远景发展目标》（打印稿），2007年10月。
⑤ 西藏社会科学院编《中国西藏发展报告（2006）》，西藏人民出版社，2006。
⑥ 郑洲、张明：《需求不足对农牧区基础教育影响的经济学分析——基于农牧民实际需求的视角》，《财经科学》2008年第10期。

为228.3亿元，比"十五"期间增加了139亿元。① 从2007年秋季开始，西藏自治区在对农牧民子女实行免费义务教育的基础上，开始对全区所有义务教育阶段的学生实行免费教育。2009年，西藏自治区率先在全国实现了真正意义上的城乡免费义务教育。"十一五"时期，西藏自治区曾先后四次提高"三包"经费标准。2010年，西藏自治区"三包"经费生均达到1800元。

截至2010年底，西藏全区共有小学872所，基本实现了每一个乡（镇）拥有一所完全小学，在校学生29.9万人，小学适龄儿童入学率为99.2%，小学毕业生升学率为93.5%；全区共有初中128所，基本实现了每一个县有一所全日制普通中学，在校学生20.2万人，初中适龄人口入学率为98.2%；全区共有普通高级中学29所，平均每个地（市）有4所普通高级中学，在校学生40728人，高中阶段毛入学率为60.1%。与此同时，学前教育快速发展。2010年底，西藏全区共有幼儿园119所，在园幼儿达23414人，学前教育毛入园率为24.5%。对于学前教育，西藏农牧民子女也开始享受免费教育，即享受年生均2000元的教育经费补助。"十一五"时期，西藏全区累计脱盲人口达170万，青壮年文盲率由2000年的39%下降到2010年的1.2%，15周岁以上人口人均受教育年限达到7.3年。②

在中央政府的大力支持与内地援藏省市的无私援助下，在西藏自治区政府与全区各族人民的共同努力下，西藏农牧区各类学校的办学条件得到了明显改善，基本满足了农牧区各族群众对基础教育这一基本公共服务的需求。

---

① 陈爱东：《保障改善民生，促进社会经济稳定发展——西藏十七大以来的财政成就综述》，《西藏民族学院学报》2012年第5期。
② http://www.gov.cn/gzdt/2011-02/09/content_1800138.htm.

第三节　西藏农牧区基础教育服务供给存在问题

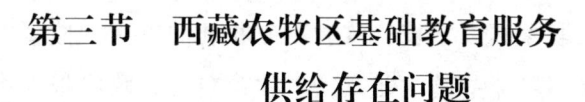

在中央政府的大力支持下，西藏农牧区基础教育已经发展成为以免费供给为特征的教育发展模式。在西藏，基础教育阶段的农牧民子女不仅不用交学杂费，而且还对农牧民子女住校生实施了"三包"优惠政策及助学金制度，对接受高中阶段教育的学生也给予了一定的生活补助，这极大地减轻了农牧民家庭负担。按理而言，西藏农牧民家庭送子女上学的积极性应该得到明显提高。然而，西藏农牧区仍有不少农牧民家庭不愿意送子女继续上学，农牧区失学率、辍学率仍居高不下，这是一个值得我们深入思考的重要问题。

为了尽快实现中央政府提出的"两基"攻坚目标，西藏自治区各级地方政府不得不采取一系列行政措施，以确保农牧民家庭适龄儿童按时入学。[①] 如山南地区贡嘎县为了完成"两基"攻坚任务，各级政府除了实施"控辍保学四书制"[②] 外，对那些不及时将适龄儿童送到学校接受九年义务教育的，各乡（镇）除了给学生家长举办法律培训班外，还实施了一系列经济惩罚措施，如为村组出义务

[①] "两基"即在西藏农牧区实现基本普及九年义务制教育、基本扫除青壮年文盲的这两个目标。

[②] "控辍保学四书制"：农牧民子女入学前，首先由乡（镇）政府给学生家长或监护人送达《义务教育通知书》，确保适龄儿童按时入学；学生入学后，再由乡（镇）政府与学生家长或监护人签订《保学合同书》，学生家长或监护人必须严格确保学生接受九年义务教育；学生辍学后，由乡（镇）政府给家长或监护人送达《限期复学通知书》，避免学生在未完成九年义务教育时辍学或流失；如果学生家长或监护人不及时将适龄儿童送到学校接受九年义务教育，由乡（镇）政府下达《处罚决定书》，将依法给予处罚。西藏自治区人民政府教育督导委员会编《西藏自治区教育督导工作手册》（下）（打印稿），2006。

工、政府不统一安排外出务工、不得享受政府救济等。① 日喀则市谢通门县采取家庭、学校、政府三方联动的方式，监督农牧民子女受教育情况。对那些逃学儿童，由学校登记、政府根据逃学时间对其家长处以每天 10 元的罚款。这些硬性规定对一些思想观念落后的农牧民家庭起到了很好的惩戒作用。②

政府动用行政资源发展基础教育，是我国少数民族地区为推进基础教育发展而采取的较为特殊的供给方式。政府希望通过制定这些看上去过于严厉的行政管理措施发挥警示作用，对家长施加足够的压力以保证适龄儿童及时入学，但也由此体现了政府推动基础教育发展的良苦用心。③ 此时，我们在领会西藏自治区政府积极推动农牧区基础教育发展良苦用心的同时，更应该静下心来思考以下问题：一是政府在西藏农牧区基础教育服务供给上是否出现了问题？二是西藏农牧民家庭及其子女对基础教育服务需求是否也出现了问题呢？三是这两个方面的问题是否同时兼而有之呢？四是假设西藏农牧民家庭及其子女对基础教育需求出现了问题，那么政府是否有责任呢？等等。基于此，本书拟从政府供给能力不足的视角分析西藏农牧区基础教育这一公共服务领域出现的问题。

一 公共财政对西藏农牧区基础教育投入不足

自西藏和平解放以来的 60 多年时间内，自治区政府每年用于教育资金的投入平均达 2 亿元。相对于西藏全区人口数量来说，生均教育经费投入在全国来看都是最高的。虽然西藏自治区生均预

---

① 贡嘎县教育局文件资料：《贡嘎县关于巩固提高"两基"成果工作的自查报告》（打印稿），2006。
② 扎西多布杰等：《关于西藏谢通门县经济社会发展的调研报告》，《西藏发展论坛》2007 年第 6 期。
③ 王洛林、朱玲：《后发地区发展路径选择——云南藏区案例研究》，经济管理出版社，2002。

算教育经费远高于全国生均预算教育经费，但这并不意味着西藏自治区的教学条件是全国最好的。因为西藏自治区有很大一部分教育经费要用于学生住校、食宿等"三包"经费支出，而且西藏教师工资也比其他省区要高得多；加上西藏农牧区地域辽阔，人口居住相对分散，由此决定了西藏农牧区基础教育供给成本在全国也是最高的。

由于地理条件与经济发展水平的制约，西藏自治区自身财力十分薄弱，对农牧区基础教育投入总体不足。2010年，西藏自治区地方财政收入为424679万元，地方财政收入占地区生产总值的比重仅为8.4%；而2010年西藏自治区地方财政总支出高达5625834万元（国家财政补助收入高达5309980万元），其中，公共财政用于教育支出为607959万元。[①] 从这两组数据我们可以得出以下结论。一是西藏自治区财政自给率较低。2010年，西藏自治区财政自给率仅为7.5%；这也进一步表明西藏自治区90%以上的公共财政支出仍然需要依靠中央财政的大力支持。二是西藏自治区财政支出对基础教育投入总体不足。2010年，西藏自治区教育财政支出占全区公共财政支出的比重为10.8%。正如前文所言，基础教育在西藏自治区占有十分重要的地位；再结合西藏自治区教育结构来看，农牧区基础教育是西藏教育发展的重点，故农牧区基础教育发展所需经费在全区教育财政支出中所占比重也应最大。由此看来，相对于西藏自治区基础教育的高额供给成本，实际上西藏自治区生均公用教育经费数量少之又少。因此，农牧区基础教育经费不足依然是西藏自治区教育发展中的一个突出问题。

---

① 西藏自治区统计局编《西藏统计年鉴2011》，中国统计出版社，2011。

二 西藏农牧区基础教育非均衡发展目标导向

自1985年西藏自治区正式实施"三包"政策以来，西藏农牧区基础教育获得了长足发展。然而，受二元经济体制的影响，西藏自治区政府对农牧区基础教育投入不足，投入城镇的教育经费远大于投入农牧区的教育经费，城镇生均教育经费比农牧区要高得多，西藏城乡基础教育发展差距较大。如果说基础教育是西藏自治区教育发展的重点，那么农牧区基础教育便是西藏自治区教育发展"重点中的重点"。然而，从西藏城乡基础教育发展实际情况来看，城乡基础教育发展差距依然较大。一是从学校硬件建设来看，城镇学校的教育硬件要远好于农牧区。城镇学校一般都有图书馆、体育馆、青少年文化活动室等，教学设备齐全，教学设施先进；而农牧区基础教育起步较晚，基础设施建设薄弱，农牧区学校一般只有教室，教学条件差，教学设备落后，教学硬件很难满足日常教学需要。二是从入学率来看，城镇适龄儿童入学率要高于农牧区。以2010年为例，西藏城市（主要指自治区级、地市级这两个层面）初中阶段适龄儿童入学率几乎达到100%，县、镇（主要指县城、中心镇两个层面）为80%左右；而农牧区（主要指一般乡镇、行政村两个层面）仅为40%左右。也就是说，西藏农牧区仅有1/3的适龄儿童接受了初中教育，显然，这远远低于九年义务教育的要求。在此背景下，西藏城镇学生高中毕业率与大学入学率必然高于农牧区学生，城镇居民享有的就业机会也必然高于农牧民。[1]

在西藏农牧区特殊的自然环境下，房屋折旧快、教育设施破损率高，然而，教育教学维修经费却严重不足。据西藏自治区教育部门统计测算，仅农牧区小学校舍维修改造每年至少需投入1.7亿

---

[1] 邓发旺：《西藏城乡发展差距分析》，《西藏研究》2010年第5期。

元，同时，西藏农牧区还存在一定数量的教学点，这些教学点大多数是由村民义务投工投劳修建的一些简易土木结构房屋，因年久失修，绝大部分教学点已经成为危房，亟须改造或新建。如果按每个教学点投入 30 万元测算，西藏全区需要投入建设资金约 4.7 亿元。自中央第四次西藏工作座谈会以来，虽然国家投入 8.5 亿元资金用于农村寄宿制初级中学建设，但仍有部分农村中学需要建设或改造成寄宿制学校，仅此一项建设，资金缺口大约为 4.5 亿元。因投入资金有限，即使已经建成的学校，也只是完成必要的教学用房和师生生活用房的建设，大部分学校的基础设施配套还不完善，如图书馆、德育室、实验室等尚未建立，仍然需要投入大量建设资金。[①] 由此看来，西藏自治区城乡基础教育发展差距较大，农牧区基础教育发展依然滞后。

三 西藏农牧区基础教育供给事权财权不对等

从我国教育管理体制来看，基础教育实行在国家宏观指导下主要由地方负责、分级管理的体制。教育部负责制定全国有关基础教育的法规、方针、政策及总体发展规划和基本学制；设立用于补助贫困地区、民族地区、师范教育的专项基金；对地方教育部门工作进行监督指导等。省级政府负责本地区基础教育的实施工作，包括制定本地区基础教育发展规划和中小学教学计划，组织对本地区义务教育的评估和验收；建立用于补助贫困地区、少数民族地区的专项基金；对县级财政教育事业费有困难的地区给予补助等。县（市、区）级政府在组织义务教育的实施方面负有主要责任，包括统筹管理教育经费，调配和管理中小学校长、教师，指导中小学教育教学工作等。乡（镇）级政府负责本辖区义务教育的落实工作。

[①] 中国西藏新闻网，2005 年 4 月 14 日，http://www.chinatibetnews.com。

由此看来，我国基础教育服务供给主要由县级政府负责。然而，自1994年我国实行分税制以来，中央财政收入占国家财政收入的比例迅速增至51%，省级财政收入占国家财政收入的比重也一直处于较高水平；与此相对应，我国县（区）、乡（镇）财政比较薄弱。中央政府和省级政府掌握着国家的主要财力，但并非基础教育经费的主体来源；县（区）、乡（镇）级政府财力异常薄弱，却承担了基础教育经费的绝大部分。据有关资料统计，地方教育经费在整个教育经费中所占比重基本维持在88%左右。[①] 西藏基础教育管理体制与全国情况大致相似，这是西藏基础教育发展的共性。

然而，受特殊的自然条件、社会历史、宗教文化与经济发展水平等因素影响，西藏自治区仍然是我国欠发达地区之一，农牧区经济社会发展相对落后，县（区）级财政收入极其有限。因此，仅靠县（区）级政府作为农牧区基础教育供给主体，必然会导致农牧区基础教育事业经费严重不足等问题。不过，相对于我国其他民族地区而言，西藏自治区还算是比较幸福的。2001年，中央政府曾安排给西藏自治区"国家贫困地区义务教育工程"资金1.7亿元。西藏自治区政府利用这笔资金建立了中央、自治区、地、县四级财政投入的教育投资体制。[②] 综合来看，中央财政承担了西藏自治区公共财政支出的绝大部分，西藏农牧区基础教育发展也必然得益于中央财政转移支付。然而，目前中央财政转移支付制度设计还不够合理，相对独立的教育财政转移支付体系尚未建立；教育专项支付在项目确定和补助数额计算上的科学依据不足，随意性强；基础教育专项转移支付的形式比较单一；等等。[③]

[①] 陈昌盛、蔡跃洲编著《中国政府公共服务：体制变迁与地区综合评估》，中国社会科学出版社，2007。

[②] 李锦：《公共品供给——西藏农牧民增收的社区环境改善》，《中国藏学》2006年第3期。

[③] 熊英：《西藏自治区教育均等化研究》，《西藏研究》2012年第1期。

与此同时,西藏自治区财政对下级财政转移支付制度也不够合理,还没有建立起县(区)级政府财权与事权相匹配的教育经费投入机制。

在西藏农牧区特殊的区域环境下,市场经济体制尚未全面建立起来,民间资本还没有进入西藏农牧区基础教育服务领域,市场主体也还没有直接介入西藏农牧区基础教育服务领域,西藏自治区各级政府仍然是农牧区基础教育的唯一提供者。在西藏农牧区,基础教育发展主要依靠中央财政投入。[①] 由此看来,西藏农牧区基础教育供给主体较为单一,决定了西藏农牧区基础教育供给能力较弱。

四 西藏农牧区基础教育供给结构失衡较严重

正如前文所言,在西藏自治区特殊的自然地理环境下,农牧区基础教育硬件设施折旧快、破损率高、维修成本高,加上农牧区基础教育硬件设施建设起点低,仍有部分中小学校存在校舍不足等问题,农牧区校舍建设与维修改造任务较重,迫切需要改善农牧区基础教育办学条件。1985年以来,中央政府及西藏自治区政府逐步加大了农牧区基础教育建设投入,以期改善农牧区基础教育办学条件。2001年,中央政府对西藏自治区安排中小学危房改造资金5500万元、贫困地区无校乡校舍建设资金1000万元;2002年,中央政府又从"义教工程"和"危改工程"机动拨款中再给西藏增加1亿元,同时还从国债资金中安排初级中学改扩建资金2亿元等。[②] 经过逐步加大建设投入,西藏全区校舍面积由1985年的180万平方米增加到2006年的477.5万平方米,基本上结束了西藏农

[①] 毛阳海:《西藏实现跨越式发展的财政政策研究》,西藏人民出版社,2007。

[②] 李锦:《公共品供给——西藏农牧民增收的社区环境改善》,《中国藏学》2006年第3期。

牧民子女"无学可上"的历史。① 然而，在这种政策导向下，西藏自治区地方各级政府似乎将农牧区基础教育发展的重心放在了解决硬件设施建设等刚性支出上，在师资队伍、学科建设、现代教学手段及现代教学资源等软件建设方面的重视程度依然不够、经费投入也严重不足。②

本书前面曾谈到，学生厌学是当前西藏农牧区基础教育需求不足的重要原因之一，使得西藏自治区各级地方政府部门不得不把学生"抓"来上学，以便减少辍学率，进而完成上级部门规定的入学率指标。然而，学生厌学只是表面现象，背后却是诸多因素在综合发生作用。③ 除了农牧区基础教育教学内容脱离农牧区生产生活实践外，农牧民子女上学层次逐渐提高，特别是到了高中教育阶段，不仅课程科目多，而且内容也逐渐偏深偏难，使得部分学生理解困难、学习吃力；加上农牧区学校教学设备比较落后和陈旧，现代教学资源比较缺乏，大多数农牧区中小学没有多媒体教室，缺乏信息技术课所需要的电教设备；即使农牧区部分学校有现代教学设备，然而由于相当一部分教师业务能力不强、素质不高，也不会使用，进而导致教学方式还比较落后，不能增强对学生在课堂上学习知识的吸引力。久而久之，学生也就产生了厌学情绪。④ 特别是在高科技时代，内地很多农村学校都采用了先进的多媒体教学设备，使其能够最大化地应用于教学实践当中，让学生尽可能地享受到现代高科技带来的便捷与乐趣。基于此，西藏自治区也应该让农牧区学生享受到现代高科技成果带来的文明，这样不仅能缩小西藏农牧区基础教育发展水平与内地之间的差距，也能进一步提高西藏农牧区学

---

① 郑洲、张明：《需求不足对农牧区基础教育影响的经济学分析——基于农牧民实际需求的视角》，《财经科学》2008年第10期。
② 毛阳海：《西藏实现跨越式发展的财政政策研究》，西藏人民出版社，2007。
③ 王洛林、朱玲：《市场化与基层公共服务——西藏案例研究》，民族出版社，2005。
④ 熊英：《西藏自治区教育均等化研究》，《西藏研究》2012年第1期。

生上学积极性与农牧区基础教育质量,逐步缩小地区之间以及城乡之间基础教育发展差距,促进地区之间与城乡之间基础教育均衡发展。

五 西藏农牧区基础教育不公平现象较为突出

推进西藏农牧区基础教育发展,既要体现教育公平,保证每个农牧民子女有学上、能上学,又要保证办学效益,提高办学质量,这就决定了西藏自治区政府在农牧区基础教育发展上要处理好集中与分散的关系。一方面,集中办学有利于提高教学资源使用效率,提高教学质量,然而,由于西藏农牧区地广人稀,集中办学又给农牧民子女上学带来了诸多不便。另一方面,分散办学有利于保证所有农牧民子女都能按时入学,充分体现基础教育的义务性与公平性,然而,由于西藏农牧区基础教育经费投入有限,这种"撒胡椒面式"的办学模式,难以发挥有限教育资源的使用效率。西藏和平解放以来至21世纪初较长一段时间内,西藏自治区政府实施了在人口相对集中的乡、村举办小学,在相对偏僻的乡、村举办教学点,在县城举办初中、实行学生寄宿制等措施。虽然西藏农牧区教育发展的规模不经济、投资效率不高等问题比较突出,但这极大地方便了农牧民子女就近上学,充分体现了基础教育的公平性原则。

然而,20世纪末21世纪初全国各地在基础教育领域实施"撤点并校"政策以来,西藏自治区各级地方政府未能充分结合农牧区实际情况,盲目跟风,一度撤销了农牧区部分乡、村小学及教学点,将农牧区小学教育资源主要集中到乡(镇)、初中教育资源主要集中到县城,未能协调好农牧区基础教育供给效率与公平的关系。这样固然有助于集中有限的教育资源推动农牧区基础教育发展,提高农牧区基础教育资源使用效率,但是,由于西藏农牧区地广人稀，人口居住分散，加上农牧区交通不便，自然地理条件恶劣，集中办学后延长了农牧民子女上学的空间距离，给农牧民子女上学带来了不少困难，这在一定程度上削弱了农牧民子女继续读书的信心、减少了对基础教育的实际需求，进而出现了许多农牧民子女不愿意继续上学的现象，这也是导致西藏农牧区基础教育供给效率不高的重要原因之一。

第四章 西藏基本公共服务供给中的医疗卫生

第一节 公共卫生纳入基本公共服务的理由

一 公共卫生的内涵

1920年，公共卫生概念的首创者之一美国耶鲁大学Winslow教授提出："公共卫生是防治疾病、延长寿命、改善身体健康和机能的科学和实践。公共卫生通过有组织的社区努力以改善环境卫生、控制地区性疾病、教育人们注意个人卫生、组织医护人员对疾病作出早期诊断和预防治疗，并建立一套社会体制，保障社会中的每一个成员能够享有维持身体健康的生活标准。"[①] 该定义是世界公共卫生界引用最多的关于公共卫生的定义；其内涵比较全面、完整和深刻。1952年，该定义被世界卫生组织（WHO）采纳，并一直沿用至今。

1995年，英国的John Last对公共卫生给出了更为详细的定义："公共卫生是为了保护、促进、恢复人们的健康，通过集体的或社

[①] 陈昌盛、蔡跃洲编著《中国政府公共服务：体制变迁与地区综合评估》，中国社会科学出版社，2007。

会的行动，维持和促进公众健康的科学、技能和信仰的集合体。公共卫生项目、服务和机构强调整个人群的疾病预防和健康需求。"[①] 尽管公共卫生活动会随着技术进步和社会价值改变等而发生变化，但是其目标始终保持不变，即减少人群的疾病发生、早死、因疾病导致的不适和伤残。因此，公共卫生是一项制度、一门学科、一种实践。

2003年，我国对公共卫生进行了定义："公共卫生就是组织社会共同努力，改善环境卫生条件，预防控制传染病和其他疾病流行，培养良好卫生习惯和文明生活方式，提供医疗服务，达到预防疾病、促进人民身体健康的目的。"[②] 该定义的内涵与1920年Winslow的定义较为一致，但有所发展。应该说，该定义基本适合中国国情，对西藏农牧区医疗卫生事业发展具有重要指导意义。

综上所述，国内外关于公共卫生定义的共同特征主要表现在以下三个方面：(1) 强调公共卫生的公益性目标，即公共卫生的实施效果是惠及大众的，旨在保障全体社会成员的健康权，促进大众健康水平的提高；(2) 强调公共卫生的集体性或社会性，隐含了公共卫生的责任在于社会；(3) 突出公共卫生服务提供的公平性，每一个社会成员原则上都能够享受到同等水平的服务。[③]

二 公共卫生的功能及特征

就公共卫生而言，之所以应该将其纳入政府提供的基本公共服务，而非由市场自主提供，是因为市场在提供公共卫生这一类基本公共服务时，也存在"市场失灵"这一现象。由此看来，公共卫生

---

① 陈昌盛、蔡跃洲编著《中国政府公共服务：体制变迁与地区综合评估》，中国社会科学出版社，2007。
② 曾光、黄建始：《公共卫生的定义和宗旨》，《中华医学杂志》2010年第9期。
③ 陈昌盛、蔡跃洲编著《中国政府公共服务：体制变迁与地区综合评估》，中国社会科学出版社，2007。

具有的公共产品属性决定了政府必须承担主要供给责任。①

一是公共卫生的公共产品性质。公共卫生是一种外部效应极为显著的公共产品。公共卫生所包含的内容，诸如预防免疫、安全饮水等具有很强的正外部性，也就是说这些项目具有较大的社会效益。以预防免疫为例，一个人接受预防接种，不仅可以使自己消除生病的可能性，有利于维护个体自身的健康，同时也杜绝了将疾病传染给他人的可能，进而有利于提高整个人类社会的健康水平。从另一个角度来看，如果有少数人不合作，不愿意接受预防接种（在现实生活中也的确存在这么一部分人），那么其他接受预防接种的人所带来的社会卫生利益便可能因此受到损害。因此，如果仅仅依靠市场的作用，由消费者和医疗卫生机构来自主决定是否参与预防接种工作，则会出现这样的情况：从消费者的角度来看，可能由于缺乏对预防免疫等医学知识的了解，主观认为预防接种对自身的效用不够明显，或者说其产生的正外部效应并不能有效地内部化，就不会给予这类服务以应有的重视，但却可以享受到他人进行预防接种后给整个社会带来的利益，经济学理论中的"搭便车"现象也就由此产生了。从医疗卫生机构的角度来看，由于预防接种这类服务的利润不如医疗服务高，并且不能够产生立竿见影的效果，故对预防接种这类公共卫生服务供给动力不足，公共卫生服务供给总量不足的问题也就随之产生。基于此，考虑到预防免疫的社会公益性、少数人不合作会给整个人类社会带来的福利损失以及市场失灵等，政府应该承担起提供预防免疫的责任，甚至可以强制性地给每个社会成员提供这类公共服务。

二是公共卫生的公平视角。公共卫生保障的是人的基本生存

---

① 陈昌盛、蔡跃洲编著《中国政府公共服务：体制变迁与地区综合评估》，中国社会科学出版社，2007。

权,而生存权被认为不应该由市场控制,即公共卫生不应该仅仅依据个人的收入来提供,否则,穷人就不可能得到基本公共卫生服务。公共卫生这种"特定平等主义"的性质要求政府履行促进社会公平的职能。[①] 美国著名哲学家罗尔斯曾指出,社会福利不是取决于整个社会个人利益的加总或平均数,而是取决于境况最差的那个人的福利。由此看来,在公共卫生服务的提供上,政府应着重保护弱势群体的利益,保障所有的人不因收入、受教育程度、性别、年龄、宗教文化等方面存在的差别而失去享受该类服务的权利,最大限度地实现社会公平和正义,这也是政府的基本职责和应尽职责。如果一国政府能够公平地履行公共卫生服务的基本职责,还可产生以下两个方面的积极效应:一是可以促进社会公平和实现社会稳定,当然这有助于营造良好的社会环境,为经济实现持续增长创造条件;二是对国民基本健康的有效保护必然会减轻疾病带来的经济负担,减少疾病带给个人和社会的经济损失,同时也有利于提高人口素质,增强经济发展活力。

综上所述,公共卫生由于其公共产品性质、服务本身的公平视角以及政府对于社会公平正义的道德伦理要求,使得公共卫生这类服务应该纳入基本公共服务的范畴,由政府承担供给责任。

三 公共卫生与民生改善的内在联系

健康是人全面发展的基础。医药卫生事业关系千家万户的生活幸福,是重大民生问题。建立人人享有的基本医疗卫生服务制度,不但是对医疗卫生事业的精准定位,而且也是民生之需。由此看来,医疗卫生事业是备受关注的民生事业,因此,要以改善民生为

---

① 〔美〕斯蒂格利茨:《公共部门经济学》(第三版),郭庆旺等译,中国人民大学出版社,2005。

出发点，着力解决人民群众看病难、看病贵等问题，为广大人民群众提供优质的医疗卫生服务和良好的健康保障。

2009年1月，国务院通过《关于深化医药卫生体制改革的意见》和《2009—2011年深化医药卫生体制改革实施方案》，标志着我国新一轮医改方案正式出台。新一轮医改的一个鲜明特征，就是清晰地提出了"把基本医疗卫生制度作为公共产品向全民提供"的基本理念，强调要坚持公共医疗卫生的公益性质，扩大基本医疗卫生保障和服务的覆盖面，逐步实现"人人享有基本医疗卫生服务"这一目标。如果说医改是世界性难题，那么把基本医疗卫生制度作为公共产品向全民提供，就是一项性质特殊的公共服务。因此，政府对医疗卫生服务的投入，要紧紧围绕满足广大人民群众的医疗卫生需求，坚持医药卫生事业为人民健康服务的宗旨，以保障人民健康为中心，以人人享有基本医疗卫生服务为根本出发点和最终落脚点，着力解决广大人民群众反映强烈的看病难、看病贵等问题，努力实现全体人民病有所医。

第二节　西藏医疗卫生服务供给现状：以农牧区为考察重点

在中央政府的大力支持下，西藏农牧区公共卫生服务作为一项公共产品主要由政府提供给西藏各族人民。结合目前西藏自治区卫生部门开展公共卫生的主要领域来看，公共卫生具体包括基本医疗、计划免疫、传染病控制、妇幼保健、健康教育及学校卫生等。

一　西藏农牧民面临的主要健康风险

2007年3月，据西藏自治区卫生厅代欣言副厅长介绍，凡是在内地流行的疾病，几乎也都在西藏农牧区流行，如痢疾、肝炎、肺结核等在西藏农牧区属于常见病。除此之外，西藏农牧民还面临着更多的健康风险与疾病威胁。

1. 高原性疾病威胁

西藏自治区地处青藏高原，平均海拔在4000米以上。在青藏高原特殊的自然环境下，低氧、寒冷、干燥、紫外线强烈等是该区域较为典型的自然特征。与此相关的高原性疾病较为突出，如高血压、高原性心脏病、肺心病以及各类皮肤病等。不仅病种较多，而且发病率也非常高，给西藏农牧民群众的身体健康安全带来了极大的威胁。

2. 地方性疾病威胁

对西藏农牧民健康威胁最大的地方性疾病主要有碘缺乏病、大骨节病等。西藏自治区是我国碘缺乏病重病区之一，全区7个地（市）、74个县（市、区）自然环境中碘含量非常低，其中，严重缺碘县达57个，受害人口占西藏全区人口总数的70%以上。碘缺乏病是西藏农牧区常见病、多发病之一。碘缺乏病已经成为严重制约西藏农牧区人口素质提高与社会经济协调发展的重大公共卫生问题。[1] 西藏自治区还是我国大骨节病发病率最高的地区。西藏自治区有39个县是大骨节病高发地区，患者有9万多人，平均患病率为8.77%，其中，1/3的大骨节病患者基本丧失劳动能力。大骨节病已成为西藏农牧民群众因病致贫、因病返贫的重要原因之一。[2] 此外，西藏农牧区不少地方因各种元素富集或稀缺而导致的地方性疾病也较为突出，如不少农牧区饮用水氟元素含量超标等，严重威胁着西藏农牧民的身体健康。

3. 传染性疾病威胁

西藏自治区常年流行的法定管理传染病多达15种。传统传染

---

[1] 西藏自治区人民政府网，2008年3月16日，http://www.xizang.gov.cn。
[2] 国际在线网，2006年4月4日，http://gb.cri.cn。

性疾病有肺结核、病毒性肝炎、痢疾、伤寒、炭疽等，这些传染病仍在威胁着广大农牧民群众的身体健康。同时，新的传染病在西藏农牧区不断出现，如艾滋病、禽流感等也给西藏农牧民带来了新的健康安全风险。西藏自治区卫生部门统计资料显示，西藏自治区各种传染病的总发病率是全国平均水平的2.5倍左右。① 近年来，西藏农牧区鼠疫流行强度、发生频率逐渐上升，发生人间鼠疫暴发流行的潜在危险依然存在，并且鼠疫和炭疽将成为西藏农牧区今后一个时期内突发公共卫生事件的潜在威胁和重大隐患。

4. 与生活习惯有关的各种疾病威胁

在西藏农牧区还存在一些与农牧民生活习惯及饮食结构等有关的疾病，如长期食用积聚了大量霉菌的自制酥油而导致的肠胃方面的疾病、长期过量饮酒而导致的肝脏方面的疾病、生吃牛羊肉而引起的肠道寄生虫感染疾病以及因蔬菜水果摄入量少而导致的营养不平衡等各种疾病。目前，在西藏农牧区还有不少农牧民仍用牛粪作燃料，直接用手接触牛粪饼；加上饮用水不方便和农牧民缺乏饭前便后洗手的习惯，普遍存在着感染其他诸多疾病的潜在危险。②

由于上述疾病威胁在西藏农牧区客观存在，加上农牧区卫生条件普遍较差、农牧民的健康知识普遍缺乏，因此，农牧民群众属于易感人群。上述疾病的蔓延，不仅给农牧民家庭造成了难以承受的疾病负担和陷入长期贫困的危险，而且也严重威胁着农牧区公共健康安全与社会和谐稳定。

二 医疗卫生服务在西藏民生改善中的作用

健康是国民素质的重要体现，是人全面发展的前提和基础，关

---

① 西藏自治区人民政府文件：《"十一五"时期西藏自治区卫生人力发展规划》（藏政发〔2006〕69号），2006年12月。
② 王洛林、朱玲：《市场化与基层公共服务——西藏案例研究》，民族出版社，2005。

系千家万户的幸福。人类健康发展不仅是社会生产力发展的首要条件，也是人类一切社会生产活动所追求的最终目标之一。公共卫生与人类自身的生存发展和生活质量休戚相关。公共卫生关系到各族人民的生命权和健康权，可以满足各族人民最基本的生存需要。建立覆盖城乡居民的公共卫生服务体系，是改善民生、让人民共享改革发展成果的关键环节，是构建社会主义和谐社会的内在要求。保障各族人民的身体健康与公共卫生安全，努力让各族人民过上更加健康、更加长寿、更加幸福、更高质量的生活，是我国全面建设小康社会的核心目标之一。

在西藏农牧区特殊的自然地理环境下，西藏农牧民面临的健康风险要远远高于我国内地省份的农（牧）民。在2003年西藏实施新型农牧区医疗管理制度以前，大多数农牧民家庭贫困的主要原因是家庭劳动力缺乏，而家庭劳动力缺乏的主要原因又在于：要么是家庭主要劳动力因病过早去世，要么是家庭主要劳动力因病丧失了基本劳动能力，由此导致"因病致贫、因病返贫"的现象在西藏农牧区还比较突出。公共卫生服务是西藏自治区政府为农牧民提供的公共服务中最基本的一项，也是最能体现社会公平的公共产品之一。同时，公共卫生服务还是西藏农牧区覆盖面最大、公益性最强、社会效益最高的社会事业之一。公共卫生服务可以直接提高西藏农牧民的身体素质，改善其生存状况。改善农牧区公共卫生服务供给，是帮助西藏农牧民抵御重大疾病风险，防止因病致贫、因病返贫的有效途径。由此看来，提供基本公共卫生服务是西藏自治区各级地方政府义不容辞的责任。

保障西藏农牧民能够获得大致均等的基本公共卫生服务，进一步增强基本公共卫生服务的可得性与可及性，不仅有助于减少各种传染病、地方性疾病等给农牧民身体健康带来的潜在风险，减少因病致贫、因病返贫现象的发生，而且还有助于提高西藏农牧民的人力资源水平,增加农牧区劳动力获得各种非农就业的机会,让西藏农牧民能够更全面地参与经济社会发展活动、分享经济社会发展成果。[①] 从这个层面而言,提升西藏农牧区基本公共卫生服务能力,不仅有助于保障农牧民个人及家庭的基本卫生与健康安全,而且还有助于改善农牧区公共卫生与公共安全的整体面貌,进而为推动西藏农村和谐社会建设与全面建设小康社会奠定坚实的基础。

第三节 西藏农牧区医疗卫生服务发展概况

为了迅速改变西藏落后的公共卫生面貌,降低西藏各族人民的健康风险,发展西藏公共卫生事业,早在1950年中国人民解放军第十八集团军进驻西藏之日起,中央政府就随之选派了大批医务人员进藏,免费为西藏各族人民提供治病、防病等基本公共卫生服务,与此同时,进藏卫生队伍开始着手组建各级公共卫生机构。

1951年8月,卫生部在北京召开了全国少数民族卫生工作会议;同年11月,派出民族卫生工作队进入西藏开展工作。此后,中央政府连续选派了两批医疗卫生队进藏。1952年8月,为了切实解决西藏严重缺医少药的情况,中央专门组织首批进藏卫生工作大队到昌都地区为藏族同胞看病送药,开展医疗卫生服务。1952年9月,相继成立了昌都人民医院和拉萨人民医院(即西藏自治区人民医院前身)。1959年,西藏县级医疗机构陆续开始建立。1959年9月,"门孜康"和"药王山利众"医学院合并,建立了拉萨市藏医院。民主改革后,大批部队卫生人员转业地方,构成了西藏公共卫

[①] 王洛林、朱玲:《市场化与基层公共服务——西藏案例研究》,民族出版社,2005年。

生服务体系的基本力量，西藏公共卫生服务机构得以快速发展。1961年9月，建立了西藏卫生防疫站，西藏自此有了第一个专门的公共卫生防疫机构。[①] 至此，西藏拥有了现代意义上的藏医、中西医相结合的公共医疗机构和公共卫生防疫机构。

20世纪60年代，西藏全区各县普遍建立了县级医院。此后，原来由进藏卫生队伍承担的公共卫生服务，逐步过渡到由西藏地方各级公共卫生服务机构承担。西藏农牧民看病就医的经费来源，也由西藏各级地方政府通过财政安排的卫生经费拨付。早在人民公社时期，乡（镇）卫生院也在公社管理机构所在地应运而生。20世纪70年代，西藏自治区在人口相对集中的村庄配备了乡村医生和卫生员。[②]

20世纪80年代以来，西藏公共卫生服务机构建设主要以农牧区三级公共卫生服务机构中的人员、设备、房屋等配套建设为重点，其中，又以县级公共卫生服务机构建设为重点。至此，一个以拉萨为中心、遍布城乡的公共卫生服务体系在西藏自治区基本形成。[③] 在西藏绝大多数农牧区，农牧民生病基本上做到了"小病不出乡、一般疾病不出县、疑难病症不出区"，都可以得到有效治疗。然而，由于西藏自治区公共卫生服务体系建设主要依靠国家财政拨款，筹资渠道较为单一，加上西藏自治区各级地方政府财政收入极为有限，对农牧区三级公共卫生服务机构建设投入还相对有限，由此导致农牧区三级公共卫生服务机构的医疗经费总体不足、服务能力普遍较低，西藏自治区实行了多年的农牧民免费医疗政策面临着诸多挑战。

---

① 毛泽禾：《巩固与完善西藏合作医疗面临的问题与解决对策》，《中国初级卫生保健》2002年第8期。
② 王洛林、朱玲：《市场化与基层公共服务——西藏案例研究》，民族出版社，2005。
③ 多吉才旦、江村罗布：《西藏经济简史（上）》，中国藏学出版社，2002。

第四章
西藏基本公共服务供给中的医疗卫生

20世纪90年代以来，西藏自治区开始对农牧民免费医疗制度进行改革。1993年，西藏自治区人民政府颁布了《西藏自治区免费医疗暂行管理办法》，对免费医疗的享受对象、免费范围等均做了明确规定，明确了减、免、收政策，逐步打开了多渠道筹集卫生经费的新路径。①西藏农牧区医疗卫生经费筹集由以前单一依靠国家投入向多渠道、多形式筹集卫生经费转变，由以国家为主举办全民所有制卫生机构向国家、集体、个体多种形式社会办医过渡。②1997年，西藏自治区在选择试点县进行农村合作医疗试点的基础上，开始全面建立农村合作医疗制度，其目的在于探索建立西藏农牧区公共卫生经费多方筹措机制，即由国家单方面投入转变为国家、集体、个人三方面投入。这样既可以减轻国家的财政负担，同时又能够调动农牧民群众参与医疗卫生事业建设的积极性；既保证了农牧区医疗经费有较为充足的来源，又能够逐渐走出医疗经费不足的现实困境。③

在2003年全国农村新型合作医疗制度试点项目实施之前，中央财政未曾资助过内地任何一个省份的农村合作医疗保险，但是，对西藏农牧民家庭却一直有医疗补贴。2003年，西藏自治区开始正式实施新型农牧区医疗管理制度，建立起了以免费医疗为基础的农牧区医疗制度。④以政府为主导，农牧民个人自愿参加，由政府、集体和个人三方筹资，以家庭账户、大病统筹和医疗救助相结合的医疗互助合作制度在自治区正式建立和完善起来。截至2009年底，西藏农牧区医疗制度已覆盖所有农牧民，参加个人筹资的农牧民占

---

① 多吉才旦、江村罗布：《西藏经济简史（上）》，中国藏学出版社，2002。
② 央金卓嘎：《进一步完善西藏农牧区医疗保障制度的几点思考》，《中国卫生事业管理》2003年第4期。
③ 代欣言、达贵：《白朗县合作医疗运行情况调查》，《西藏医药杂志》2001年第3期。
④ 笔者认为，西藏新型农牧区医疗管理制度，其实质与内地省份新型农村合作医疗制度是一样的，只不过中央财政对西藏农牧区医疗基金投入占绝对主体而已。

总数的 95.69%，基金使用率达到 75.05%；2010 年，西藏农牧区医疗制度统筹基金最高支付限额已提高到农牧民人均纯收入的 6 倍以上且不低于 5 万元。① 2010 年，西藏农牧民年人均免费医疗经费达到 260 元，这在全国来看都是最高的。由此可以看出，西藏自治区建立起的以免费医疗为基础，以政府投入为主导，以家庭账户、大病统筹和医疗救助相结合的新型农牧区医疗制度，现已覆盖西藏全区所有农牧民。

西藏新型农牧区医疗管理制度的运行方式与内地新型农村合作医疗制度极为相似，只不过在基金筹集上有一个明显差别，那就是政府筹资占压倒性优势，特别是中央政府筹资占绝对主体，而且，西藏自治区各级民政部门还负责为农牧区五保户和贫困户缴费。即使那些不愿缴费的西藏农牧民群众，按规定也能在就诊后报销部分医药费，只不过报销比例比缴费者略低 20% 而已。与此同时，对那些发生重病、大病的西藏农牧民群众，发生的高额医疗费用经大病统筹基金报销后仍有可能导致生活困难的，西藏各级民政部门再对其实施医疗救助，从而大大降低了农牧民"因病致贫、因病返贫"的风险。尤为值得一提的是，西藏自治区还对农牧民孕产妇住院分娩实行"绿色通道"，农牧民孕产妇住院分娩所发生的医疗费用，能够在农牧区大病统筹医疗基金中予以全额报销；同时，对到医院实行住院分娩的农牧民产妇每人奖励 30 元，对其护送者每人奖励 20 元（但直系亲属除外）；此外，还给在医疗保健机构出生的孩子免费发放一套婴儿服，对运送孕产妇住院分娩和抢救所发生的交通费用均给予报销。这项特殊政策在全国来说都是最优惠的。

---

① http://www.mzb.com.cn/html/report/253126 - 1.htm.

第四节 西藏农牧区医疗卫生服务供给成效

在中央政府的大力支持与内地的无偿援助下，西藏农牧区基本上形成了以免费医疗供给为特征的新型农村合作医疗制度，西藏农牧民获得了免费医疗服务供给，农牧民群众的健康安全得到了有效保障。2010年，西藏自治区人均预期寿命已经提高到67岁。

一 西藏农牧区公共卫生机构日趋完善

2001年中央第四次西藏工作座谈会召开以来，中央政府和西藏自治区政府坚持"以农牧区为重点、以预防为主"的公共卫生服务方针，把保障广大农牧民群众的健康安全放在工作首位，逐步加大了西藏农牧区公共卫生服务建设投入。"十五"期间，中央政府与西藏自治区政府投资2.8亿元用于农牧区卫生基础设施建设，陆续改建了43个县级医疗卫生服务中心，新建了445个乡（镇）卫生院。[1]"十一五"时期，国家投资近16亿元，先后对西藏自治区各县（市、区）卫生服务中心和乡（镇）卫生院进行改扩建和新建；改扩建了西藏自治区人民医院、西藏自治区藏医院和各地（市）人民医院、妇幼保健院以及10个县级藏医院；西藏自治区基本完成了疾病预防控制体系和突发公共卫生事件医疗救治体系建设。[2]截至2010年底，西藏全区医疗卫生机构数达到1352个，其中，全区医院数为101家，平均每个县（市、区）有1.38家医院；全区乡（镇）卫生院数为672个，平均每个乡（镇）有1个卫生院；全区

---

[1] 西藏社会科学院编《中国西藏发展报告（2006）》，西藏人民出版社，2006。
[2] http://news.hexun.com/2012-01-23/137492748.html。

疾病预防控制中心数为81个,平均每个县(市、区)有1.10个疾病预防控制中心。① 至此,西藏自治区基本上建立起了覆盖城乡居民的相对较为完善的三级公共卫生服务体系。

二 西藏农牧区公共卫生服务能力增强

"十一五"时期,西藏自治区开始加强农牧区三级公共卫生机构的服务能力建设。2006年,西藏自治区政府为全区所有乡(镇)卫生院配备医疗设备,同时还加强了对乡村医护人员的培训。2007年,西藏自治区政府为全区73个县(市、区)卫生服务中心配备了高通过性救护车,为高海拔地区的县级医疗机构配置了制氧设施;为602个乡(镇)卫生院配备了流动服务车,并按照大的乡(镇)5~6名、小的乡(镇)4名的编制补充配备了专业医务人员;还为5284个村卫生室配备了基本医疗器械设施。② 2007年,西藏自治区还安排财政专项资金1800万元,为全区每个行政村卫生所(室)配备听诊器、体温表及消毒设备等必要的医疗器械。③

截至2010年底,西藏自治区三级公共卫生机构共有床位8838张,平均每千人拥有床位数为3.02张;全区共有专业卫生技术人员9983人,平均每千人拥有卫生技术人员数为3.44人。④ 为了留住西藏农牧区基层医疗卫生人员,西藏自治区政府为每个乡(镇)卫生院平均安排2个公益性技术岗位,每个岗位年工资1.2万元,用于解决乡镇卫生院聘用卫生技术人员的待遇问题,同时,为每个行政村核定2名乡村医生,由自治区财政通过专项转移支付,为每

---

① 西藏自治区统计局编《西藏统计年鉴2011》,中国统计出版社,2011。
② 西藏社会科学院编《中国西藏发展报告(2008)》,西藏人民出版社,2008。
③ 《西藏日报》2008年1月11日。
④ 西藏自治区统计局编《西藏统计年鉴2011》,中国统计出版社,2011。

名乡村医生解决基本报酬每月 200 元,并根据公共卫生服务工作任务完成情况给予奖励或补助。[①] 随着西藏农牧区基层医疗卫生服务人员的增加,一般乡(镇)卫生院也基本具备处置常见病、多发病的诊治能力,能够开展计划免疫接种、消毒接生等基本公共卫生服务,常用药品品种已由原来的十几种增加到目前的 200 多种,农牧区缺医少药的现象得到了初步缓解,基本满足了农牧民常见病和多发病诊治的需要,基本实现了"小病不出乡"这一目标。村级卫生室也配备了必要的医疗器械,村级医疗卫生机构也初步具备了处置普通常见病诊治和计划免疫接种能力。目前,西藏农牧民基本上能够在村卫生室或乡(镇)卫生院就近看病治疗,农牧民对医疗服务利用的可及性与可得性进一步增强,大大降低了西藏农牧民的健康风险。

三 西藏农牧区地方病得到有效防治

西藏自治区是我国受碘缺乏危害最严重的地区之一。"十一五"时期,为了消除农牧区碘缺乏病,西藏自治区政府首先在经济上采取了一些措施。2006 年,西藏自治区建立了食用碘盐价格补贴制度,食用碘盐每公斤由政府财政补贴 1.00 元。2007 年,西藏自治区安排财政专项资金 787 万元,专门用于农牧民食用碘盐价格补贴,每公斤碘盐价格补贴为 1.00 元。[②] 与此同时,西藏自治区财政还一次性投入 3000 多万元用于碘盐流通网络体系建设,西藏全区新建食盐销售网点 87 个。[③]

其次,西藏自治区政府还采用了一系列行政措施,推行食盐加

---

① http://news.10jqka.com.cn/20110210/c521857959.shtml.
② 丁业现:《执著的探索——财政部第四批援藏干部财经文集》,西藏人民出版社,2007。
③ 中国西藏新闻网,2007 年 5 月 24 日,http://www.chinatibetnews.com。

碘和碘盐专营政策。如西藏自治区政府以行政契约的形式，明确县、乡（镇）两级政府在碘盐供给、分配、协调、检查、价格监督、政策宣传和取缔私盐等环节上的职责，通过行政手段把食盐加碘政策落实到基层。[1] 通过经济和行政手段，西藏农牧区碘盐覆盖率明显提高。从2008年起，西藏自治区将碘盐推广作为政府工作中重要的惠民工程，提高农牧民食用碘盐补贴标准，层层落实碘盐推广责任制。截至2010年底，西藏农牧区碘盐覆盖率达到91.2%，西藏全区共有65个县基本实现了消除碘缺乏病目标。西藏自治区基本实现了消除碘缺乏病这一目标，为中国承诺在2010年基本实现消除碘缺乏病这一目标作出了应有贡献。[2]

西藏自治区还是我国大骨节病等地方病高发区之一。为了基本消除农牧区大骨节病，中央政府和西藏自治区政府还投入了专项资金，对大骨节病重症区农牧民群众实施移民搬迁以及对其他发病区实施改水、改土、补硒、换粮等综合措施。2006年，西藏自治区开始实施农牧民安居工程建设，其中一个重要内容就是对农牧区地方病重病区群众实施搬迁。2007年，中央财政与西藏自治区财政安排专项资金1000万元，专门用于农牧区大骨节病、碘缺乏病、高氟水病等地方病防治。[3] 在中央政府的大力投入与内地的无偿援助下，西藏农牧区各种地方病防治工作取得明显成效。

四 西藏农牧区免费医疗制度基本建立

据西藏卫生部门统计资料表明，西藏和平解放后，中央政府

---

[1] 王洛林、朱玲：《市场化与基层公共服务——西藏案例研究》，民族出版社，2005。
[2] 西藏自治区统计局编《西藏统计年鉴2011》，中国统计出版社，2011。
[3] 丁业现：《执著的探索——财政部第四批援藏干部财经文集》，西藏人民出版社，2007。

累计投资18亿多元用于发展西藏医疗卫生事业,其中,每年用于西藏农牧民的医疗补贴超过2000万元。仅"十一五"时期,西藏自治区医疗卫生事业财政专项经费支出就高达102.30亿元,较"十五"期间增加了68亿元。[1] 其中,中央政府和西藏自治区政府用于农牧民免费医疗的经费高达17亿多元。[2] 在实施新型农牧区医疗管理制度前,由于农牧民家庭收入普遍较低与农牧区医疗保障制度建设不足,许多应该接受住院治疗的农牧民群众因担心住院发生的医疗费用会拖累整个家庭而放弃治疗的现象还比较突出。西藏自治区新型农牧区医疗制度的全面实施,基本建立了覆盖全区的农牧民免费医疗制度。2010年,西藏自治区参加农牧区医疗制度个人筹资的农牧民达230余万人,筹资率达到96.74%。西藏自治区用于农牧民免费医疗的年人均费用从1992年的5.5元上升到2010年的260元,加上农牧民个人筹资10元,西藏农牧民年人均免费医疗经费总额达到270元;就我国农(牧)民年人均医疗经费标准来看,西藏是最高的。[3] 西藏农牧民群众在各级医疗机构住院所发生的医疗费用均可以得到50%~85%的报销,初步解决了农牧民群众"看病贵"的问题。西藏自治区实施新型农牧区合作医疗制度,不仅保证了农牧民享受基本医疗卫生的权利,同时也大大减轻了农牧民的经济负担。西藏昌都市江达县村民昂嘎谈道:"2011年3月因生孩子住院花的1000多元医疗费用都在医疗基金中全部报销;另外,村里还发了50元现金、小孩子的一套衣服及被子,说是住院分娩的一次性奖金。"[4] 拉萨市堆龙德庆县柳梧乡桑达村村民德吉央宗谈道:"父亲因肝病复发在拉

---

[1] http://news.hexun.com/2012-01-23/137492748.html.
[2] http://news.cntv.cn/20110113/100847.shtml.
[3] http://news.hexun.com/2012-01-23/137492748.html.
[4] http://www.mzb.com.cn/html/report/253126-1.htm.

萨市人民医院动了手术，本以为会花很多钱，可没想到父亲病好出院后，大部分医药费都得到了报销，现在我们不用为大额的医药费发愁了，再也不用担心看不起病了。"德吉央宗80多岁的父亲也谈道："小时候，很多人因为贫穷、无钱医治而病死；而现在，医疗保险全民覆盖，我们不但看得起病，而且看得好病了。"①

西藏自治区将农牧区医疗报销补偿封顶线（最高支付限额）提高到当地农牧民人均纯收入的6倍以上。新型农牧区医疗管理制度还对贫困农牧民家庭实施医疗救助，对那些家庭经济确实有困难的，经大病统筹基金报销后仍有可能造成"因病致贫、因病返贫"的家庭，可以按照农牧区医疗救助制度的相关规定享受医疗救助。通过层层保障，大大减轻了西藏农牧民群众因治疗疾病而给家庭带来的经济负担，农牧民"因病致贫、因病返贫"的现象明显减少。西藏新型农村合作医疗制度的全面实施，不仅大大减轻了农牧民群众在医疗卫生上所承受的经济负担，而且也充分保证了农牧民享受基本医疗卫生服务的权利。

按照世界卫生组织确定的标准，衡量一个国家或一个地区人民健康水平主要有三大指标：一是人均预期寿命，二是婴儿死亡率，三是孕产妇死亡率。西藏自治区人均期望寿命由和平解放初期的35.5岁提高到2010年的67岁；孕产妇死亡率由和平解放初期的5%下降到2010年的0.17%；婴儿死亡率由和平解放初期的43%下降到2010年的2.06%。② 这三大指标的显著改善，标志着西藏农牧民的健康水平得到了较大幅度的提高。

---

① http://roll.sohu.com/20111108/n324909466.shtml.
② http://www.china.com.cn/zhibo/zhuanti/ch-xinwen/2009-01/23/content_22595538.htm.

第五节　西藏农牧区医疗卫生服务供给存在问题

在中央政府的大力支持与内地的无偿援助下，西藏农牧区公共卫生服务供给能力有所提高。尽管西藏农牧区公共卫生服务供给取得了显著成绩，但农牧区公共卫生服务供给水平整体上比较低，还存在一系列亟待解决的矛盾与问题，主要体现在：公共卫生财力投入不均等，城乡公共卫生服务差距较大；医疗卫生资源分布不均，农牧区卫生基础设施条件较差；农牧区卫生技术人员数量不足，医务人员业务素质偏低，医疗卫生队伍建设亟待加强；农牧区医疗卫生服务水平低，偏远地区农牧民看病就医依然较为困难；等等。

一　西藏农牧区公共卫生投入严重不足

由于自然地理条件与经济发展水平的影响，西藏自治区地方财政收入极其有限，对公共卫生事业发展投入经费总量不足。2010年，西藏自治区地方财政收入为424679万元，地方财政收入占地区生产总值的比重仅为8.4%；而2010年西藏自治区地方财政总支出高达5625834万元，其中，公共财政用于医疗卫生支出为320406万元，医疗卫生支出占全区公共财政支出的比重仅为5.70%。[①] 由此可见，西藏自治区医疗卫生财政支出占全区公共财政支出的比例依然相对较低，远低于教育财政支出占全区公共财政支出的比例，仅相当于教育财政支出的一半，由此导致西藏自治区公共卫生投入总量不足。

在西藏公共卫生投入总量不足的情况下，公共卫生投入取向还出现了偏差，重城市、轻农村，城乡公共卫生事业发展差距较大。

---

① 西藏自治区统计局编《西藏统计年鉴2011》，中国统计出版社，2011。

从西藏自治区年人均医疗费用支出来看，以2010年为例，农牧民年人均免费医疗经费为260元；就全国而言，西藏农牧民年人均免费医疗经费是最高的。然而，西藏农牧区是地方病、传染病的高发区，同时，西藏作为世界第三极，又是高原病的集中区。西藏农牧民面临的健康风险与疾病威胁要比内地农民高得多，西藏农牧民的医药费用支出必然会比内地农（牧）民多得多，免费医疗经费还难以有效保证农牧民的基本医疗支出。一般而言，西藏农牧民都是在身体实在抗不住的情况下才到医院就医；而且，在青藏高原特殊的自然地理环境下，在内地发生的常见病，在西藏就可能产生不少并发症；再加上农牧区基层医疗卫生条件普遍较为落后，一般都需要转院治疗，存在一定的重复检查等费用。综合以上几个因素计算，西藏农牧民的医疗费用通常比内地农（牧）民要高出好几倍。如此高额的医疗费用，如果仅仅依靠农牧民免费医疗经费是难以有效解决的。农牧民家庭一般都需要通过全家几口人的账户积累，才能应对家庭成员的常见小病；对于那些家庭成员患有慢性病和常年病的农牧民而言，免费医疗经费显然难以解决医疗费用高额的问题。就此而言，西藏农牧民年人均免费医疗经费可能在全国又是最低的。

再与西藏城镇居民年人均免费医疗经费相比，西藏农牧民年人均免费医疗经费明显偏低。2010年，西藏城镇机关事业单位职工年人均公费医疗经费一般在1000元左右，约为农牧民年人均免费医疗经费的4倍。实行城镇职工基本医疗改革的地区则更高，一般都在1800元左右，约为农牧民人均免费医疗经费的7倍。2010年，西藏城镇居民年人均医疗保健支出为352.3元，占全年消费性支出的3.9%；而农牧民年人均医疗保健支出为71.5元，仅占全年消费性支出的3%。西藏城镇居民年人均医疗保健支出是农牧民年人均医疗保健支出的5倍左右，而西藏农牧民只能获得有限的医疗卫生保健服务。在西藏自治区，80%左右的人口是农牧民，由此可以判断西藏自治区20%左右的城镇人口却占有了全区近90%以上的医疗资源。[①] 综合来看，西藏城乡公共卫生服务投入差距较大。

二 西藏农牧区公共卫生服务能力普遍较弱

长期以来，中央政府与西藏自治区政府在农牧区公共卫生服务投入上存在偏差，由此导致农牧区公共卫生基础设施普遍落后。中央第四次西藏工作座谈会召开后，中央政府才明确提出中央财政与援藏资金要重点向农牧区转移的政策思路，农牧区公共卫生事业才得以快速发展，农牧区三级公共卫生机构也才得以在近几年建立和发展。然而，从西藏农牧区三级公共卫生机构的发展来看，还不够均衡，具体表现在：一是公共卫生机构布局不均衡；二是公共卫生机构服务能力不均衡。从西藏自治区县、乡（镇）、村三级公共卫生机构的基础设施与服务能力来看，越往基层走，基础设施越落后，服务能力也越低。实事求是地讲，西藏自治区县级公共卫生服务中心的医疗设备配置与床位设置在农牧区三级公共卫生机构中是最好的，同时，综合医院、民族医院、妇幼保健院、疾病预防控制中心等公共卫生机构也主要集中在县城。由于西藏90%以上的医疗设备都集中在县级以上的公共卫生机构，基本能够满足县城居民及其周边农牧民群众的公共卫生服务需求。

然而，西藏农牧区乡（镇）卫生院的基础设施条件却普遍较差，医疗设备配置与床位设置数量严重不足，医疗设备配置也非常落后，缺少必要的维护和更新。西藏农牧区大部分乡（镇）卫生院现有的医疗设备大多是老式的X射线机、黑白B超、心电图机、生化分析仪，等等；而且，现有医疗设备损坏和超期设备所占比例较

[①] 丁业现：《执著的探索——财政部第四批援藏干部财经文集》，西藏人民出版社，2007。

大，即使可正常使用的医疗设备大部分也比较陈旧。2010年，西藏全区672个乡（镇）卫生院仅有2995张病床，平均每个乡（镇）卫生院拥有的病床数不足5张。[①] 从总体情况来看，西藏农牧区乡（镇）卫生院拥有的病床数仅占全区病床数的1/3，显然，这远远不能满足西藏农牧区基层各族群众的公共卫生服务需求，农牧民"住院难"问题仍比较突出。西藏农牧区还有部分行政村没有建立卫生室。尽管部分行政村已经建立了村卫生室，但卫生业务用房缺乏，而且医疗设备配置也普遍落后，大部分村卫生室的医疗设备仍然是"老三件"，即血压计、听诊器、体温表。将2010年西藏统计年鉴资料和笔者实地调研资料综合起来看，大多数村卫生室还没有病床，这在某种程度上又导致了西藏农牧民"看病难"问题依然比较突出。

三 西藏农牧区公共卫生服务人员严重缺乏

2010年，西藏全区共有卫生技术人员9983人，平均每千人拥有卫生技术人员3.44人。[②] 虽然西藏自治区平均每千人拥有卫生技术人员数接近全国平均水平，但由于西藏农牧区地广人稀，农牧区公共卫生服务半径较大，决定了农牧区公共卫生服务人员普遍较为缺乏，具体表现在：由于西藏农牧区自然条件较差，交通不便，导致农牧区公共卫生服务人员的工作条件较差、生活环境较为艰苦；加上农牧区基层公共卫生服务人员的待遇较低，不仅农牧区基层现有服务人员留不住，而且新毕业的大学生又不愿意去，这种情况在西藏农牧区乡（镇）卫生院表现得尤为突出，由此导致西藏城乡卫生技术人员分布不均衡。2010年，西藏全区乡（镇）卫生院仅有

---

① 西藏自治区统计局编《西藏统计年鉴2011》，中国统计出版社，2011。
② 西藏自治区统计局编《西藏统计年鉴2011》，中国统计出版社，2011。

卫生技术人员 2711 人，平均每个乡（镇）卫生院仅有卫生技术人员 4 人。然而，西藏全区 101 个地（市）、县级公共卫生机构却拥有 6972 名卫生技术人员，平均每个地（市）、县级公共卫生机构有卫生技术人员 69 名。[①] 加上西藏农牧区传染病、地方病的种类多、危害大，公共卫生防治工作任务较为艰巨，也需要大量公共卫生服务人员。由此看来，西藏农牧区乡（镇）卫生院专业技术人员严重缺乏，大部分乡（镇）卫生院只有靠聘用部分卫生职业学校的毕业生或者乡村医生维持基本运转。

在西藏农牧区，公共卫生服务人员不仅数量总体不足，而且素质亟待提高，尤其是业务素质与服务能力亟待加强。一般来说，卫生技术人员主要是指拥有一定的医疗技能的工作人员，而不是普通的工作人员。根据这一定义可以看出，在西藏农牧区现有公共卫生技术人员中合格或者达标的人数很少，从西藏农牧区公共卫生技术人员的医疗技术与服务能力现状也可以看出这一点。客观地讲，西藏农牧区医疗卫生队伍的质量直接关系到广大农牧民享有的医疗卫生服务质量。目前，西藏农牧区有部分乡（镇）卫生院甚至没有办法开展小型手术等医疗卫生服务，只能诊治一般小病或者对一些伤病做一般性防御处理，其原因在于整个卫生院几乎没有一个拥有过硬医疗技能的专业技术人员。随着全国卫生援藏工作会议的召开，全国有 17 个支援省市和 7 个部局属（管）单位对西藏进行对口援助，但也主要援助一些高科技的医疗设备。然而，在西藏农牧区部分乡（镇）卫生院却出现了一些医疗设备不拆箱的情况，其原因在于没有合格的专业技术人员可以操作这些机器设备。

西藏农牧区村医的业务素质与工作能力不容乐观。目前，大多数村医是二三十年前接受过短期培训的赤脚医生，虽然都或多

[①] 西藏自治区统计局编《西藏统计年鉴 2011》，中国统计出版社，2011。

或少地参加过一些后续培训，但由于缺少系统的医疗服务技能培训，难以满足日益复杂的基本卫生服务需求。① 由此看来，西藏农牧区基层公共卫生人员的业务水平不高，服务能力有限，还不能满足农牧民群众日益增长的医疗卫生服务需求。医疗卫生人才资源缺乏，仍然是制约西藏农牧区公共卫生事业发展的主要障碍。

四 西藏农牧区公共卫生服务供需不够均衡

与我国内地省份一样，西藏农牧区三级公共卫生机构是根据行政区划而设立的，并按照内地省份农村人口密集的医疗服务供给方式运行，由此也凸显了服务需求方农牧民居住分散与服务供给方农牧区基层公共医疗卫生机构集中但规模效益低下的矛盾。按理而言，乡（镇）卫生院作为西藏农牧区基层医疗机构，能防治常见病、多发病及地方病等，应该是西藏农牧民日常生活中使用最多的医疗卫生服务机构。由于农牧区地域辽阔，农牧民居住相对分散，决定了农牧区乡（镇）卫生院的服务半径较大。根据乡（镇）卫生院的服务能力计算，农牧区乡（镇）卫生院的服务规模一般为400~1000户，服务人口为2500~3000人；然而，这些人口却分布在200~500平方公里的广袤土地上；加上西藏农牧区交通运输条件不便，无论是村民到卫生院来就诊还是卫生人员送医送药上门，其时间成本之高都可以想见。② 由于西藏农牧区乡（镇）卫生院卫生技术人员的服务能力普遍较低，只能处理感冒、痢疾等类的常见病，一旦遇到稍有疑难的病例，就给患者开转诊单，介绍农牧民到县医院就诊，这不仅会增加农牧民就医的交通成

---

① 王存同：《藏区农牧民人口健康促进的实地研究——来自西藏自治区昌都地区的调查》，《中国人口科学》2011年第1期。
② 王洛林、朱玲：《市场化与基层公共服务——西藏案例研究》，民族出版社，2005。

本与时间成本，而且还可能因为时间成本的增加，耽误病人最佳治疗时机。

结合西藏农牧区实际情况来看，农牧民就医顺序主要是村卫生室、乡（镇）卫生院、县级医院。据此看来，西藏农牧民首选就医的公共卫生机构实际上应该是村卫生室。村卫生室作为西藏农牧区三级公共卫生服务网络体系的网底，是最贴近农牧民，也是农牧民最为可及的服务提供者。由于农牧民疾病发生频率最高的是常见病，这是村卫生室能够解决的，同时农牧民就近求医既能节省交通成本，又能节约时间成本。此外，村卫生室的服务价格要普遍低于县级、乡（镇）级医疗机构，为了尽量降低医疗支出，农牧民自然会首选村级医疗卫生服务。然而，由于村卫生室人力资源水平相对较低、服务能力较弱，村卫生室反而成为农牧区医疗卫生服务体系中"最短的短板"，这无疑降低了农牧区基本公共卫生服务的可及性和可得性。[1]事实上，西藏农牧区村卫生室建设处于边缘化境地，村卫生室基础设施及医疗设备建设滞后，村级卫生人员不仅数量严重不足，而且业务素质与工作能力较差，有的卫生人员只会打针，不能处置常见小病；大部分医生未经过正规专业培训，诊断、检查水平较低，被农牧民称为"发药医生"。而且，西藏农牧区三级公共卫生机构一般实行坐诊制度，卫生技术人员很少下乡到农牧区基层开展公共卫生服务活动，如疾病诊治、预防保健、健康体检等。[2] 由此看来，西藏农牧区三级公共卫生机构所提供的公共卫生服务还远未满足农牧民对基本医疗卫生服务的便捷性、及时性和可靠性的需要，农牧民生病时仍然得不到及时有效的治疗。[3]

---

[1] 王存同：《藏区农牧民人口健康促进的实地研究——来自西藏自治区昌都地区的调查》，《中国人口科学》2011年第1期。

[2] 这一方面与西藏农牧区三级公共卫生机构的传统服务方式有很大关系，另一方面也与农牧区三级公共卫生机构的业务经费、卫生服务人员数量不足等有很大关系。

[3] 王洛林、朱玲：《市场化与基层公共服务——西藏案例研究》，民族出版社，2005。

五 西藏农牧区公共卫生服务普遍重医轻防

2003年春夏之交我国发生的SARS传染病的事实再一次证明，我国医疗卫生服务领域中"重医轻防"现象仍比较突出。西藏农牧区三级公共卫生机构建立后，希望通过对医疗卫生资源的重新配置，实行医防并重，实现"人人享有基本医疗卫生服务"这一目标。西藏自治区长期以来在农牧区公共卫生服务提供上一般都比较注重基本医疗卫生服务，轻视或者忽略公共卫生预防保健服务。从西藏农牧区三级公共卫生机构的设置也可以看出这一特点，西藏和平解放以来，一直都较为重视医院、卫生院等公共卫生机构建设，而轻视妇幼保健院、疾病预防控制中心等公共卫生机构建设。目前，西藏自治区基本上实现了每个乡（镇）有一所卫生院的目标，然而，妇幼保健院、疾病预防控制中心等公共卫生机构却主要建立在县级以上城市，县城以下的农牧区几乎处于空白。这样，又进一步增加了西藏农牧区乡（镇）卫生院的工作压力，它们除了要承担基本医疗卫生服务工作外，还得承担预防保健、妇幼计生等多项医疗卫生服务工作，显然，这又超过了乡（镇）卫生院的服务能力。

在此政策导向下，中央财政、内地省市援助资金以及西藏自治区财政对农牧区疾病控制、预防保健等公共卫生服务投入相对较少。正如前面所言，凡是在内地流行的传染性疾病，也大多在西藏农牧区流行；此外，西藏农牧区还面临特有的地方性疾病、高原性疾病等。就西藏自治区而言，农牧区显然是各种传染性疾病、地方性疾病的高发区。由于农牧区公共卫生预防保健服务投入不足，由此导致大骨节病、碘缺乏病、肺结核等地方病得不到有效防治，各种传染病、地方病发病率仍居高不下，严重威胁着农牧民群众的身体健康。此外，西藏农牧区妇幼卫生服务能力较低，特别是产科急救服务能力非常薄弱，孕产妇死亡频发的事实依然存在。国家卫生统计数据显示，2009年，西藏农牧区孕产妇死亡率为2.4‰，是全国农村平均水平的7.05倍。[①] 西藏农牧区初级卫生保健作为一个社会系统工程，除了一些基本的卫生健康指标外，还有很多需要全社会共同努力才能实现的工作，如改水、改厕等工作，西藏自治区在这方面还存在很多空白点。

---

① 王存同：《藏区农牧民人口健康促进的实地研究——来自西藏自治区昌都地区的调查》，《中国人口科学》2011年第1期。

第五章　西藏基本公共服务中的公共就业

就业是民生之本。实现社会充分就业，是让更多人共享改革发展成果的重要途径，也是政府克服市场外部性的重要手段。促进社会充分就业，是现代政府的基本职责，更是推动民生改善与构建和谐社会的一项重要任务。

第一节　公共就业纳入基本公共服务的理由

一　公共就业的内涵

就业服务是指国家和社会为实现劳动力与生产资料在总量上和结构上的有机结合而提供的一种社会服务。就业服务兴起于19世纪末20世纪初期，其目的主要是改善失业者的基本生存状况与维护社会稳定。就业服务是具有普遍意义的干预劳动力市场并能有效调节和改善劳动力市场供求的重要手段，就业服务的主要职能在于通过劳动力市场信息、职业介绍、职业指导和相应的职业培训等手段的综合运用，帮助用人单位获得合格劳动力和劳动者实现充分就业。

就业服务可大致划分为公共就业服务和私人就业服务两类。公共就业服务是指以政府为主导的公共就业服务部门和组织机构，运用社会公共资源帮助劳动者提升就业能力并获得相应的就业岗位，帮助用人单位寻找合格劳动力的一系列服务性工作的总称。我国《劳动力市场管理规定》中对公共就业服务进行了初步界定：公共就业服务是指由各级劳动保障部门提供的公益性就业服务，具体包括职业介绍、职业指导、就业训练、社区就业岗位开发服务和其他服务等内容。结合世界各国劳动力市场理论与实践来看，公共就业服务一般具有四个基本要素，即以政府服务公众的职能为定位，以促进社会充分就业为目的，以提供公益性服务来定性，并从公共政策和公共财政方面给予保障和支持。

由此可以看出，公共就业服务是指由政府出资，向劳动者免费提供的公益性就业服务，具体包括提供就业政策与法规咨询，发布职业供求信息、市场工资指导价位信息与职业培训信息，提供职业指导与职业介绍，对就业困难人员实施就业援助，办理就业登记与失业登记等公共事务。公共就业服务的本质是以促进社会公平就业和人力资源充分利用为目的，由政府向社会全体劳动者提供的满足其基本就业需要的公益性服务。

二 公共就业的功能及特征

党的十七大报告指出，就业是民生之本。促进就业是实现经济增长与改善民生的重要前提和基础。努力做好就业与再就业工作，充分保障每个劳动者的就业权利，不断提高广大人民群众的生活水平，既是经济社会发展的根本出发点与落脚点，也是中国共产党践行全心全意为人民服务根本宗旨的具体表现。公共就业服务作为保障公民就业权的主要工具，是关系到我国全体社会成员生活是否幸福的重要民生性服务，也是我国基本公共服务的核心内容。由此可以看出，广大人民群众能不能享受到基本公共服务，最根本的是看公共就业服务。

西方发达国家公共就业服务一般以市场配置为基础,但这并不意味着放弃政府责任,而是积极发挥政府在公共就业服务中的引导作用。政府重点做好公共就业服务发展战略研究、制定公共就业服务系列规划、系统设计公共就业服务政策、策划重点公共就业服务行动计划等工作。通过宏观引导、政策激励、利益联结,不断提升政府在公共就业服务供给中的统筹能力与保障能力。

公共就业服务作为我国基本公共服务的一个重要领域,强化政府促进公共就业的行政职能,保障每个居民实现充分就业,是各级政府在提供基本公共服务时应该优先考虑的问题。在现代市场经济环境下,解决就业这一涉及每个人切身利益的民生问题,第一责任人是政府。为此,政府应坚持公共就业的公共服务价值取向,把促进就业摆在公共服务的突出位置,从公共政策制定与公共财政投入等方面提供基本保障,健全完善公共就业服务管理体制,逐步建立统一规范的人力资源市场,形成城乡劳动者平等就业的环境,建立起公共就业服务体系,不断满足各族群众日益增长的公共就业服务需求。

三 公共就业与民生改善的内在联系

就业是民生之本。就业问题与亿万劳动者切身利益息息相关,对于劳动者个体而言,实现就业不仅是解决家庭基本生计与提高生活水平的重要手段,也是人民群众实现民生改善的重要前提与基本途径,而且还是劳动者更好融入社会、实现自身价值的主要途径;对于社会而言,积极扩大就业,使劳动者享有充分的就业机会,就能够保持社会稳定与和谐,使全体人民走上共同富裕的道路。一句话,人民安居乐业,国家才能长治久安。

由此看来,促进社会充分就业是安国之策,扩大就业是保障和改善民生的头等大事。中央政府与各级地方政府应该把公共就业作为一项基本公共服务向全社会提供，通过不断加大公共就业服务财政投入，健全完善公共就业服务体系，充分发挥公共就业服务机构的作用，动员和引导社会各方面力量全方位参与，瞄准特定就业群体的求职高峰期，并针对他们的就业特点，贴近他们的实际需求，提供个性化就业服务。特别应重点针对因下岗失业而出现生活困难的群众，帮助他们获得一份有稳定收入的工作，切实保障他们的基本生计，逐步提高其生活水平。

第二节　西藏自治区公共就业服务：以大学生就业服务为例

现阶段，我国就业形势异常严峻，西部民族地区就业形势更加严峻。众所周知，我国西部民族地区长期存在贫困人口数量多、人口素质低、劳动技能缺乏等问题。由于贫困人口劳动技能缺乏，决定了他们不能实现更好就业，进而又导致他们缺乏收入来源，由此陷入"贫困恶性循环陷阱"状态。因此，西部民族地区的民生改善要更加注重解决就业问题，认真做好就业与再就业工作，努力让各族群众"就业有岗位、创业有门路、致富有盼头"，以实现"劳有所得"这一民生目标。

西藏自治区是我国民族成分较多、藏族人口相对集中、经济发展水平极为落后、维护社会稳定任务较重、生态环境建设任务艰巨的地区。近年来，随着劳动力就业需求的不断上升，社会提供的劳动就业岗位数量增长却十分缓慢，二者间的供求矛盾持续扩大，这必将给西藏民生改善与和谐社会建设带来一定影响。2007年以来，随着西藏大学生毕业人数的不断上升与大学生就业制度改革的深入推进，西藏高校毕业生就业难这一问题表现得尤为突出。努力做好西藏高校毕业生就业工作,对于切实保障和改善民生、促进教育与西藏经济社会协调发展具有十分重要的现实意义。

一 西藏自治区促进大学生就业的公共政策

大学毕业生是社会极为宝贵的人才资源。在西藏自治区人才相对匮乏的条件下,大学生更是一笔不可多得的社会财富。因此,如何优化配置、合理使用、充分开发这一人才资源,对于全面贯彻中央第五次西藏工作座谈会精神,为促进西藏经济社会跨越式发展与长治久安提供人才保障与智力支持,为西藏自治区在2020年与全国一道实现全面建成小康社会奋斗目标,具有重要的现实意义。

(一)西藏自治区促进大学生就业的一般优惠政策

为了促进大学生就业,西藏自治区政府制定和实施了以下七项优惠政策。

(1) 鼓励西藏高校毕业生到农牧区基层就业。到乡(镇)工作5年以上的大专以上毕业生,可享受国家贷款本息代偿的优惠政策。[①] 这既能促进西藏大学生充分就业,又能缓解农牧区基层政府工作人员缺乏问题。

(2) 鼓励西藏高校毕业生到中小企业和非公有制企业就业。属国家计划内招收的西藏高校毕业生到中小企业和非公有制企业就业,与用人单位签订一定期限的劳动合同或协议,由同级财政部门按照一定比例提供代费券,用于缴纳各项社会保险。其中,签订两年以上劳动合同或协议的给予30%的社会保险补贴;签订三年以上劳动合同或协议的给予40%的社会保险补贴;签订五年以上劳动合同或协议的给予50%的社会保险补贴;此外,还可按规定享受最高

---

① 注:不包括地(市、县)所在地的乡(镇)。

200万元的小额担保贷款扶持。这既有助于转变西藏大学生就业观念，鼓励大学毕业生自主创业，又能为企业提供大量优秀人才。

（3）鼓励企业吸纳西藏高校毕业生，并设立奖励资金政策。西藏自治区内各类企业和自收自支事业单位每接收一名属国家计划内招收的西藏应届高校毕业生，并同毕业生签订劳动合同或聘用合同的，由财政部门给予用人单位一定数额的奖励资金。具体奖励办法是：毕业生与用人单位签订劳动合同或协议的给予5000元奖励资金。签订三年劳动合同或协议的给予12000元奖励资金；签订五年以上劳动合同或协议的给予20000元奖励资金。同时，利用政府对企业的考核与奖励机制，将企业吸纳高校毕业生就业多少作为政府考核企业的重要指标，以此提高各类企业吸纳高校毕业生就业的积极性，有助于扩大西藏高校毕业生就业。

（4）鼓励西藏高校毕业生参加就业见习。西藏自治区劳动保障与社会部门联系相关部门积极拓展一批社会责任感强、管理规范的企业和自收自支事业单位作为高校毕业生见习基地。在见习期间，由同级财政部门按当地最低工资标准发放见习基本生活补助，鼓励见习单位优先吸纳（聘用）见习高校毕业生。这既有助于提升西藏高校毕业生的就业技能，也有助于提高西藏高校毕业生求职的匹配性，充分保障就业市场供需平衡。

（5）西藏高校毕业生享受就业和再就业扶持政策。西藏自治区各级劳动与社会保障部门为自失业登记之日起6个月以上未实现就业的高校毕业生办理《就业和再就业优惠证》，纳入就业和再就业扶持政策对象的范围，继续享受税费减免、小额贷款、社保补贴、免费职业培训、职业介绍等优惠政策。

（6）设立创业基金，鼓励和支持西藏高校毕业生自主创业。西藏自治区政府从自治区创业基金中安排1000万元专项财政资金，设立"西藏高校毕业生创业扶持资金"，用于扶持高校毕业生自主创业。西藏高校毕业生自主创业，可申请5万元以下的小额担保贷款。其中，对从事微利项目的，由自治区财政根据实际情况全额贴息，延期不贴息；对合伙经营的可根据人数累加贷款额度，最高不超过100万元。西藏自治区政府通过提供创业资金，为西藏高校毕业生搭建创业平台，有助于在全社会营造自主创业氛围，实现由就业到创业的根本转变。

（7）对零就业家庭和就业困难高校毕业生提供就业援助。西藏高校为零就业家庭和就业困难的毕业生提供"一对一"的就业指导、就业服务，并重点予以推荐。西藏自治区各级劳动和社会保障部门积极组织就业困难的高校毕业生参加职业资格培训，职业技能鉴定和就业见习，按规定落实基本生活补助。同时，西藏自治区七地（市）有关部门对回原籍的零就业家庭未就业的毕业生实施重点帮扶，提供有针对性的就业服务和岗位帮助。[①]

（二）西藏自治区促进大学生就业的特殊优惠政策：开发与提供公益性岗位

西藏自治区政府为促进大学生充分就业，还制定和实施了特殊优惠政策——开发与提供公益性就业岗位，即政府通过购买公益性岗位对高校毕业生进行兜底就业安置，重点解决西藏就业困难群体的就业问题。

公益性岗位是指通过政府财政预算购买或支持、引导社会多渠道出资购买就业技术技能要求较低的岗位，是在市场之外解决就业困难群体就业的一条重要途径。公益性岗位是在市场之外由政府提供的就业岗位，对于就业困难群体而言，市场竞争对其就业的排斥作用影响非常明显，而政府制定的公共就业政策对就业困难群体产生的吸纳

[①] 索朗多吉：《西藏自治区高校毕业生就业情况调查（上）》，《西藏教育》2011年第11期。

作用却十分强烈。考虑到西藏自治区内就业困难群体的文化知识与劳动技能现状,公益性岗位大多是社区管理与社区服务岗位、社区或单位的后勤岗位等,一般身心健康、愿意从事公益性岗位的劳动者均能胜任。因此,只要政府具有出资的能力和意愿,就能满足这部分就业困难群体的就业需求。西藏自治区内就业困难群体的就业愿望满足程度如何,在很大程度上取决于政府的财力与决心。政府通过提供公益性就业岗位,可为就业困难群体提供就业机会,使他们在政府和社会的帮扶下实现就业或再就业,这对于有效控制社会失业率、缩小贫富差距、维护社会稳定具有明显促进作用。[1] 总之,公益性岗位对于经济发展相对落后、居民知识技能水平普遍较低的民族地区而言具有特殊意义。当然,开发公益性岗位也是适应现阶段西藏经济发展水平与就业困难群体就业能力的有效渠道,已经成为西藏城乡居民新增就业的重要途径。

2006年9月,西藏自治区政府出台了《购买公益性岗位实施方案》,标志着公益性岗位开发安置工作在西藏自治区正式实施。当年,西藏自治区政府投入了大量资金来推进公益性岗位开发安置工作,重点针对零就业家庭、残疾人和困难群众,大力开发公益性岗位,积极开展就业援助,帮扶就业困难群体实现就业。2009年,西藏自治区还出台了政府购买公益性岗位安置高校毕业生的政策。西藏高校毕业生在公益性岗位就业的,除享受公益性岗位相关待遇外,还按每人每月300元标准增发生活补助,包括购买各种保险在内,公益性岗位每人月均收入达到1300元左右。2006年到2009年的四年间,西藏自治区政府先后共三批购买了15700个公益性岗位,各级政府累计投入资金达3.13亿元。[2] 2010

---

[1] 李中锋:《西藏公益性岗位包容效应研究》,《西藏大学学报》2012年第2期。
[2] http://www.chinajob.gov.cn/SocialSecurity/content/2011-02/09/content_601032.htm。

年，西藏自治区政府帮助1.4万名就业困难人员在公益性岗位实现就业。① 如拉萨市为促进高校毕业生就业，增加了基层文化科技服务、医疗卫生服务、农牧业科技服务及基层民政、托老托幼、助残服务等公益性岗位。对于未就业的高校毕业生，可以到当地人力资源和社会保障部门申请公益性岗位，除享受公益性岗位相关待遇外，将由各级财政部门按每人每月300元标准增发生活补助。

政府通过提供公益性就业岗位，一方面有效满足了新增就业困难群体的就业需求、切实保障了就业困难群体的基本生活需求。西藏自治区通过开发专业性和技术性岗位、提高工资待遇等方式，有效促进了大学生等新增就业困难群体通过公益性岗位实现就业，同时，也使生活最困难的就业困难群体——家庭得到了帮助，极大地改善了他们的生活状况。另一方面也大力提升了西藏社会管理水平，有效促进了社会和谐。西藏自治区通过开发公益性岗位，增加了社会公共管理服务工作岗位，显著提升了社会管理能力与管理水平，拓宽了就业渠道，不但使就业困难群体实现充分就业成为可能，通过参与经济社会管理活动获得相应收益，分享改革开放发展成果，而且，通过参与经济社会管理活动，可以帮助他们实现自我认同，重拾信心，重获希望，进而有助于减少社会不稳定因素，极大地促进了西藏社会稳定与和谐。

二 西藏自治区促进大学生就业的主要途径

2006年以前，西藏自治区对普通高校毕业生实行计划分配（即包分配工作）。2006年后，西藏自治区高校毕业生就业政策由统包统分向"双向选择、自主择业"转变，开始实行"市场导向、

---

① http://www.china-insurance.com/social/DetailInfo.asp?id=166411.

政府调控,毕业生和用人单位双向选择、自主择业"的就业政策,结束了西藏大学生就业统包统分的历史。2006年,西藏自治区专科毕业生就业开始取消计划分配;2007年,本科及以上毕业生就业取消计划分配,均实行供需见面,双向选择,自主择业。西藏自治区促进大学生就业的主要途径有以下几条。

(1) 西藏自治区人力资源和社会保障厅联系有关部门,公开考录基层公务员(包括到村/居组织任职的乡/镇公务员)、事业单位工作人员和专业技术人员。这是目前西藏生源高校毕业生最为喜欢的就业途径。大批高校毕业生加入农牧区基层政府,有助于提升西藏农牧区基层公务员队伍的整体素质与政府服务能力,但也在一定程度上增加了政府公共财政支出,挤占了基本公共服务与民生改善经费支出。对此,笔者认为这不是解决西藏大学生就业的长久之计。

(2) 西藏自治区人力资源和社会保障厅会同有关部门,公开招募一定数量的高校毕业生(每年安排750名左右)到基层从事"三支一扶"工作。通过开展"三支一扶"工作,既有助于缓解当前西藏大学生就业困难的压力,又能改变西藏农牧区基础教育、医疗卫生等公共服务领域人才缺乏现状。为了把这项工作做得更加扎实,中央政府与西藏自治区政府既要对他们给予现实关照,又要统筹安排他们未来长远发展。

(3) 西藏自治区团委从西藏高校毕业生中公开招募一定数量的志愿者(每年安排150名左右),实施大学生志愿服务西部计划。通过实施大学生志愿服务西部计划,既有助于促进西藏生源大学毕业生改变就业观念,实现多渠道就业,也有助于培育西藏农牧区基层公共服务供给主体多元化。

(4) 驻藏中直机关、企事业单位通过公开考录和聘用西藏生源高校毕业生到中直单位就业。相对于我国内地省份大学毕业生而言，这是中央政府、援藏省市及援藏企业为西藏大学毕业生就业开辟的一条特殊通道，同时也是提升西藏基本公共服务能力的又一重要实践路径。

（5）西藏自治区人力资源和社会保障厅联系教育厅等区直部门，通过举办高校毕业生专场招聘会、网络招聘会、人力资源洽谈会等形式，推荐西藏高校毕业生到区内企业和区外就业；与此同时，西藏自治区政府还对到区外就业的西藏籍高校毕业生给予一定生活补贴，有助于拓宽区外就业市场与就业渠道。

（6）西藏自治区教育厅安排普通"专升本""本升硕"招录计划（每年专升本300人、本升硕600人）。西藏自治区通过实施该项计划，从现实来看，有助于提升西藏自治区人力资本水平；从长远来看，为提升西藏基本公共服务能力奠定了坚实的人力资源基础。

（7）根据大学毕业生本人意愿，由生源地（市）劳动保障部门安排到技术性、专业性较强的公益性岗位就业。[①] 这是除上述就业途径外，西藏高校毕业生实现充分就业的又一有效途径。

三 西藏自治区促进大学生就业的服务活动

"十一五"时期，西藏自治区切实把高校毕业生就业摆在政府工作的首要位置（"十二五"时期表现得尤为明显，后面将重点论述，故此处不再赘述）。西藏自治区政府通过进一步完善财税、信贷、社保补贴等扶持措施，鼓励西藏高校毕业生到基层、企业就业，积极开辟就业渠道；通过强化大学生就业服务指导、就业见习及就业援助三项举措，取得了初步成效。

---

① 索朗多吉：《西藏自治区高校毕业生就业情况调查（上）》，《西藏教育》2011年第11期。

西藏自治区通过开设高校毕业生就业服务窗口，为高校毕业生提供政策咨询、职业指导、职业介绍、失业登记、职业技能培训鉴定等"一条龙"服务。连续五年在西藏自治区各高校举办了"毕业生专场招聘会"，开展"民营企业招聘周""毕业生就业服务月"等"送岗位、进校园"活动，有效地促进了西藏大学毕业生就业。

（一）西藏高校毕业生就业服务月活动

西藏自治区七地（市）人力资源和社会保障部门针对需要求职就业的高校毕业生、困难家庭的高校毕业生与登记失业的高校毕业生，组织公共就业服务机构共同开展"高校毕业生就业服务月"活动。通过开展高校毕业生就业服务月活动，一是可以全面了解和掌握就业困难和零就业家庭中的高校毕业生就业状况与就业需求，做好返回原籍的高校毕业生失业登记工作，确定一批生活困难家庭的登记失业高校毕业生作为重点服务对象。在此基础上，制定了相关职业介绍、职业指导、创业培训、职业技能培训、就业见习、自主创业帮扶等针对性较强的就业服务方案，及时为大学毕业生提供专门的就业指导和"一对一"的就业服务。二是可以进一步加强政府与高校之间的合作，建立高校毕业生就业工作协调机制，对高校毕业生免费开展政策咨询、就业指导与就业推荐服务。三是可以适时搜集一批适合高校毕业生的就业岗位，广泛发布，举办专场招聘洽谈活动，以多种形式促进高校毕业生实现充分就业。

（二）西藏高校毕业生就业服务周活动

西藏自治区七地（市）人力资源和社会保障部门还针对尚未落实工作岗位的往届高校毕业生和应届高校毕业生，联合教育部门，组织各级公共就业服务机构、高等院校与高校毕业生就业服务机构，共同开展了"高校毕业生就业服务周"活动，集中向高校毕业生提供就业信息，在高校联合建立就业服务站点，开展校园职业指导和政策咨询，举办专场招聘会。"高校毕业生就业服务周"活动具体表现在以下三个方面。一是切实做好高校毕业生就业的岗位信息收集、组织召开专场招聘会、积极开展网络招聘等有助于高校毕业生求职的服务活动。二是认真做好登记求职高校毕业生的就业见习、职业培训、职业介绍、创业服务和落实相关扶持政策等服务活动。三是针对困难家庭的高校毕业生，西藏自治区七地（市）劳动就业服务机构、高校毕业生就业服务机构和高校毕业生就业指导机构通过加强配合，努力做好困难高校毕业生登记认定工作和就业援助工作，进而为他们提供及时有效的公共就业服务。

（三）西藏民营企业招聘周活动

西藏自治区七地（市）人力资源和社会保障部门针对全区高校毕业生，联合教育部门、工会及工商联，以及组织公共就业服务机构和各类民营企业共同开展"民营企业招聘周"活动。通过开展该项活动，广泛收集民营企业用工信息，鼓励参加招聘的企业尽量提供适合高校毕业生就业的岗位信息，为区内外用工单位和高校毕业生免费提供岗位信息和职业介绍服务。在招聘周活动期间，重点提供以下公共就业服务。一是在招聘现场设立就业促进和创业政策咨询服务台，通过印发宣传品、摆放展板等形式，进行现场宣传，同时，还积极联系当地主要新闻媒体，向社会广泛宣传。二是通过在现场设立职业技能（创业）培训服务平台，为民营企业开展员工岗位培训、求职者参加职业技能培训及创业者参加创业培训提供咨询服务。同时，还对参加招聘的求职者在签订劳动合同、工资支付、社会保障和参加工会组织等方面进行指导，为他们提供劳动争议等法律援助服务。

（四）西藏"就业援助月"活动

西藏自治区七地（市）人力资源和社会保障部门还针对西藏生源就业困难大中专毕业生，开展"就业援助月"活动。在活动期间，充分利用广播、电视、网络、报刊等新闻媒体及宣传单、小册子等形式，深入宣传就业政策，使广大群众详细了解中央政府和西藏自治区政府促进就业的各项政策以及对劳动者提供的公共就业服务、职业培训和对困难群体实行就业援助等具体措施；综合运用职业介绍、职业指导、就业培训、小额贷款、公益性岗位及其他人力资源和社会保障相关服务措施，制订针对性强的就业援助计划。

四　西藏自治区大学生就业取得的初步成效

"十一五"时期，西藏自治区出台了一系列大学生就业帮扶政策，合理引导西藏高校毕业生就业，多渠道、宽领域吸纳西藏高校毕业生就业。

（1）2006年西藏普通高校毕业生就业情况。2006年，西藏生源区内、外高校毕业生共有7550名，其中，师范类本专科毕业生2159名、非师范类本专科毕业生5391名。为了促进西藏高校毕业生实现充分就业，西藏自治区政府多管齐下，既动用了传统计划经济手段，又适时采用了现代市场经济手段。例如：对2159名师范类本、专科毕业生由自治区教育厅实行计划分配，对2661名非师范类本科毕业生由自治区人事厅实行计划分配；对2730名非师范类专科毕业生实行双向选择、自主择业，其中，有328名通过参加各级各类企业用人单位招聘实现就业，西藏就业制度转轨初见成效。此外，西藏自治区各级政府还安排660名公务员招录计划和300名乡镇小学教师招考计划，300名高校毕业生被招募为"三支一扶"人员。2006年，西藏全区就业人数达6991人，高校毕业生就业率达到92.6%。2006年西藏就业制度改革初期，解决西藏高校毕业生就业问题仍然是以政府为主。

（2）2007年西藏普通高校毕业生就业情况。2007年，西藏生源区内、外高校毕业生共有8003名，其中，师范类毕业生2331名，定向教育系统就业；非师范类毕业生5672名，根据有关规定和协议统一分配实现就业。随着西藏就业制度改革的深入推进，当年西藏全区共有4968名大中专毕业生通过双向选择、自主择业实现了就业，其中，有245名通过参加各级各类企业用人单位招聘实现就业。此外，通过西藏自治区各级政府组织的公开招考，有3200名被录用为国家机关公务员或事业单位专业技术人员，552名被招募为"三支一扶"人员，120名被招募为"西部计划"志愿者。2007年，西藏全区就业人数达7636人，高校毕业生就业率达到95.4%。2007年西藏就业制度改革已初见成效，市场开始在解决西藏高校毕业生就业问题上发挥重要作用。

（3）2008年西藏高校毕业生就业情况。2008年，西藏生源区内、外普通高校毕业生共有11118人，其中，本科生7274人、专科生（含高职）3712人，令人感到欣慰的是，2008年西藏生源研究生首次毕业人数132人。在11118名毕业生中，在教育系统定向就业师范类毕业生1607人；在9511名非定向师范生和非师范类毕业生中，按照有关规定和协议安排就业506人，实际参加双向选择、自主择业的有9005人，其中，有530名通过参加各级各类企业用人单位招聘实现就业。为了保障西藏高校毕业生充分就业，西藏自治区政府还安排了三次公招考试，共提供4912个国家机关公务员、事业单位专业技术人员岗位；有750名被招募为"三支一扶"人员；有150名被招募为"西部计划"志愿者。2008年，即使受到"3·14"事件的严重影响，西藏自治区还是保持了较高的就业率，当年西藏全区高校就业人数达10006人，高校毕业生就业率达90.0%。2008年，西藏高校毕业生就业主要依靠市场途径解决。

（4）2009年西藏普通高校毕业生就业情况。2009年，西藏生源区内、外普通高校毕业生共有13047人，创历史新高，其中，本科毕业生8023人、专科毕业生4887人、研究生毕业人数137人。

在13047名毕业生中，通过定向方式实现本专科毕业生就业2090人[①]；在10957名非定向本专科毕业生中，其中，有1556名高校毕业生通过定向方式在教育系统实现就业，有535人是按照有关规定和协议由自治区人事厅统一分配实现就业，有4491人通过公招考试被招录到基层党政机关和事业单位；招募"三支一扶"人员750名；招募"西部计划"志愿者150名。此外，通过举办各种形式的招聘活动，输送200名毕业生到中直单位就业，输送2000名毕业生到区内外各级各类企业就业，推荐300名毕业生参军服役，安排500名毕业生到区内外用人单位开展就业见习，安排300名"普通高校专升本"教育计划和600名"本升硕"教育计划。通过以上渠道仍未实现就业或升学的毕业生，根据本人意愿，由生源地（市）劳动保障部门提供公益性岗位解决就业。2009年，西藏全区共有10959名应届毕业生实现就业，高校毕业生就业率为84.0%。由此可以看出，2009年，在解决西藏高校毕业生就业问题上政府作用再次凸显。

（5）2010年西藏普通高校毕业生就业情况。2010年，西藏生源区内、外普通高校毕业生共有12361人，其中，本科毕业生7805人、专科毕业生4398人、研究生毕业人数158人。在12361名毕业生中，通过定向方式实现本专科毕业生就业1709人；为了使10652名非定向本专科毕业生实现更好就业，西藏自治区共安排了四次公招考试，其中，第一批安排了1986个公务员岗位，第二批安排了基层政法系统定向招录应届高校毕业生393个岗位，第三批安排事业单位专业技术人员2704名招录计划，第四批安排了事业单位专业技术人员267名计划、"三支一扶"700名计划。2010年，西藏

[①] 具体是定向教育系统就业1556名、定向军警部队就业257名、定向财政就业31名、中国农业大学等13所部属高校从内地生源中为西藏县以下基层定向培养非师资本科毕业生246名。

全区高校毕业生就业人数为10205人,就业率为82.5%。具体如图5-1所示。

2010年,西藏自治区政府还设立西藏高校毕业生创业扶持资金,首次从自治区创业基金中安排1000万元专款,鼓励和支持高校毕业生自主创业,以创业带动就业。对于自主创业的高校毕业生给予最高5万元的小额贷款,在贷款期限内由自治区财政全额贴息;对合伙创业的西藏高校毕业生可给予最高100万元的累加小额贷款。同时,西藏自治区还对从事个体经营的西藏高校毕业生,给予免缴3年的登记类、管理类和证照类的各项行政事业性收费优惠;对从事农牧区经纪人职业的毕业生,给予免缴5年的工商管理费用等优惠。

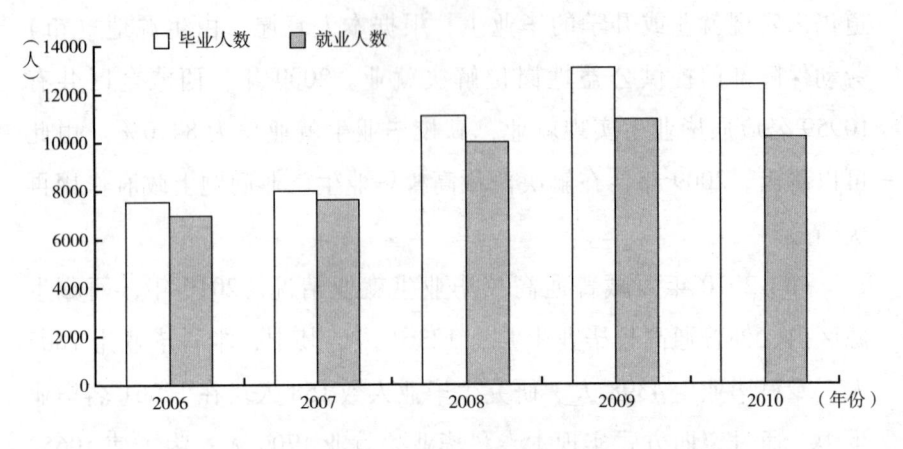

图5-1 "十一五"时期西藏高校毕业生就业情况

"十一五"时期,西藏自治区通过一定的形式为高校毕业生提供政府机关、事业单位及其他形式就业岗位,政府提供的就业岗位涵盖了大部分毕业生,特别是2007年随着西藏自治区本专科毕业生就业制度的全面推行,政府提供的岗位数占毕业生人数的85%。这种就业形式实际上是由传统的统包统分就业政策向双向选择、自主择业就业政策的逐步过渡,既非"计划分配",又有别于"市场导向、政府调控、学校推荐、学生与用人单位双向选择"的就业机制，这种就业形式较好地促进了西藏高校毕业生就业。[①]"十一五"时期，西藏自治区共有52079名应届高校毕业生，其中，有45797人实现了就业，平均就业率为88%，高于全国平均水平。具体如图5－2所示。随着就业援助工作机制不断完善，西藏自治区各级地方政府购买公益性岗位总量达到1.57万个，动态消除"零就业家庭"1841户。[②]

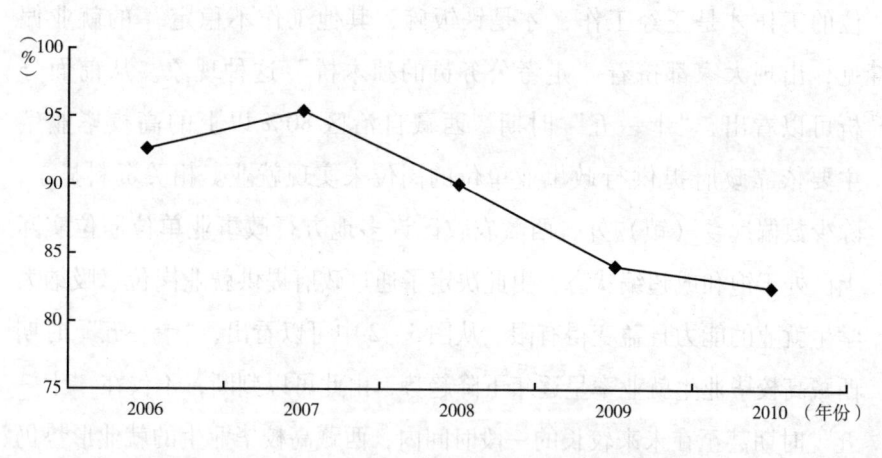

图5－2 "十一五"时期西藏高校毕业生就业率

五 西藏自治区大学生就业服务存在的问题

相对于我国内地省份而言，西藏高校毕业生就业既面临难得机遇，又面临严峻挑战。在中央政府的大力支持与援藏省市的无私援助下，西藏高校毕业生就业服务呈现出"政府供给"这一典型特征。换句话说，在市场经济日益发展、日趋成熟的今天，"计划分配"的就业机制仍然在西藏自治区发挥着重要作用。当然，这一方

[①] 宋瑞：《西藏高校毕业生就业制度改革的现状分析及对策思考》，《西藏研究》2010年第4期。

[②] http：//roll.sohu.com/20111108/n324909466.shtml.

面有助于促进西藏高校毕业生实现充分就业,另一方面这种就业机制也产生了一些"后遗症":由于计划经济色彩较浓,使不少西藏高校毕业生养成了"等、靠、要"的不良习惯,就业思路被禁锢在计划分配的传统机制下,派遣证是决定他们工作去处的指令,这使学生逐渐失去了主动寻求就业机会的意识,等等。在当前尤为值得注意的一个现象是:在西藏高校毕业生中基本形成了"行政事业单位的工作才是正经工作,才是铁饭碗,其他工作不稳定"的就业偏见,出现大家都挤着"走考公务员的独木桥"这种现象。从前面分析可以看出,"十一五"时期,西藏自治区80%以上的高校毕业生主要依靠政府提供行政事业单位的岗位来实现就业。相关资料显示,除少数偏远乡(镇)外,西藏农牧区许多地方行政事业单位职位实际上已处于饱和或超编状态,由此决定了通过政府提供就业岗位、吸纳大学生就业的能力日益变得有限。从图5-2中可以看出,"十一五"时期西藏高校毕业生就业率呈逐年下降趋势,由此可以判断,不仅在"十一五"时期甚至在未来较长的一段时间内,西藏高校毕业生的就业形势仍然十分严峻,本书拟从以下五个方面加以论述。

(一)西藏经济发展水平整体偏低,对高校毕业生就业的吸纳能力不强

西藏自治区是我国经济最不发达的省区之一。自和平解放以来,西藏经济发展主要依靠中央政府投资拉动,西藏经济自身发展的"造血"功能较差,属于典型的"输血型"经济。西藏经济发展"先天不足",决定了经济发展对高校毕业生就业增长的带动作用十分有限。在西藏自治区,经济增长与就业增长还存在诸多不协调性,尚未形成以经济增长带动就业增长的良性机制。除了几家大型国有企业外,其他企业对招聘员工的知识文化水平要求不高,主要招聘文化水平不高的廉价劳动力。即使部分企业准备招聘一定数量的大学生,但由于这些大学生员工享受与其他非

大学生员工一样的工资福利待遇，未能体现教育与知识的价值，故这些企业对大学生的吸引力总体不强；加上目前西藏自治区内各类企业不仅数量总体较少，而且发育程度也普遍偏低，进一步决定了西藏经济发展水平偏低，企业对高校毕业生的就业吸纳能力较弱。在企业就业不能成为西藏高校毕业生就业主渠道的情况下，必然会导致高校毕业生就业困难这一现象；而且，西藏自治区至今还是以第一产业为主，第二产业不发达，第三产业规模较小。西藏产业结构不够合理，也是导致西藏高校毕业生就业困难的直接原因。

（二）西藏高等教育不断发展与有限的就业岗位之间的矛盾日渐突出

"十一五"时期，西藏自治区高等教育迅速发展，高等学校招生人数呈逐年上升趋势。2006年，西藏高等学校招生人数为8359人；2007年，西藏高等学校招生人数为8046人，比2006年有所下降；2008年，西藏高等学校招生人数为8526人；2009年，西藏高等学校招生人数为9020人；2010年，西藏高等学校招生人数为9213人。随着西藏高等学校招生人数不断增加，与此相对应的是，西藏高等学校毕业人数也明显增长。从"十一五"时期西藏高等学校毕业人数可以看出这一特点：2006年，西藏高等学校毕业生为3846人；2007年，西藏高等学校毕业生为4346人；2008年，西藏高等学校毕业生为5840人；2009年，西藏高等学校毕业生为8454人；2010年，西藏高等学校毕业生为8266人，略微比2009年有所下降。由此可以看出，"十一五"时期西藏高等学校毕业生人数整体呈上升趋势。

随着西藏高等教育的不断发展，高校毕业生就业人数也随之增加，这是不争的事实。然而，西藏高等教育发展与市场需求错位现象较为严重。受传统计划经济体制影响，西藏自治区内高校在培养目标、招生专业、课程设置等方面受制于上级教育行政部门，高校办学自主权不足，不能根据市场"风向标"及时动态调整。西藏区内高校内部资源配置缺乏活力，不能及时与市场需求衔接，不同学科专业的就业需求冷热不均的现象较严重，西藏高等教育资源配置与人力资源的市场需要还不相适应。

虽然在中央政府的大力支持与援藏省市的无私援助下，西藏经济发展保持了较快的增长速度，但由于西藏经济发展水平整体不高，尚未形成以经济增长来带动就业增长的良性机制，故西藏经济增长所能提供的就业岗位相对有限；加上"十一五"时期西藏自治区处于劳动年龄人口增长的高峰期、高校毕业生就业的改革期与农牧区劳动力转移的加速期，三者交汇到一起，进一步增加了西藏高校毕业生就业难度。由此可以看出，西藏高等教育不断发展的客观现实与有限的就业岗位之间的矛盾日渐突出，具体表现为西藏高校毕业生整体就业规模的扩张性与高层次人才市场容纳的有限性矛盾日益突出。"十一五"时期，西藏高校毕业生就业率呈整体下降趋势。2006年为92%，2007年为95.4%，2008年为88.95%，2009年为84%，2010年为82.5%。有关统计数据表明，截至2010年底西藏自治区未就业的学生人数与同期全国统一口径相比，是全国的两倍多。由此可见，西藏高校毕业生就业形势异常严峻，就业压力与就业难度不断加大。

（三）西藏区域与城乡之间发展差异较大，高校毕业生就业出现结构性矛盾

西藏自治区是我国区域发展不均衡以及城乡差异较大的地区之一。中央第一次西藏工作座谈会以来，在中央政府与援藏省市的大力支持下，西藏经济发展保持了较快的增长速度，与此同时，区域发展不均衡性以及城乡差异日益加大的矛盾在西藏也表现得更加突出。由于区域之间以及城乡之间差异日益加大，西藏生源

高校毕业生在择业时往往会更多地考虑去拉萨等大中城市以及经济相对比较发达的林芝等地区，几乎没有考虑去经济条件相对较差的阿里、那曲等边远落后地区。正如前面所言，由于西藏经济整体发展水平不高，对高校毕业生的就业吸纳能力较弱，对西藏高校毕业生而言，西藏自治区内有限的就业市场显然无助于他们更好地实现就业。在此背景下，他们本应该选择到西藏自治区最需要的地方去，这些地区也是最需要高校毕业生等高端人才的地方，然而，令人遗憾的是，不少西藏高校毕业生并没有作出这个选择。于是，西藏区域与城乡之间发展差异导致高校毕业生就业出现了结构性矛盾。当然，由于西藏高校毕业生不愿意到偏远落后地区工作，进一步导致这些地区发展缺乏人力资源支持，也进一步加剧了区域发展不平衡。西藏某些地区的自然地理环境与经济社会条件确实较差，以至于西藏高校毕业生不愿意到这些地方工作。然而调查情况表明，西藏自治区内高校毕业生大多也不愿意到自然地理环境与经济社会条件相对较好的内地去工作，西藏高校毕业生在区外就业的寥寥无几。显然，这必将进一步导致西藏自治区内就业形势更加严峻。

此外，西藏高校毕业生普遍存在就业期望值较高，倾向于到传统体制内就业，一味追求到所谓"稳定、体面、高薪"的政府部门工作。近年来，西藏自治区报考公务员热持续升温，部分毕业生甚至出现了有考必考的现象，他们宁愿报考基层公务员也不愿意到条件较好的城市企业就业，宁可失业在家等待下次招考也不愿意到区外或企业就业。总之，由于西藏高校毕业生就业渠道较为狭窄、结构较为单一，公开考录基层公务员、事业单位工作人员和专业技术人员，以及参加"三支一扶"和"西部志愿者计划"是目前西藏高校毕业生就业的主渠道，进一步导致了体制内就业膨胀与体制外就业不足之间的结构性矛盾。

（四）西藏高校毕业生就业观念尚未转变，就业能力不足导致就业困难

受传统应试教育影响，西藏高校大学生在校学习期间不太重视专业课、实践技能课的学习，毕业后缺乏一技之长。笔者实地调研发现，这一现象在西藏自治区内高校表现得尤为突出。与此同时，还有不少西藏高校大学生对培养自身的综合素质与提升社会实践能力的重视程度不够，普遍存在着社会实践能力不足、社会知识缺乏等问题；加上受西藏独特的地理位置、社会历史、宗教文化等因素影响，还有一部分大学生在校学习期间，就业危机意识淡薄，创业创新意识缺乏，市场意识不浓，竞争意识不强，普遍安于现状，"等、靠、要"思想较为严重，由此导致西藏高校大学生对毕业生就业制度改革的认同性与心理承受能力较差，对毕业生就业制度改革心存疑惑、畏惧，对现实社会应对不足。

按理而言，随着传统"计划分配"体制的瓦解，西藏高校毕业生就业途径日趋多样化，他们应该及时转变就业观念，如可自主创业、可到企事业单位工作、可参加公务员考试、可到内地工作，等等。虽然西藏高校毕业生就业途径出现了多样化，但与此同时也对大学生的综合素质与个人能力提出了新的挑战。由于西藏高校毕业生就业能力普遍薄弱，致使毕业生面对市场竞争的勇气不足，大多不敢直面市场，其结果是往往在就业时，自身的能力与水平不符合招聘单位的要求，这进一步增加了西藏高校毕业生对政府解决工作的依赖性。实事求是地讲，西藏高等教育发展质量相对较低，西藏高校毕业生普遍在专业能力、综合素质等方面与内地高校毕业生有一定差距，毕业生的市场竞争力相对较弱，这对他们实现更好就业有一定的负面影响。

（五）西藏人才市场体系不够健全和完善，政府提供公共就业服务能力不足

西藏经济发展水平整体较为落后，市场发育程度较低，特别是影响高校毕业生就业的人才市场体系建设尚处于起步阶段。目前，西藏自治区高校毕业生就业的人才市场体系建设主要集中在首府拉萨市以及林芝、山南、日喀则、昌都、那曲、阿里等地，而广大农牧区县级人才市场体系尚未建立。实际上，西藏自治区地广人稀，县级人才市场体系建设才是西藏人才市场体系建设的重点，这也是西藏高校毕业生获得公共就业服务的重要平台。通过县级人才市场体系这个平台，高校毕业生能够就近获得公共就业服务。然而，由于西藏人才市场体系建设不够完善，决定了政府提供公共就业服务的有限性。

根据行政管理学的一般原理来看，随着市场经济日益发展并日趋走向成熟，转变政府职能是题中应有之义。然而，就西藏自治区这个特殊区域而言，一方面市场经济发展还很不成熟，另一方面政府职能转变进程也极为缓慢。在这两个双重束缚背景下，决定了西藏自治区政府职能转变与现代市场经济发展需要不相适应。结合西藏高校毕业生就业服务而言，具体表现为西藏自治区各级地方政府就业制度改革步伐相对较为缓慢，政府应对市场变化的能力不足，传统计划经济下的人事制度与人才的市场化配置之间存在矛盾。由于西藏人才市场体系不够健全和完善，不仅严重阻碍了西藏高校毕业生就业的"双向选择"，也在很大程度上阻碍了西藏公共就业服务能力的提升。

第三节　西藏自治区公共就业服务：
　　　　以农牧民就业服务为例

西藏自治区作为一个以农牧民人口占绝对主体的少数民族地区，长期以来，西藏农牧民一直从事传统农牧业生产，这种传统生产模式决定了西藏农牧民收入水平长期偏低，贫困现象在西藏农牧区比较突出。随着市场经济体制在西藏自治区的日益完善，市场将在资源配置中发挥决定性作用。然而，由于西藏农牧区人力资本水平并没有实现同步提升，农牧民参与市场竞争的能力依然较弱。尽管市场为西藏农牧民提供了不少就业机会，然而，由于西藏农牧民自身能力不足而抓不住这些机会。因此，要实现西藏农牧民收入的持续增长与消除贫困，还有赖于非农牧业就业岗位的创造。当然，这就对西藏农牧区公共就业服务提出了新的要求，即就业导向的人力资源促进和农牧民就业支持服务。综合来看，当前西藏自治区政府还应特别重视农牧民就业这一民生问题，切实提高西藏农牧民的就业能力，这是保障他们参与并受益于经济社会发展的关键所在。

一 西藏农牧民就业服务现状

第六次全国人口普查数据资料显示，截至2010年底，西藏全区总人口已达300.22万人，其中，农业人口为232.16万人，占总人口的77.33%。在西藏现有农业人口中，农村劳动力为121.94万人。一般把农村劳动力按行业划分为农、林、牧、渔业四大类；按此标准划分，西藏农业劳动力为91.55万人，占农村劳动力的75.08%。由此可以看出，西藏自治区至今仍然是我国以农业人口占绝对主体的地区，农业劳动力人数占西藏全区总人口的比重过高。

从理论上讲，西藏农牧区地广人稀，人均耕地面积较多。然而，由于特殊的自然地理环境影响，西藏全区实有耕地面积仅为344.25万亩，人均耕地面积仅为1.48亩。近年来，随着西藏农牧区人口不断增长以及城镇化用地面积不断增加，西藏人均耕地面积实际上还在不断缩小。在此背景下，朱玲（2005）认为对于西藏大多数农牧民而言，现有的人—地比例使得农牧业生产不可能完全吸纳农牧区剩余劳动力，农牧区剩余劳动力滞留农村，挤占有限的土地资源,这是导致农牧民收入低下的主要原因。当然,这也难以支撑长久的收入增长,这种情形与我国内地其他省、市的农村就业形势与农民收入前景颇为相似。基于此,解决问题的出路不外乎是从以下两个方面入手:一方面,继续挖掘农牧业内部增长潜力,如通过农牧业科技进步促进农牧业增产、农牧民增收;另一方面,寻找和创造非农牧业就业机会与就业岗位,即从外部寻找出路,如通过外出务工从事非农工作以增加农牧民家庭现金收入。尽管旅游业是西藏自治区最具发展潜力的产业,然而,由于西藏农牧民文化素质与劳动技能普遍偏低,因此,这一行业在短期内难以成为吸收农牧区剩余劳动力的主要部门。事实上,从目前西藏农牧民的就业情况来看,大多数农牧民外出务工主要靠从事土石方工程建设挣钱,只有极少数农牧民从事农牧产品加工及经营商贸小企业等工作,因此,这就对西藏农牧区公共就业服务提出了新的要求,即就业导向的人力资源促进与农牧民就业及创业支持服务。

二 西藏农牧民就业服务成效

(一)西藏自治区为农牧民开展的就业服务活动

1. 春风行动

为了促进西藏农牧区进城务工人员更好地实现就业,西藏自治区七地(市)人力资源和社会保障部门联合工会、妇联等团体,组织公共就业服务机构、工会和妇联等基层组织和其他服务机构,共同开展了"春风行动"。"春风行动"主要针对准备外出务工、新进城务工和已经在城市务工的农牧区劳动者,具体服务内容主要表现在以下几个方面。

一是西藏自治区各级地方政府为进城务工的农牧区劳动者提供就业信息服务。如各级地方政府免费为进城务工人员发放《就业促进法》、《劳动合同法》与《劳动争议调解仲裁法》等政策法规宣传资料。与此同时，各级地方政府还充分利用广播、电视、网络、报刊等新闻媒体，为进城务工人员提供就业信息、职业介绍、权益保障与安全常识等引导性培训及咨询服务。

二是西藏自治区各级地方政府向农牧区进城务工人员全面开放公共就业服务机构，及时向社会公布公共就业服务机构名单、举报电话等，积极引导进城务工人员到合法的职业介绍服务机构求职。同时，还大力鼓励社会职业中介机构为农牧区进城务工人员开展就业服务，全面提高就业服务水平。

三是西藏自治区各级地方政府认真落实职业技能培训补贴政策，积极组织进城务工人员参加各种职业技能培训，开展针对性与实用性较强的技能培训，并主动为农牧区进城务工人员提供职业技能鉴定服务，逐步提升农牧区进城务工人员的就业资质与就业能力，以帮助农牧区进城务工人员更好地在城镇实现就业。

四是西藏自治区各级地方政府积极开展企业用工需求与市场调查工作，适时征集一批适合农牧区劳动者的就业岗位，充分利用藏历新年后农牧区劳动者集中进城求职的时间，通过举办招聘洽谈会等方式，帮助农牧区进城务工人员与企业之间实现供需对接，使进城务工的农牧区劳动者更好地实现就业，并积极组织农牧区劳动力在本地公共基础设施建设项目中实现就近转移就业。

五是西藏自治区各级地方政府在加强农牧区劳动者就业服务工作的同时，将因失去工作而返乡或在城市流动的农牧民工纳入重点服务对象范围，重点做好返乡农牧民工的就业需求摸查以及在城镇流动的农牧民工职业介绍服务工作。

六是西藏自治区各级地方政府初步建立农牧民工维权工作机制，联合开展清理整顿人力资源市场秩序的专项监察执法行动，重点打击一批侵害农牧民工劳动合法权益的事件，努力为农牧区进城务工人员营造良好的就业市场环境，切实保障他们的合法权益。

2. 民营企业招聘周活动

为了促进农牧区进城务工人员更好地实现就业，西藏自治区七地（市）人力资源和社会保障部门、工会和工商联组织联合教育部门，组织公共就业服务机构和各类民营企业共同开展了"民营企业招聘周"活动。

"民营企业招聘周"活动主要针对准备外出务工、新进城务工和已经在城市务工的农牧区劳动者，具体服务内容主要表现在以下四个方面。一是西藏自治区各级地方政府通过各种渠道广泛收集民营企业用工需求信息，鼓励参加招聘的企业尽量提供适合农牧民工就业的岗位信息，为开展好"民营企业招聘周"活动奠定基础。二是西藏自治区各级地方政府在"民营企业招聘周"活动现场设立就业促进和创业政策咨询服务台，通过印发宣传品、摆放展板等形式，进行现场宣传，同时，还通过当地主要新闻媒体，向社会进行广泛宣传，免费为农牧民工提供民营企业岗位需求信息。三是在"民营企业招聘周"活动期间，西藏自治区各级地方政府在现场设立职业技能（创业）培训服务台，为民营企业开展员工岗位培训、求职者参加职业技能培训及创业者参加创业培训提供咨询服务，为农牧民工实现长期稳定就业做好铺垫。四是在"民营企业招聘周"活动期间，西藏自治区各级地方政府还对参加招聘的求职者在签订劳动合同、工资支付、社会保障和参加工会组织等方面进行指导，为他们提供劳动争议等法律援助服务。

（二）西藏自治区开展就业服务活动取得的初步成效

1. 西藏自治区初步建立了农牧民转移就业培训机构

"十一五"时期，西藏自治区基本建立了以自治区人力资源和社会保障厅、教育厅为主，以农牧厅、科技厅、财政厅为辅的农牧区劳动力转移及农牧民非农就业培训机构。其中：自治区人力资源和社会保障厅作为主管部门，主要负责为农牧民提供各类短期劳动技能培训；自治区教育厅负责为农牧民提供免费职业教育培训，每年向地方教育主管部门及各类职业学校（学院）下达农牧民职业教育培训计划；自治区农牧厅主要为农牧民提供农牧业生产技术培训；自治区科技厅主要为农牧民提供农牧业科学技术应用与推广培训，并在农牧区特聘一些农牧业技术人员；自治区财政厅主要为农牧民就业培训提供财政资金支持。在此基础上，西藏自治区政府还成立了自治区农牧民培训工作领导小组，以综合协调上述相关机构更好地为农牧民开展就业培训服务工作。

2. 西藏农牧民初步获得了职业教育培训与就业技能培训服务

在西藏自治区教育厅的组织领导下，农牧民职业教育培训开始起步，提出了分类培训、服务产业、注重实效等培训原则，在师资队伍、劳动实践场所、教育培训评估及监督制度等方面加强建设。西藏自治区各级地方教育主管部门及各类职业学校（学院）开始对农牧民全面开展实用技术培训和职业技能培训服务，并且每年都有分地区的具体培训数量目标。与此同时，西藏自治区劳动和社会保障部门还积极开展农牧民转移就业技能培训工作，提出了"计划推进、有序转移、培训强技、技能增收、转移一人、脱贫全家"的培训原则，通过逐步加大培训投入、延长培训时间、注重校企联合培训、加强订单式岗位对接以及开发区内特色技能等方式推进培训工作，在公共培训基地缺乏、培训设施设备落后、培训师资力量薄弱等不利条件下，较好地完成了农牧民转移就业技能培训任务。

三 西藏农牧民就业服务存在的问题

（一）影响西藏农牧民就业的制约因素

促进西藏农牧区劳动力充分就业，既有与全国一样的普遍性与紧迫性，又有西藏自身面临的特殊性。西藏农牧区劳动力转移就业面临的特殊性主要表现在青壮年劳动力文化水平普遍较低、从事非农劳动的素质与技能相对较差、向区外转移就业数量规模较小以及实现转移的可能性较低等；西藏农牧区劳动力就业面临的现实严峻性主要表现在非农就业信息不畅通、农牧民就业渠道较窄、农牧民向区内外转移难度较大且面临内地农民工的激烈竞争等。

1. 西藏"非典型性二元经济结构"制约了农牧区劳动力转移去向

根据刘易斯二元经济结构理论，生产力与现代工业部门的快速发展，对农业剩余劳动力产生了"拉力"，能够吸收更多的农民到工业部门就业，农业剩余劳动力的非农化转移进程加快，二元经济结构逐步消除是发展中国家摆脱贫困、走上富裕的唯一途径。中国作为一个发展中国家，刘易斯二元经济结构理论无疑对西藏农牧区剩余劳动力转移具有重要的理论意义。然而，西藏自治区作为我国最不发达地区之一，经济发展水平极为落后，经济结构特征属于"非典型性二元经济结构"（孙勇，1991），即西藏"嵌入型"现代工业部门与传统农业部门之间的经济联系较低，工业部门与农业部门之间的产业关联度不高，两个部门近似处于一种"绝缘"状态，其"绝缘度"之高，远远超过我国内地其他省份；加上西藏农牧民自身劳动素质与劳动技能相对较差等因素影响，由此导致西藏"嵌入型"现代工业部门对农牧区剩余劳动力的"拉力"较低，这在很大程度上制约了西藏农牧区劳动力向工业部门的有效转移。

2. 西藏城镇化水平较低制约了农牧区劳动力转移进程

发展经济学理论认为，工业化与城镇化二者间是一种相互联系、相互促进的关系。工业化是发展中国家经济发展的第一推动力，随着工业经济发展与工业化进程加快，将有效推进城镇化。与此同时，城镇作为工业经济发展的重要载体和平台，工业化必须以城镇化为基础、做支撑，否则工业化难以深入推进。西藏自治区作为我国经济最不发达地区之一，工业生产技术落后，产业集中度较低。国内外工业发展经验表明，工业企业一般首先建立在城镇。由于西藏工业化水平较低，城镇难以集中生产要素与资源优势，极大地阻碍了工业化与城镇化的良性互动发展。根据新型城镇化理论，相对发达的产业与相对充足的就业是城镇化健康发展的基础与前提，农（牧）民进入城镇最基本的条件就是能够在城镇实现充分就业，在城镇有稳定的收入。然而，由于西藏工业化水平较低，加上特殊的自然地理环境与人口较少等因素影响，西藏城镇化发展进程缓慢。截至2010年底，西藏城镇化率仅为25%，是我国城镇化水平最低的地区。西藏城镇化水平较低，制约了农牧区劳动力转移进程。

3. 西藏农牧民就业技能较差制约了农牧区劳动力有效转移

在特殊的自然地理环境、宗教文化等因素影响下，西藏农牧区社会信息相对较为封闭，传统自然经济影响根深蒂固，现代市场经济发育滞后，加上农牧民受教育程度普遍偏低，缺乏专门技能，难以适应城镇发展对劳动力素质的要求，难以向新兴产业转移，也无法胜任技术性工种，由此决定了西藏农牧民外出就业难以找到适宜的工作。虽然西藏农牧民普遍具有参与非农产业就业的强烈愿望，如希望通过参与工程项目建设以增加家庭现金收入，然而，由于自身劳动技能较差，他们要么在工程项目建设中从事繁重的体力劳动，要么被竞争日益激烈的就业市场无形限制，尤其是限制了对劳动技能掌握程度不高的农牧民参与其中。对此，加拿大学者安居·费希尔认为"快速的国家主导性经济增长带来了大多数藏民的边缘化"。在他看来，这是政府预先设计好了"贫困的陷阱"，让西藏人处于"边缘地带"，"无法摆脱贫困"。显然，国外学者仍然没有摆脱从经济的角度批评中国政府的思维定式。为此，我们必须认清西方学者固有的"偏见与图谋"，正视西藏农牧民就业中存在的问题与不足。实事求是地讲，西藏农牧民自身就业技能相对较差、就业能力普遍相对较弱，还难以适应市场竞争的需要，这在很大程度上制约了农牧区劳动力的有效转移。

（二）西藏农牧民就业存在的主要问题

1. 西藏农牧区公共就业服务体系尚未建立

截至"十一五"末，西藏自治区尚未全面建立起农牧区公共就业服务体系。即使从西藏自治区现已建立的农牧区公共就业服务机构来看，普遍存在相关部门统筹协调不够、未能整合资源进行系统培训等问题。据笔者调查得知，当前西藏自治区不仅劳动和社会保障部门在负责开展农牧民就业培训，而且农牧局、农发办、乡镇企业局、团委、妇联等部门也在开展农牧民就业培训。由此可以看出，西藏农牧民就业培训体系尚未建立，未能将农牧民就业培训体系整合成一个有机整体。这必然会导致多个政府部门履行相同的行政职能问题，即农牧民就业培训存在多个部门管理问题，农牧民就业培训因此表现为零散化、条块化特征。同时，西藏自治区民营培训机构发育不够健全，并且所发挥的作用也极为有限。总之，西藏农牧区公共就业服务体系尚未建立，难以为农牧民提供有效的公共就业服务，极大地制约了西藏农牧区劳动力的合理流动和有效配置。

2. 西藏农牧区公共就业服务信息不够畅通

西藏自治区属于典型的地广人稀地区，加上农牧区公共就业服务体系不够健全，农牧区基层公共就业服务信息网络建设几乎处于空白，由此导致农牧区公共就业服务信息不够畅通，影响了农牧区剩余劳动力的有效转移。目前，西藏农牧区剩余劳动力转移渠道还比较单一，主要是依靠亲朋好友的介绍或者自己外出闯荡寻找工作。在此背景下，由于西藏农牧区劳动力市场供求双方缺乏有效的信息沟通，农牧民就业信息不够精准，导致了农牧区剩余劳动力转移还存在很大盲目性。这不仅增加了农牧区剩余劳动力转移就业成本,也极大地影响了农牧区剩余劳动力的有效转移。

3. 西藏农牧民享受的公共就业服务相对有限

受传统二元就业服务制度影响,西藏农牧民难以享受到与城(镇)居民同等的公共就业服务待遇。2001年6月中央第四次西藏工作座谈会召开以来,尽管中央政府与西藏自治区各级地方政府陆续制定和出台了一系列就业政策,以改善西藏农牧民的就业环境,但在实际执行过程中,许多地方仍将农牧民排除在公共就业服务对象范围之外,西藏农牧民享受的公共就业服务还相对有限。西藏自治区仍然存在"由政府提供的免费职业培训主要针对城镇下岗失业人员"这一问题,对农牧民进行系统培训尚显不足,农牧民无法享受到有效的公共就业服务。有关资料表明,在西藏农牧区接受过劳动就业技能培训的农牧民不到30%,大多数农牧民在就业前没有参加过任何劳动就业技能培训。由于公共就业服务培训机会的不均等,制约了西藏农牧民就业能力的提高。

第六章　西藏基本公共服务中的社会保障

第一节　社会保障纳入基本公共服务的理由

一　社会保障的内涵

社会保障（Social Security）一词最早出自美国1935年颁布的《社会保障法》。随后，世界各国结合本国实际分别对社会保障进行了初步定义。1999年，美国出版的《社会工作词典》将社会保障定义为："一个社会对那些遇到了已经由法律做出定义的困难公民，如年老、生病、年幼或失业的人提供的收入补助。"《新大不列颠百科全书》将社会保障定义为："社会保障是对病残、失业、作物失收、丧偶、妊娠、抚养子女或退休的人提供现金待遇。"国际劳工局对社会保障定义为："社会保障即社会通过一系列的公共措施对其成员提供的保护，以防止他们由于疾病、妊娠、工伤、失业、残疾、老年及死亡而导致的收入中断或大大降低而遭受经济和社会困窘，对社会成员提供的医疗照顾以及对有儿童的家庭提供的补贴。"[①]

我国学者结合中国国情并根据自己对社会保障的理解，对社会保障进行了初步定义。陈良瑾教授在《社会保障教程》中将社会保

[①] 孟醒:《统筹城乡社会保障》，经济科学出版社，2005。

障定义为："国家和社会，通过国民收入的分配与再分配，依法对社会成员的基本生活权利予以保障的社会安全制度。"① 葛寿昌教授在《社会保障经济学》中将社会保障定义为："国家通过立法，采取强制手段，对国民收入进行分配和再分配形成社会消费基金，对基本生活发生困难的社会成员给予物质上的帮助，以保证社会安定的一种有组织的措施、制度和事业的总称。"② 郑功成教授将社会保障定义为："国家依法强制建立的、具有经济福利性的国民生活保障和社会稳定系统，是各种社会保险、社会救助、社会福利、医疗保健、福利服务以及各种政府或企业补助、社会互助保障等社会措施的总称。"③ 郑秉文、和春雷在《社会保障分析导论》中将社会保障定义为："与社会主义市场经济的体制基础相适应，国家和社会依法对社会成员基本生活予以保障的社会安全制度。"④ 目前，学术界比较认可郑功成教授对社会保障所做的定义。相对于我国其他学者对社会保障的定义而言，该定义还指出了社会保障的具体范畴。本书对社会保障内涵的理解，也是以该定义为基础的。社会保障是指国家通过立法形式实施，以国民收入再分配为手段，依法对社会成员尤其是对那些暂时或者永久丧失劳动能力以及生活发生困难的个人或家庭给予物质生活帮助，以保障其基本经济生活的安全项目的总称。

一般认为，社会保障体系主要是由社会救助、社会保险、社会福利及社会优抚四个部分交互协作、共同构成的。其中，社会救助属于社会保障体系的最低层次，构成我国社会保障系统中的基础安全网；社会保险属于社会保障体系的基本层次，在社会保障体系中居

---

① 陈良瑾：《社会保障教程》，知识出版社，1990。
② 葛寿昌：《社会保障经济学》，复旦大学出版社，1990。
③ 郑功成：《社会保障学》，商务印书馆，2000。
④ 郑秉文、和春雷：《社会保障分析导论》，法律出版社，2001。

于核心地位；社会福利属于社会保障体系的最高层次，是实现社会保障的最高纲领和目标；社会优抚属于社会保障体系的特殊层次，是实现社会保障的特殊纲领。

结合目前我国社会保障服务体系建设现状来看，最低生活保障、失业保障与养老保障三项制度是我国社会保障体系的基本组成部分。最低生活保障制度与其他两项制度相比，在对象上更有其特殊性，关系到贫困线以下人员的生存问题，是三条社会保障线中的"底线"和"生命线"。结合西藏农牧区实际来看，农村居民最低生活保障服务也就成为本书研究的重点内容之一，同时，本书还紧密结合西藏农牧区人口老龄化问题日益加深这一趋势进行分析，认为当前乃至今后较长一段时间内西藏农村社会保障服务体系也应该包括新型农村养老保障服务。因本书在前面已对西藏农牧区公共就业服务开展专题研究，故在本章不再对失业保障服务进行研究。

二 社会保障的功能及特征

社会保障的主要功能是再分配功能与风险分散功能，其中，再分配功能主要是平等地保障所有人享有一定水准的生活条件，而风险分散功能主要是为社会成员抵御疾病及灾害事故等带来的不确定风险。生存权作为一项最基本的人权，是各国政府应优先予以保障的权利，政府应该为社会成员提供基本的社会保障服务。[①] 在现代社会，实施社会保障的目的是为了保障社会成员的基本生存权。1834 年，英国政府制定新《济贫法》，明确主张国家有保障公民生存的义务，这是政府应该提供社会保障这一基本公共服务的最初依据。此后，世界各国对社会保障的公共产品性质进行了研究。

---

① 陈昌盛、蔡跃洲编著《中国政府公共服务：体制变迁与地区综合评估》，中国社会科学出版社，2007。

1. 提供社会保障服务是增加社会总体福利水平的现实选择

为了增进社会福利，庇古主张政府通过税收（如征收累进所得税、遗产税等），把富人收入的一部分通过再分配的形式转移给穷人，如实施养老金、失业保险等社会保障措施。通过不断改善穷人的社会福利水平，提高社会的总体福利水平。著名哲学家罗尔斯认为，社会福利取决于社会最少受惠者的福利是否得到改善，即最大化最小值福利函数。罗尔斯关注最少受惠者利益的最大化，这正是现代社会保障制度设立者的初衷。当然，其前提条件是社会福利措施应当不以损害资本增值和资本积累为宗旨，同时，还应防止因福利措施而引发的懒惰与浪费，以便做到投资于福利事业的收益大于投资于机器的收益。从庇古的福利经济学思想可以看出，为了增进社会的总体福利水平，政府应该将社会保障纳入基本公共服务供给的范畴。

2. 提供社会保障服务是促进社会公平的现实需要

从庇古的福利经济学思想可以看出，政府通过对国民收入进行再分配，把富人收入的一部分转移给穷人，以缩小穷人与富人之间的福利水平差距，这实际上体现了追求社会公平的价值取向。我国建立新型社会保障制度，旨在实现社会公平、维护社会正义，使所有的人都具有生存与发展的机会。马克思认为，尽管按劳分配有助于实现社会公平，然而，由于个体劳动者的差异，还是会造成事实上的不平等。为了弥补这种事实上的不平等以及出现的贫富差距，以更好地实现社会公平，主张建立社会保障基金。社会保障基金的主要作用是，一方面可以满足社会成员的公共福利，另一方面还可以给丧失劳动能力的人或贫困者提供援助和救济，使他们能够维持基本生活水平。为此，政府应当参与国民收入分配，通过社会保障制度在分配机制上的特有功能，缓解社会分配的不公正状态，为一部分特殊的社会成员提供基本的物质生活需要，以求得国民收入分配的公平性。

随着我国社会主义市场经济的发展，经济社会发展中的市场失灵问题日益严重，这样就需要通过社会保障服务来解决市场失灵问题。即依靠社会保障制度对国民收入进行再分配，通过社会救助措施扶危济贫，如此才可能较好地实现社会公正与经济效益之间的平衡。综合庇古的福利经济学思想与马克思的社会公平理论可以看出，为了有效促进社会公平，政府应该将社会保障纳入基本公共服务供给的范畴。

3. 提供社会保障服务是保障社会成员持续劳动能力的制度安排

1942年，《贝弗里奇报告——社会保险和相关服务》明确提出，国家实施社会保险和社会救济的目的是保证劳动者以劳动为条件，从而获得维持生存的基本收入，以保障每个人的生活水平不低于国家最低生活标准。社会保障计划不是一个交换条件和随便给人提供好处的计划，也不是通过提供好处使受益者从此可以推卸社会责任的计划，而是一个以劳动和缴费为前提条件，保障人们维持生存所必需的基本收入，以便使他们可以劳动和继续保持劳动的能力。该报告还进一步指出，社会保障必须由国家和个人共同承担责任，通过国家和个人共同的合作来实现。马克思认为，在劳动力再生产的过程中随时可能遇到各种风险与灾害，社会保障则针对这种风险与灾害，为劳动力再生产提供保障。综合贝弗里奇报告和马克思的社会再生产理论可以看出，为了保障社会成员的持续劳动能力，政府应该将社会保障纳入基本公共服务供给范畴。

政府通过建立和完善社会保障体系，为社会成员提供基本的社会保障服务，有助于防止社会出现两极分化，改善社会总体福利水平，努力实现社会公平，同时还有助于保障社会成员的持续劳动能力，这是社会成员获取劳动收入的重要前提和基础；当然，社会成员收入的增加，还有助于促进社会稳定。由此看来，建立和完善社会保障体系，对于现代政府而言具有双重意义，它既是政府的职责和终极目标之一，同时也是构成政府履行其职能的社会环境基础。

社会保障制度作为现代国家的一项基本制度，政府在社会保障体系的建立和完善过程中始终处于主导地位，这种主导地位是由社会保障的公共产品性质与现代政府责任共同决定的。政府主导地位决定了在社会保障制度的建立、完善及实施过程中，政府应责无旁贷地承担社会保障服务供给责任。

三　社会保障与民生改善的内在联系

社会保障被称作民生的"安全网"和社会运行的"稳定器"。社会保障，事关国家大政、人民福祉，是最大的民生工程。完善社会保障服务体系建设，为改革开放和经济社会发展织起一张"安全网"，既是广大人民群众的热切期盼，也是全面建成小康社会、实现基本现代化的重要保障。为此，中央政府和各级地方政府为广大人民群众提供社会保障服务，既是实现社会稳定的基础，也是体现以人为本、实现发展成果由人民共享的一项重要的制度安排。

政府通过为广大人民群众提供社会保障服务，至少可以起到以下两个方面的作用：一是有助于增强政府的公共服务意识与公共服务能力，并紧紧围绕民生问题开展工作，这样民生领域所反映的社会问题也许不会很突出，政府的行为和能力很容易得到民众认可；二是通过提供社会保障服务，对社会利益进行合理分配，有助于体现社会公平正义，这样老百姓的怨声也不至于很高。一句话，解决社会保障服务等民生问题的根本目的，是要让广大人民群众过上幸福生活，是要让广大人民群众安居乐业。为此，中央政府与各级地方政府应高度重视社会保障工作，按照"广覆盖、保基本、多层次、可持续"的方针，建立健全社会保障服务体系，进一步扩大社会保障覆盖面，切实保障和改善民生。

第二节 西藏社会保障服务供给现状：
以农牧区为考察重点

由于农牧民占西藏总人口的80%左右，故本书研究西藏社会保障服务供给现状，主要以农牧区社会保障服务供给现状为考察重点。从目前西藏农牧民生产生活实际情况来看，农牧区社会保障服务建设重点在于农村居民最低生活保障制度、新型农村基本养老制度与基本医疗制度等几个方面。西藏自治区政府公共服务能力建设的重要内容之一，就是要在实现经济持续快速发展的同时，充分发挥政府的公共服务职能，努力建设农村居民最低生活保障、新型农村基本养老保障与基本医疗保障服务体系，为保障西藏农牧民的基本生活编织一张"安全网"。由于前文已对西藏农牧区基本医疗保障服务作过专题论述，故本章重点考察西藏农村居民最低生活保障制度与农村基本养老保障制度。

一 社会保障服务在西藏民生改善中的作用

社会保障是民生之安全网。社会保障服务为确保社会成员的基本生活权利提供安全保障，直接关系着亿万百姓的切身利益，与人民的幸福安康息息相关。社会保障一直是全社会普遍关注的热点和焦点，关系着我国经济能否实现协调发展、实现社会公平正义、促进社会稳定以及推动民生改善，事关我国改革、发展、稳定大局。社会保障是我国全面建成小康社会、构建社会主义和谐社会的重要内容。

众所周知，农村社会保障服务始终处于我国社会保障服务体系的边缘。与城镇居民所享受的相对较为完善的社会保障服务相比，农村居民首先在享受社会保障服务的种类上就不够健全，有一部分社会保障服务内容将整个农村人口排斥在社会保障服务体系之外，如工伤保险等还未涵盖农村居民；即便是同一类型的社会保障服务，农村居民所享受的保障覆盖面与保障程度也远低于城镇居民，城乡居民社会保障服务差距仍然较为突出。与全国大多数省份一样，西藏农村社会保障体系建设依然滞后，城乡居民社会保障服务差距依然较为显著；与全国大多数省份不一样的地方在于，西藏农牧民人口占全区总人口的80%左右，西藏自治区仍然是以农牧民人口占绝对主体的地区；在西藏农牧区特殊的自然地理环境下，西藏农牧民对农村社会保障服务的需求更加强烈，也更加紧迫，农村社会保障服务体系亟待完善。社会保障制度作为现代国家的一项基本制度，其完善程度已经成为衡量一个国家或地区是否实现了社会文明进步的重要标志。

2010年1月，胡锦涛同志在中央第五次西藏工作座谈会上指出，经过民主改革50多年特别是改革开放30多年来的不懈努力，西藏自治区已经实现了基本小康，西藏自治区发展已经站在新的历史起点上。这个新的历史起点，就是西藏农牧民群众从以吃穿用为主的基本生活消费阶段逐渐向小康生活阶段转变。在这个新的历史起点上，西藏农牧民对社会保障的期望值在不断提高。对于以前没有享受到的相关社会保障服务，西藏农牧民群众迫切要求享有相关社会保障服务；对于那些已经享受到的相关社会保障服务，西藏农牧民群众要求提高服务水平；等等。这些既对传统的社会保障服务供给模式提出了新的挑战，也对新型农村社会保障服务提出了更加迫切的要求。

受特殊的自然环境与地理条件等因素影响，西藏自治区是一个自然灾害频发地区，地震、雪灾等自然灾害给农牧民生命财产安全带来了巨大损失。西藏自治区还是一个地方病、高原病及传染病高发地区，大骨节病、肺心病、肺结核等各种疾病严重威胁着农牧民身体健康，农牧民"因病致贫、因病返贫"现象还比较突出。西藏自治区作为我国欠发达地区之一，农牧民收入水平整体偏低，不少农牧民生活还比较贫困，仍然处于仅能勉强维持温饱的生活阶段。相对于西藏城镇居民而言，农牧区低收入群体抵御各种风险的能力十分脆弱，在各种风险因素的综合影响下，时刻游离于绝对贫困人口的边缘。中央第四次西藏工作座谈会以来，虽然西藏经济实现了持续、快速增长，但西藏农牧民抵御各种风险的能力并未同步提升，实际上对政府与社会的依赖程度却在持续上升。尤其是在市场经济条件下，西藏农牧区各种不确定风险持续增加，公共安全问题日益凸显。基于此，西藏自治区必须建立和完善农村社会保障体系，提供更加优质的农村社会保障服务，将农牧民所遇到的各种不确定风险通过稳定的社会保障机制逐步化解。

完善的农村社会保障服务是西藏农牧区经济社会健康发展的"推进器"。结合西藏农牧区实际来看，农村社会保障的首要作用是让农牧民具有充分的安全感与稳定感，使农牧区社会弱势群体不至于陷入贫困泥潭而不能自拔，即在保障农牧区贫困人口基本生存权的基础上，逐步消除农牧区贫困现象，推动农牧区社会和谐发展。朱玲认为，政府为西藏农牧民提供社会救助之类的基本公共服务，具有生存保障之效。[①] 财政部财政科学研究所课题组认为，政府为西藏农牧民提供与"住"相关的农村公共产品，也具有保障西藏农牧民基本生存需要的功效。[②] 由此看来，政府通过国民收入分配与再分配手段，为西藏农牧民提供农村社会保障这一基本公共服务，不仅有助于保障西藏农牧民的基本生存权，改善西藏农牧民的基本

[①] 朱玲：《西藏农牧区基层公共服务供给与减少贫困》，《管理世界》2004年第4期。
[②] 财政部财政科学研究所课题组：《西藏农牧区社会事业发展的财政政策研究》，《经济研究参考》2007年第5期。

生存状况,同时,还有助于改善西藏农牧民的消费预期与消费结构,拉动消费需求,推动西藏农牧区经济增长。当然,西藏农牧区经济的快速增长,有助于改善西藏农牧民的生产生活条件,逐步消除西藏农牧区长期存在的"贫困恶性循环"现象。由此看来,建立和完善西藏农村社会保障体系,是实现西藏农牧区经济社会健康发展的重要保证。

完善的农村社会保障服务是减少西藏农牧区社会动荡的"减震器"。在西藏农牧区特殊的自然地理环境下,农牧民生产生活中还面临不少的困难与问题,农牧民的生产生活环境、生活水平与生活质量还不够理想,由此导致西藏农牧区社会环境中的一些不和谐因素日益增多。特别是在西藏自治区这样一个长期面临着反分裂斗争的边疆少数民族地区,如果不能很好地解决农牧民基本社会保障问题,就极易被达赖分裂集团插手利用、借题发挥,进而影响西藏农村社会稳定与和谐。由此看来,如果事关西藏农牧民切身利益的社会保障问题得不到有效解决,必然会影响西藏农牧区社会稳定与和谐。

"公平正义"是社会稳定的均衡器,是社会安全运行的重要保障,反映一个社会对其成员的价值引导和伦理关怀,是人全面自由发展的社会客观条件。公平正义是社会和谐的基本条件。为了深入推进西藏农村和谐社会建设,构建西藏农村社会保障这张"安全网"也就显得尤为重要了。西藏自治区通过建立和完善农村社会保障体系,对农村低收入群体提供必要的生活帮助,对经济活动所造成的收入分配不均进行再分配,进而有助于缩小贫富差距、促进社会公平,消除社会不稳定因素,促进社会稳定与平衡发展。由此看来,建立和完善西藏农村社会保障体系,是促进西藏农牧区社会稳定、构建西藏农村和谐社会、实现长治久安的重要保证。

二　西藏农村社会保障服务供给面临的困难

（一）西藏农牧区贫困问题还比较突出，农牧民最低生活保障服务任务较重

2001年6月，中央第四次西藏工作座谈会以来，西藏农牧民人均纯收入连续保持高位增长态势，在全国农村居民人均纯收入整体排名中的地位逐年上升。2010年，西藏农牧民人均纯收入达到4138.70元，由2001年的全国倒数第一（1404元）上升到2010年的全国第二十六位，10年时间增长了近2倍。不过，西藏农牧民人均纯收入与全国农村居民人均纯收入相比，差距仍比较大。2010年，西藏农牧民人均纯收入仅为全国农村居民人均纯收入的70%左右。实事求是地讲，西藏农牧民人均纯收入水平还比较低，农牧区还有一定数量的贫困人口存在，不少农牧民群众生活还比较困难，西藏农牧区集中连片的贫困局面还没有得到根本改变。

在"十五"和"十一五"时期，西藏自治区政府继续按照中央政府"把西藏作为一个特殊的集中连片的贫困地区加以扶持"的政策要求，面向全区，瞄准对象，突出重点，详细制定了西藏扶贫开发规划，并在财政预算中安排扶贫专项资金。到2010年，西藏累计投入扶贫开发资金36.75亿元，实施完成扶贫项目4000多个。伴随着扶贫开发项目的全面实施，西藏农牧民人均纯收入低于1300元的重点帮扶贫困人口已经由2001年的148万下降到2010年底的16.8万，130多万名农牧民越过重点帮扶线，西藏扶贫开发工作取得显著成效。与此同时，我们还应清醒地看到，截至"十一五"末西藏自治区仍有12.2万低收入群体，50.2万人口还没有实现脱贫致富这一目标。[①] 当然，这部分低收入群体又主要以农牧民群众为

---

① http://news.xinhuanet.com/politics/2011 - 12/09/c_ 111229386.htm.

重点,他们正是中央政府与西藏自治区地方各级政府需要提供基本生活保障服务的对象。相对于西藏农牧区经济发展水平而言,需要农村社会保障服务的对象还比较多,农牧区社会保障服务任务还比较重,西藏农村社会保障服务体系建设面临的困难与问题也比内地省份要多得多。

(二)西藏农牧区自然灾害种类多、发生频率高,社会救济服务任务较重

西藏自治区是我国自然灾害发生频率最高以及受灾最严重的地区之一。在青藏高原特殊的自然地理环境下,西藏自治区自然灾害频繁发生,几乎每年都有旱灾、雪灾、地震、泥石流、山体滑坡、冰雹等自然灾害发生,近年来还呈加剧趋势,其中,农牧区以旱灾、雪灾等自然灾害影响为甚。特别是每年3月至5月,正值春播和牧草返青时期,此时却是西藏自治区发生春旱最严重的时期。农作物生长缓慢、牧草返青推迟;河水流量减少、农牧区人口及牲畜饮水困难;牲畜"春乏"加剧、大量牲畜死亡;等等。雪灾也是西藏农牧区最主要的自然灾害之一。一般而言,每年的10月至次年的4月是雪灾易发季节。每当发生严重雪灾时,不仅导致人畜出行困难,加重农牧民饲养负担,而且还导致不少牲畜饿死或者冻死。这些自然灾害给西藏农牧民带来了严重的经济损失,农牧民"因灾致贫、因灾返贫"的现象在农牧区还普遍存在。

在严重的自然灾害影响下,西藏农牧民生活困难程度相比平时有所加重。由于受历史文化、社会传统及风俗习惯等因素影响,还有不少西藏农牧民不会安排生计,对其家庭生活中可能遭遇到的各种风险的防范意识与防范能力不强,每当自然灾害发生时只有依靠政府救济。于是,长期以来在西藏农牧区形成了这样一种现象,即每当春旱、冬雪发生之时,也是西藏农牧民发生"春荒冬令"之时。由于西藏农牧民抗风险的能力较弱,为此,政府不得不对受灾

群众进行生活救助,以保障他们的基本生活权益。由此不难看出,由于西藏农牧区自然灾害种类较多、发生频率较高,政府防灾救灾任务较重,这不仅导致西藏农村社会保障体系建设难度较大,而且还进一步导致巩固西藏农村社会保障服务成果难度较大。

(三)西藏农牧区地方病、传染病还比较突出,农村医疗保险服务任务较重

在青藏高原特殊的地理区位条件影响下,空气中含氧量较为稀薄,由此导致的各种高原性疾病还比较突出,如高原性心脏病、肺心病等在西藏农牧区成为常见病,同时,由于地表环境中某些元素含量稀缺(如碘元素稀缺等)或富集(如氟元素超标等),由此导致的地方性疾病还比较突出,如碘缺乏病、地方性氟中毒、大骨节病、克山病等在西藏农牧区也成为常见病。因此,相对于我国大部分省份的农(牧)民而言,西藏农牧民面临着更多的健康风险,高原性疾病、地方性疾病等西藏自治区特有病种严重威胁着农牧民的身体健康安全。此外,在西藏农牧区特殊的自然地理条件与生产生活方式下,西藏农牧民还面临着各种传染性疾病以及与生活习惯相关的各种疾病威胁。由于上述疾病威胁在西藏农牧区客观存在,加上农牧区卫生条件普遍较差、农牧民健康知识普遍缺乏,因而,西藏农牧民群众属于易感人群,由此决定了西藏农村医疗卫生及医疗保险服务任务较重。

中央第四次西藏工作座谈会以来,虽然在中央政府的大力支持下,西藏自治区建立了以免费医疗为特征的新型农村合作医疗制度,近年来新型农村合作医疗基金也不断增加,但是,有限的农村合作医疗基金还不足以满足高原性疾病、地方性疾病以及各种传染性疾病等给西藏农牧民带来的医疗费用支出。在西藏自治区特别是偏远农牧区,"因病致贫、因病返贫"的现象还比较突出。基于此,需要中央政府与西藏自治区政府为西藏农牧民提供医疗卫生及医疗

保险服务。

综上所述，长期以来西藏农牧区面临的关键问题是农牧民贫困问题，而农牧民贫困又导致在衣食、养老、住房等方面存在诸多困难，这就综合体现为农村社会保障制度缺失。当然，解决这些问题的突破口与切入点，就是要逐步建立健全西藏农村社会保障制度。事实上，农村社会保障缺失已经成为制约构建西藏农村和谐社会的"瓶颈"。基于西藏农牧民收入普遍偏低这一客观现状，西藏自治区政府应加强农村社会保障服务体系建设。①

第三节 西藏农村社会保障服务建设概况

农村居民最低生活保障服务是满足西藏农牧民生活需求中最基本的农村公共服务，是维护西藏农牧民作为公民应当享有基本生存权利的最低要求。可以说，农村居民最低生活保障制度是西藏农村社会保障制度中涉及面最宽，同时也是西藏农牧区最后的一道安全网，能够把其他社会保障服务项目无法保障的对象纳入其中。如果缺少农村居民最低生活保障制度这张安全网，西藏农牧区特困群众的基本生活就无法得到有效保障，健全和完善西藏农村社会保障制度也就难以提上议事日程。因此，建立和完善农村居民最低生活保障制度是西藏农村社会保障制度的基础工程；建立和完善农村居民最低生活保障制度同时还是统筹西藏城乡社会保障制度建设的重要突破口和切入点。

一 西藏农村居民最低生活保障制度

在2007年7月1日西藏自治区实施农村居民最低生活保障制度

---

① 聂华林、杨建国：《中国西部农村社会保障概论》，中国社会科学出版社，2006。

以前，西藏自治区政府对农牧民实施了农牧区特困群众生活救助制度。

（一）西藏农牧区特困群众生活救助制度

西藏自治区是我国雪灾、地震等自然灾害多发区，西藏农牧民面临的自然灾害风险要比内地省份农民高得多，农牧民"因灾致贫、因灾返贫"的现象一直较为突出；西藏自治区是我国高原病、地方性疾病及传染病等各种疾病高发区，西藏农牧民面临的健康风险也比内地省份农民要高得多，农牧民"因病致贫、因病返贫"的现象还比较突出；西藏自治区还是我国集中连片的贫困地区之一，尤其是农牧区贫困面还比较宽、贫困程度还比较深，西藏农牧民贫困人口也比内地省份农民要高得多，由此决定了西藏农牧区需要救助的对象较多，西藏自治区政府面临的社会救济任务十分繁重。

西藏和平解放以来，在中央政府的大力支持下，西藏逐步建立了特困农牧民群众社会救助制度。在 2004 年以前，对西藏特困农牧民群众主要实施临时性、应急性的救济方式，也称"临时性生活救济"。救济目的是针对突发性、临时性发生的天灾人祸或其他不可抗力造成的临时性贫困人群实施救助，是为确保贫困人群基本生活而实施的临时性、过渡性救济。[①] 救济内容主要以生产救灾为中心，切实安排好灾区农牧民群众的生产生活，在保证受灾群众不发生逃荒要饭、不冻死人、不饿死人的前提下，积极扶持受灾群众搞好生产自救，恢复发展农牧业生产。[②] 由此可以看出，西藏农牧区社会救济主要存在两个方面的问题：一是农牧区救济对象极为有限，一般只包括受灾群众、农村"五保户"及特殊困难户；二是西藏还没有建立起规范的救济制度，农牧区社会救济工作随意性较

[①] 《西藏日报》2007 年 3 月 29 日。
[②] 多吉才旦、江村罗布：《西藏经济简史（上）》，中国藏学出版社，2002。

大，救济对象的认定缺乏明确标准。由此导致西藏农牧区许多应该得到救济的人并没有得到实际救济，未能充分体现社会公平与正义原则。

为了使"临时性社会救济"工作规范化和制度化，西藏自治区在做好临时性救助救济工作的同时，开始探索建立西藏农牧区特困群众生活救助制度。2005年，西藏自治区政府出台了《关于建立和完善农牧区特困群众生活救助制度的意见》。具体表现为：一是西藏自治区对农牧区特困群众生活救助对象进行了初步分类。救助对象具体分为常年救助对象与临时救助对象。其中，常年救助对象多为因病、因残、因灾害导致家庭丧失主要劳动力，以及家庭未成年子女多，靠自身收入无法维持基本生活的农牧民家庭；临时救助对象多为有劳动能力，但因病、因残、因灾害、因自然条件等原因，造成基本生活临时发生困难的农牧民家庭。[①] 二是西藏自治区对农牧区特困群众的救助标准及救助人数进行了初步界定。以2005年为例，西藏自治区对年人均纯收入300元以下的特困农牧民实施生活救助，中央财政与西藏自治区财政共安排农牧区特困群众生活救助资金900万元，享受救助的特困农牧民群众8.3万人。[②] 三是西藏自治区根据经济发展水平及农牧区特困群众实际生活状况，逐步提高农牧区特困群众救助标准。2006年，西藏自治区特困农牧民生活救助标准由年人均纯收入300元以下提高到年人均纯收入500元以下，中央财政与西藏自治区财政共安排3700万元用于西藏农牧区特困群众生活救助，享受救助的人数增加到20万人。[③]

（二）西藏农村居民最低生活保障制度发展概况

"十一五"时期，中央政府和西藏自治区政府坚持把加快推进

[①] 西藏民政厅文件资料：《关于建立和完善农牧区特困群众生活救助制度的意见》（打印稿），2005年4月。
[②] 《西藏日报》2007年9月28日。
[③] 中央政府门户网站，2007年9月29日，http://www.gov.cn。

农村居民最低生活保障制度建设作为保障和改善民生的重要举措，摆在了农牧区经济社会发展全局的突出位置。为此，西藏自治区人民政府决定从2007年1月1日起，在西藏自治区全面推行农村居民最低生活保障制度。由于该项制度涉及面较广、工作开展难度较大，西藏自治区实际上从2007年7月1日起才开始在农牧区全面实施农村居民最低生活保障制度。至此，西藏自治区将农牧区特困群众生活救助制度改变为保障范围更广、保障力度更大的农村居民最低生活保障制度。尤为值得一提的是，西藏自治区还是我国率先建立农村居民最低生活保障制度的省份。

2007年7月1日，西藏自治区首次将农牧区年人均纯收入低于800元的特困农牧民群众纳入农村居民最低生活保障范围，并对年人均纯收入低于800元家庭中的不同成员实施分类保障，保障对象具体分为重点保障对象、特殊保障对象和一般保障对象，其中，将无劳动能力、无法定赡养人或扶（抚）养人的老年人、未成年人、残疾人确定为长期保障对象，其余人员为临时保障对象。据初步统计，2007年7月，西藏农牧区重点保障对象，即由于长期患有疾病而丧失劳动能力的农村居民或者丧失劳动能力的老年人和残疾人共有62912人，保障标准为每人每年420元；特殊保障对象即丧失部分劳动能力的残疾人共有44034人，保障标准为每人每年240元；一般保障对象即农村"低保"家庭中的其他成员共有123054人，保障标准为每人每年144元。① 西藏全区共有23万名农牧区特困群众成为西藏农村居民最低生活保障制度的首批受益人群，西藏自治区各级财政为农牧区特困群众发放农村居民最低生活保障资金4600万元。②

---

① 《西藏商报》2007年8月11日。
② 《西藏日报》2007年9月28日。

自 2007 年 7 月西藏农村居民最低生活保障制度实施以来，随着西藏农牧区经济快速增长、农牧民生活必需品价格变化以及农牧民生活水平逐渐提高，西藏自治区还适时对农村居民最低生活保障标准做了调整，以保障农村低保对象的基本生活不因物价上涨而受到影响，以更好地保障西藏农牧区特困农牧民群众的基本生活需要。从 2008 年 1 月 1 日开始，西藏农村低保对象由 2007 年的年人均纯收入 800 元以下提高到年人均纯收入 850 元以下；农村低保对象的最低生活保障标准也在原基础上每人每年提高 50 元，其中，重点保障对象由每人每年 420 元提高到 470 元，特殊保障对象由每人每年 240 元提高到 290 元，一般保障对象由每人每年 144 元提高到 194 元。从 2009 年 1 月 1 日开始，西藏自治区将农村居民最低生活保障标准由 2008 年的年人均纯收入 850 元调整为 1100 元；农村低保对象的最低生活保障标准也大幅度提升，其中，重点保障对象由每人每年 470 元提高到 720 元，特殊保障对象由每人每年 290 元提高到 500 元，一般保障对象由每人每年 194 元提高到 368 元。[1]从 2010 年 1 月 1 日起，西藏自治区再一次提高农村居民最低生活保障标准，农村居民最低生活保障标准由 2009 年的年人均纯收入 1100 元提高到 1300 元；农村低保对象的最低生活保障标准也明显提高，其中，重点保障对象补助标准由每人每年 720 元提高到 920 元，特殊保障对象补助标准由每人每年 500 元提高到 685 元，一般保障对象补助标准由每人每年 368 元提高到 487 元。[2]截至 2010 年底，西藏自治区、地（市）、县三级财政累计投入农村低保资金 50377.8 万元。

自 2007 年 7 月 1 日西藏农村居民最低生活保障制度实施以来，

---

[1] http://www.57tibet.com/tibet/Html/20091224113431 – 1.html.

[2] http://news.sohu.com/20100118/n269664950.shtml.

在短短三年时间内就三次大幅度提高西藏农村居民最低生活保障标准，这在全国都是少见的。西藏自治区通过不断建立和完善农村居民最低生活保障制度，公共财政支出更多地向农村居民最低生活保障领域倾斜，较好地保障了西藏自治区特困农牧民群众的基本生活，这对改善西藏农牧民民生、维护农牧区社会稳定、促进农牧区社会和谐发挥了十分重要的作用。

二 西藏农村养老保障制度

西藏和平解放以来，随着西藏农牧民生活水平的提高与医疗卫生事业的改善，西藏农牧民平均预期寿命逐步提高。2010年，西藏自治区人均预期寿命为67岁，比1951年西藏人均预期寿命（仅为35.5岁）提高了近1倍。第六次全国人口普查数据资料显示，2010年，西藏自治区60岁以上的老年人口为230365人，占西藏全区总人口的比重为7.67%，比2000年人口普查时的比重增加了0.22个百分点；65岁以上的老年人口为152908人，占西藏全区总人口的比重为5.09%，比2000年人口普查时的比重增加了0.34个百分点。无论是按照国内标准还是按照国际标准计算的老年人口系数[1]，西藏自治区人口老龄化现象似乎并不明显。然而，从近10年西藏自治区60岁以上老年人口增长态势来看，西藏自治区事实上已经悄然步入老年型社会。2000～2010年，西藏自治区60岁以上老年人口年均增长率达到1.69%、65岁以上老年人口年均增长率达到2.09%，与同期西藏全区总人口年均增长率1.39%相比，西藏老年人口增长速度快于全区总人口的增长速度。[2]

---

[1] 按照国内标准60岁以上老年人口比重达到10%、按照国际标准65岁以上老年人口比重达到7%，即为老年型社会。
[2] 史云峰：《从第六次人口普查数据看西藏人口发展变迁与特征》，《西藏民族学院学报》2013年第6期。

随着西藏老年人口的逐步增加,早在1987年西藏自治区就开始了养老保险试点工作,推行养老保险社会统筹,拉开了西藏社会养老保障制度改革的序幕,标志着西藏社会养老保障制度的实施。西藏社会养老保障制度最初主要针对城镇居民及企业离、退休职工而言,长期以来这种养老保障格局也没有得到根本改变。经过20多年的发展,西藏城镇基本养老保障制度日臻完善,在确保广大城镇居民参保人员老有所养、提高晚年生活质量等方面发挥了重要作用。然而,直到2009年11月,西藏自治区才正式启动新型农村社会养老保险试点工作。拉萨市城关区、日喀则地区日喀则市、山南地区扎囊县、那曲地区那曲县、昌都地区昌都县、林芝地区林芝县以及阿里地区噶尔县等7个县(市、区)被正式批准列入首批新型农村社会养老保险试点县,试点覆盖范围达到应参保范围的10%。凡在试点县(市、区)行政辖区内具有农业户籍,年满16周岁(不含在校学生)至59周岁,未参加城镇职工基本养老保险的农牧区居民,均可自愿参加新型农村社会养老保险。2010年2月,西藏自治区发放了首批新型农村养老保险基础养老金,标志着新型农村社会养老保险制度在农牧区正式启动。2010年11月,西藏全区74个县(市、区)全部纳入新农保试点范围,西藏自治区实现了新型农村社会养老保险制度全覆盖,惠及农牧民人口230万。西藏自治区提前两年实现了中央第五次西藏工作座谈会确定的"在2012年前基本实现新型农村社会养老保险制度全覆盖"这一目标。

西藏自治区新型农村社会养老保险分为基础养老金和个人账户养老金两种类型。(1)基础养老金。60岁以上的老人无须个人缴费,每人每月可领取55元的基础养老金,由中央财政给予全额补贴;并且基础养老金标准将随着西藏经济社会发展而相应提高。(2)个人账户养老金。主要由个人缴费、政府补贴、村集体补贴、其他社会组织资助以及基金利息等部分组成。其中,个人年缴费标准分为100、200、300、400、500元5个档次，参保人员每年可根据自身实际自主选择一个档次进行缴费，并准许参保人自愿多缴，多缴多得，连续缴费15年并年满60岁的参保人员可获得相应的养老金；政府补贴主要指地方财政补贴，个人缴费补贴每人每月30元，由地方财政安排；村集体自主确定补贴标准。此外，还对重度残疾人按最低缴费标准给予全额补贴，所有缴费补贴由自治区、地（市）、县三级财政按8∶1∶1的比例承担。①

截至2010年底，西藏全区23.52万年满60周岁以上的农牧民全部领取了基础养老金，共计8788.78万元，发放率达100%，同时，西藏全区85.73万人参保登记，占16~59周岁所有适龄参保人员的76.5%。②截至2010年底，新型农村社会养老保险制度在西藏农牧区实现了全覆盖，涉及农牧业人口221万。随着西藏新型农村社会养老保险的全面推进，西藏农牧民将和城镇居民一样享有基本养老保障服务，沿袭我国几千年的农村"养儿防老"传统模式，将逐渐被具有基本性、公平性、普惠性的新型农村养老保障制度所取代。新型农村养老保障制度在西藏农牧区的全面实施，能够有效保障农牧区老年人口的基本生活权益，又是较好地预防农牧民贫困的重要保障措施。

总之，西藏自治区政府通过建立农村社会保障这个民生之网，使广大农牧民群众人人得利、人人安心，每一个人都能找到安全感、归属感，每一个人都能切实感受到西藏社会在发展、人民生活水平在提高，从而共同编织西藏农村社会和谐之网，有力地推动西藏农村和谐社会建设，为"十二五"时期西藏自治区在各个领域实现全面发展奠定了坚实基础。

---

① http://money.163.com/10/0203/16/5UK3NTG400253B0H.html.
② 胡星：《"民生阳光"照耀雪域高原——中央第五次西藏工作座谈会以来西藏农牧民民生新变化》，《西藏日报》2011年3月10日。

第四节　西藏农村社会保障服务供给存在问题

西藏农村社会保障服务供给，既有与全国农村社会保障服务供给相同的一面，同时又有其自身特殊性的一面。中央第四次西藏工作座谈会以来，在中央政府与援藏省市的大力支持下，西藏经济实现了跨越式发展。然而，与此同时，西藏城乡差距逐渐拉大也是不争的事实。与城镇居民相比，西藏农牧民生产生活水平依然较低，需要健全和完善农村社会保障制度，维护农牧民的基本权益，这是西藏农村社会保障服务与全国农村社会保障服务较为相似的一面。同时，在西藏农牧区特殊的自然地理环境下，还有不少农牧民"靠天吃饭"的局面尚未得到根本改变，相对于内地省份大部分农（牧）民而言，西藏农牧民生产生活中还面临着更多的困难与问题，由此决定了西藏农牧民对农村社会保障服务的供给范围要求更宽、供给水平要求更高。此外，近年来西藏自治区政府还结合特殊区情与农牧区特殊实际，主动为农牧区"三老"人员提供特殊的社会保障服务。[①] 从2006年10月1日起，西藏自治区政府向全区13237名"三老"人员发放生活补贴，每人每月分别发放300元、150元、100元。从2008年7月1日起，西藏自治区政府在财政十分困难的情况下，决定提高"三老"人员生活补贴标准，每人每月增加50元，全区15996名"三老"人员每月分别领取350元、200元、150元的生活补贴。[②] 这是西藏农村社会保障服务与全国农村社会保障服务相比，较为特殊的一面。

[①] "三老"人员是指西藏全区农牧民老党员、老干部、老劳模，他们曾经为西藏平息叛乱、民主改革和社会主义建设事业作出了重要贡献，一直是西藏反对分裂、维护稳定、促进发展的重要力量。

[②] http://www.chinatibetnews.com/shehui/2010-02/06/content_401845.htm。

第六章
西藏基本公共服务中的社会保障

长期以来,中央政府在西藏自治区实施总体供给的经济发展模式,这在很大程度上决定了西藏自治区提供农村社会保障服务的能力取决于中央财力的支持力度以及援藏省市的帮扶力度,并非完全是西藏自治区经济力量的体现。[①] 相比我国内地省份而言,西藏自治区经济总量总体偏小,地方政府财力普遍较弱;加上特殊的自然地理条件限制,导致西藏各级地方政府难以支付高额的农村社会保障服务体系建设成本,由此导致西藏农村社会保障服务供给不足。西藏自治区在农村社会保障服务供给方面存在的问题,主要集中在政策导向、管理体制、运行机制以及监督机制等方面,而这些内容与西藏自治区政府的公共服务能力有着非常密切的关系,总之,西藏自治区政府公共服务能力较弱是导致农村社会保障服务供给效率不高的主要原因。

一 西藏农村社会保障服务对象较为有限

西藏和平解放以来,社会保障事业深受"二元"供给制度与经济发展水平等因素影响,社会保障服务体系建设形成了"重城市、轻农村"的发展格局。截至2010年底,西藏自治区已基本建立起了以城镇职工为主体的养老保险、医疗保险、失业保险、工伤保险与生育保险五大社会保险制度和以城镇居民为主体的基本医疗保险与社会养老保险制度。截至"十一五"末,西藏城镇居民享有基本养老保险和基本医疗保险服务,城镇企业下岗工人享有失业补助,城市困难居民享有最低生活保障等,城镇社会保障服务体系相对较为完善。然而,课题组调研发现,大部分城镇居民因受收入水平限制,参加城镇企业职工基本养老保险的积极性普遍不高,只有少数城镇居民参加了企业职工基本养老保险;虽然有部分城镇居民想参

---

① 孙勇:《西藏——非典型二元结构下发展改革》,中国藏学出版社,2000。

加新型农村社会养老保险，但受户籍制度限制，从而导致这部分人徘徊在基本养老保险的大门之外。

西藏农村社会保障服务体系建设相对滞后，仍处于社会保障体系建设的边缘，至今仍没有建立完全意义上的农村社会保障服务体系。由于西藏农村社会保障服务体系不够健全，由此导致农村社会保障服务体系的覆盖面较窄、实施范围较小。对西藏农牧民（工）而言，还没有建立起失业保险、工伤保险以及生育保险等社会保障制度，他们基本上被排除在这些社会保障制度之外。众所周知，长期以来西藏农牧民就业一般在非公有制企业，然而，受传统供给制度及经济发展水平等因素影响，非公有制企业职工一般都未能享受到基本社会保障服务。在此背景下，如何把非公有制企业职工纳入基本社会保障服务范畴，是西藏自治区必须着力解决的重大现实问题。

在特殊的自然地理条件下，西藏农牧区贫困人口基数大，绝对贫困人口多，需要社会保障服务的对象也比较多。然而，由于西藏自治区经济发展水平总体偏低，地方政府财力普遍较为薄弱，这就决定了对农村社会保障服务投入总体不足，即一方面决定了公共财政对农村社会保障服务资金投入的有限性与农村社会保障覆盖范围的有限性，另一方面也决定了农村社会保障资金往往难以及时到位与农村社会保障服务的可及性较差。以农村最低生活保障服务为例，由于受西藏地方财力不足等因素制约，农村最低生活保障制度覆盖面较窄，还没有实现"应保尽保"这一目标；西藏农村社会保障资金的发放时间一般按季度进行，而且有时还稍显滞后，这样就很难有效保障农牧区困难群体在生活遇到困难时得到及时救助。此外，西藏农村社会保障服务对象的识别与瞄准机制还不够完善。以农村居民最低生活保障为例，应重点对那些无劳动能力、无收入来源、无依无靠的孤老伤残以及因意外事故、重大疾病、自然灾害等造成生活水平低于最低生活保障标准的对象实施保障。西藏城镇化进程日益加快,给社会保障服务体系建设带来了新的挑战,如城镇化加速发展所带来的失地农民的就业问题及社会保障问题,以及大量农牧民进城务工人员的就业问题及社会保障问题。长期以来,西藏就业与社会保障服务体系建设主要是针对城镇人口而设计实施的,因此,随着就业方式日益多样化,如何满足城镇化进程中农村劳动力的就业与社会保障需求,扩大社会保障覆盖范围,是西藏自治区政府必须着力解决的重大课题。

二 西藏农村社会保障服务水平亟待提高

由于城乡二元经济社会结构的影响,西藏城乡社会保障服务水平差距较大。在西藏城镇,社会保障服务体系基本上覆盖了社会救济、社会优抚、社会保险、社会福利等方面。然而,在西藏农牧区,社会保障仅仅在社会救济、救灾及优抚安置等方面有所体现。而且,西藏城乡居民在享受社会保险、社会救助与社会福利等方面的标准仍存在较大差距。以西藏城乡居民最低生活保障制度为例,不仅农村居民最低生活保障制度建立时间比城镇居民晚了10年,而且农村居民最低生活保障补助标准也大大低于城镇居民。以2010年为例,西藏农牧区一般保障对象每人每月能够获得最低生活保障补助资金40元,重点保障对象每人每月能够获得最低生活保障补助资金80元。显然,远远不能满足农牧区困难群众的基本生活需要,与农牧区困难群众的生活期望还存在一定差距。与此相对应,2010年,西藏城镇居民最低生活保障标准为月人均330元,月人均差额补助资金达110元,位居全国城镇居民最低生活保障月人均差额补助资金前列。① 据此计算,西藏城镇居民最低生活保障月人均

---

① 邓发旺:《西藏城乡发展差距分析》,《西藏研究》2010年第5期。

差额补助是农村居民最低生活保障月补助资金的1.37～2.75倍，农牧民享受的最低生活标准仅为城镇居民的1/3。与此相对应的是，2010年西藏城镇居民人均可支配收入是农村居民人均纯收入的3.99倍，西藏城乡居民收入差距在全国来看也是最高的。西藏城镇居民的"高福利"与农村居民的"低福利"甚至"负福利"形成了强烈的反差局面。由于西藏城乡之间不同群体社会保障待遇差距较大，不同群体内部和群体之间会相互比较，进而会成为影响社会稳定的不和谐因素。

  随着西藏农牧区经济社会快速发展，农牧民对社会保障服务提出了更高的要求与期望。为了确保西藏农牧民的基本生产生活需要，应合理确定农村社会保障服务标准，使保障标准与西藏农牧区经济社会发展水平相适应；力争使西藏农村低保对象的生活水平不低于当地农牧民的平均生活水平，更不要因保障标准过低，导致保障对象的生活出现困难。按照社会保障制度的基本功能，其本质是通过国民收入的再分配形式调节居民收入差距，以维护社会弱势群体的基本利益，体现社会公平正义。根据西藏社会保障服务实施情况来看，社会保障服务不但没有发挥其调节功能，反而在一定程度上进一步拉大了城乡居民之间的收入差距。以医疗保险为例，截至"十一五"末，西藏自治区已基本建立起以城镇职工、城镇居民和农牧民为保障对象的医疗保险制度，但三项制度均以户籍为基本准入条件，因此，在筹资方式、待遇享受方面均存在着巨大的城乡差异。西藏城镇职工医疗保险实行省级统筹，统筹层次最高；城镇居民医疗保险实行地（市）级统筹，统筹层次居中；而农牧区医疗制度实行县（市）级统筹，统筹层次最低。一般来说，社会保障统筹层次越高，保障对象所享受的待遇及服务也就越好，他们的抗风险能力也就越强。由于西藏农牧民所享受的医疗保障统筹层次比城镇职工及城镇居民低，这就决定了西藏农牧民所享受的保障待遇及服务也就最低，他们未能享受到公平的社会保障服务。西藏自治区在城乡社会保障服务方面存在的显著差异，是西藏地方政府公共服务能力不足的突出反映。由此可以看出，需要进一步加大西藏农村社会保障资金投入，提高西藏农村社会保障服务标准，让西藏农牧民共享经济社会发展成果，进而全面推动西藏农村和谐社会建设。

三 西藏农村社会保障服务供给主体单一

从西藏农村社会保障制度的实践来看，地方政府承担了主要供给责任。再结合前面的分析来看，在西藏自治区政府财力十分薄弱却又不得不承担主要供给责任的条件下，供给主体的单一性决定了西藏农村社会保障服务供给水平与供给效率普遍较低，基于此，亟待丰富和完善西藏农村社会保障服务供给主体。以新型农村社会基本养老保障为例，西藏新型农村社会基本养老保障制度规定，新型农村社会基本养老保险基金筹集实行个人缴费、集体补助和财政补贴相结合的筹资方式。实际上，这也进一步从制度上规定了西藏农村社会保障服务多元供给模式，即政府、社会与个人理应成为供给主体。然而，结合西藏农牧区实际情况来看，由于农牧区绝大多数行政村的集体经济几乎为零，由此决定了集体补助显然难以落实到位；加上大多数农牧民还比较贫困，农牧民自愿性参与社会基本养老保险的能力与动力普遍不足，商业养老保险在农牧区更是难以起步，以上因素综合导致西藏农村社会保障资金的筹集与到位都十分困难，因此，西藏农村社会养老仍然实行的是以家庭赡养为主、以政府保障为辅的供给模式。农村养老社会化程度不高，还没有充分发挥社会团体及社会成员在西藏新型农村社会基本养老保障服务供给中的主体地位及作用。随着西藏农牧区人口老龄化社会的全面到来，农牧区老年人口的养老、医疗及社会服务等问题会变得更加突出，西藏自治区政府保障农牧民"生老病死"的任务也将变得更加沉重。

  由于西藏农村社会保障制度不够完善，没有明确规定地方各级政府在农村社会保障服务供给责任上的具体事权，没有严格按照"一级政府，一级财政"和"财权与事权相匹配"的原则，将社会保障工作经费纳入当地财政预算。按照我国行政组织权力设置及现行行政管理模式，这样很容易导致上一级政府把农村社会保障服务供给责任推卸给下一级政府，因此，西藏农村社会保障服务供给责任实际上最终落到了县（市）、乡（镇）两级政府头上。众所周知，西藏农牧区县域经济与乡镇经济发展尚未起步，县（市）、乡（镇）两级政府财政支出主要依靠中央政府与西藏自治区政府的财政转移支付，这就决定了如果上级政府财政转移支付得多，那么下级政府对农村社会保障资金的投入可能就会多一些；否则，对农村社会保障资金的投入就会少一些。综合来看，西藏自治区县（市）、乡（镇）两级政府没有足够财力来承担农村社会保障服务供给责任，由此导致西藏地方各级政府在农村社会保障服务供给上的财权与事权不平等这一问题。根据现代政府的公共服务职能，保护社会弱势群体是各级政府义不容辞的责任。如果上级政府明知下级政府承担不起社会保障服务供给责任，反而要求其承担，实质上是将矛盾下放、责任下移。从理论上讲，这是上级政府的失职。

四　西藏农村社会保障服务能力亟待提升

  随着社会保障服务工作在西藏农牧区的全面推进，农村社会保障服务人员配备不足、服务水平较低与管理能力建设滞后等问题越来越突出，农村社会保障服务体系建设日渐不能适应社会发展需要。截至"十一五"末，西藏农牧区还有不少县（市）、乡（镇）基层政府社会保障机构设置不健全，有的地方甚至还没有建立起专门的社会保障服务机构。即使对那些已经建立起农村社会保障服务机构的地区而言，也普遍存在农村社会保障服务人员严重缺乏等现实问题。在此背景下，西藏农村社会保障服务主要由乡（镇）基层政府工作人员提供。由于西藏农牧区乡（镇）基层政府工作人员本身就较为缺乏，农村社会保障服务实际上只好由乡（镇）基层政府部分工作人员兼职提供；当然，对于那些至今仍没有建立起专门的农村社会保障服务机构的地区而言，情况更是如此。

不仅西藏农村社会保障服务人员的数量严重不足，而且服务人员的素质与能力也亟待提高。西藏农村社会保障服务人员在提供农村社会保障服务过程中，不仅服务意识不强，而且工作方法也极为简单。以农村最低生活保障服务为例，西藏自治区地方各级政府对农村低保对象仍然实行指标控制。这样做，对于农村社会保障服务工作的开展固然简单，但未能充分结合西藏农牧区的特殊实际。按理而言，西藏农村社会保障服务应严格坚持动态管理原则，即对那些生活发生困难的农村居民要切实纳入最低生活保障范围，对那些家庭经济条件已经明显好转的低保对象应逐步取消其最低生活保障待遇。当然，这对西藏农村社会保障服务人员自身素质及工作能力提出了更高要求，即要求他们要定期对农村低保对象进行复查和审核，严格把好农村低保对象"新增"入口关，切实做到农村低保对象该进的进、该出的出、能进能出，使农村低保工作尽快走向"有进有出"的良性运转机制。由此可以看出，要实现上述目标，显然是一项难度较大的工作。首先，遇到的是农村社会保障服务人员数量严重不足这一"瓶颈"，无人开展此项工作；其次，部分工作人员的服务意识不强、创新精神不够，不愿深入细致地开展此项工作；最后，西藏农村社会保障服务管理体系信息化建设尚未全面普及，也在一定程度上增加了政府工作难度。"十二五"时期，随着西藏城镇化进程深入推进，迫切需要加强城乡社会保障制度的整合与衔接，以实现管理服务一体化。当然，这进一步对西藏社会保障服务人员的数量、素质以及工作能力提出了更高要求。

五 西藏农村社会保障服务供给效率较低

西藏和平解放以来，农村社会保障服务主要由中央政府及西藏地方各级政府负责提供，社会保障服务工作在许多方面仍然依靠政策与行政手段推进，农村社会保障服务管理权力过于集中于政府。与此同时，西藏地方各级政府未能严格将政府管理权、业务经办权与监督权分离，由此导致西藏农村社会保障服务监督机构设置不够健全和完善。从西藏农村社会保障监督体系来看，还没有建立起相对较为完善的社会保障监督机构体系。尽管在我国农村社会保障服务监管体制安排上，有法律监督、行政监督及审计监督等监督方式，但在西藏农村社会保障服务监管实践中，往往过分注重行政监督而忽视法律监督，即传统的"自上而下"行政监管模式。在我国现行行政管理体制框架下，从理论上讲，上级政府拥有更多的行政权力，对下级政府的监管应该是最有效的。但从实际情况来看，由于上级政府与下级政府同属于行政组织管理系统，只是属于不同层级政府而已，故在实际监管活动中，难免会出现上级政府对下级政府的监管不到位，甚至袒护、包庇下级政府，行政失职等问题。而且，在西藏农村社会保障服务监督机构的设置上，要么重复，要么缺乏，并且还存在权责分类不清。以医疗保险为例，具体分为城镇职工、城镇居民与农牧民三类保障对象。由于是以户籍为准入条件，在此基础上建立了三项管理制度，同时也就形成了"三驾马车"分立运行的局面，由此导致行政监管效率低下，进而导致西藏农牧民对农村社会保障服务的认可度较低以及由此产生的政府信任危机。

由于西藏自治区在农村社会保障领域还有很多立法空白地带，

社会保险、社会救助、社会福利等诸多问题的解决基本上还处于无法可依的局面。因此，西藏自治区在农村社会保障服务的法律监管方面依然还比较薄弱。如在农村社会保障基金的管理和监督上，缺乏相应的法律依据，对农村社会保障基金的收缴、管理、营运及支付等环节的监管无章可循，更多是采取带有地方特色的管理与监督方式。显然，这既不利于建立健全法律监管体系，也不利于建立健全社会监管体系；加上西藏农牧区社会发育程度较低、社会组织发展不充分，社会组织、社会团体以及公民个体等第三方监督机构对政府活动的监管还异常缺乏。而且，在西藏农村社会保障服务监管上，还存在行政监督、法律监督与第三方监督各自为政的现象，这样很难形成监管合力。综上所述，西藏自治区在农村社会保障服务监管体制上存在的缺陷，使得农村社会保障基金被挤占、被挪用的现象还比较突出，由此导致西藏农牧民在享受农村社会保障服务方面的可得性与可及性较差，农村社会保障服务供给效率普遍较低。

第七章 西藏基本公共服务能力
　　　　提升路径研究

"十二五"时期,既是我国全面建设小康社会的关键时期,也是我国深化改革开放、加快转变经济发展方式的攻坚时期;既是我国发展处于可以大有作为的重要战略机遇期,也是我国加快构建基本公共服务体系的关键时期。从我国广大人民群众对基本公共服务的需求来看,随着城镇化进程加快,城乡居民收入水平不断提高,消费结构加快转型升级,对基本公共服务的需求日趋旺盛;从政府对基本公共服务的供给来看,随着我国经济继续保持平稳较快发展,中央与地方财政收入不断增加,基本公共服务财政保障能力进一步加强。[①]然而,从我国发展的大环境来看,我国基本公共服务能力不足、供需失衡矛盾依然较为突出,建立健全基本公共服务体系仍然面临着许多困难与挑战,具体表现在:我国基本公共服务数量与质量难以满足人民群众日益增长的物质文化需求;农村地区、贫困山区以及针对社会弱势群体的基本公共服务尚未得到有效保障;基本公共服务体制有待进一步完善,区域及城乡之间基本公共服务制度设计衔接不够;基本公共服务供给主体与供给方式还比较单一;基层政府财权与事权不匹配以及基本公共服务监督问责缺位

---

① http://www.gov.cn/zwgk/2012-07/20/content_2187242.htm.

等问题仍然十分突出。① 为此，必须深刻认识我国基本公共服务能力不足这一现状：这不仅难以有效保障让改革开放发展成果更好地惠及于全体人民，而且还会进一步制约我国经济社会健康、协调、可持续发展。

2011年7月20日，《国家基本公共服务体系"十二五"规划》指出，"十二五"时期是我国加快构建基本公共服务体系的关键时期，要把基本公共服务制度作为公共产品向全民提供，着力保障城乡居民生存发展的基本需求，着力增强基本公共服务能力，着力创新基本公共服务体制机制，加快建立健全符合国情、比较完整、覆盖城乡、可持续的基本公共服务体系，提高政府保障能力，逐步推进基本公共服务均等化。②《国家基本公共服务体系"十二五"规划》指出，把基本公共服务制度作为公共产品向全民提供，是我国公共服务发展从理念到体制的重大创新。保障人人享有基本公共服务是现代政府的基本职责，因此，"十二五"时期我们要牢牢抓住难得的历史机遇，顺应各族人民过上更好生活的新期待，把建立健全基本公共服务体系作为保障和改善民生制度安排的重大任务，并与全面建成小康社会的战略目标与任务紧密衔接，努力提升基本公共服务水平，推动经济社会协调发展，为全面建成小康社会夯实基础。③《国家基本公共服务体系"十二五"规划》的全面实施，对于我国深入贯彻落实科学发展观，推进以保障和改善民生为重点的社会建设，对于全面建设服务型政府，促进基本公共服务均等化，对于切实保障广大人民群众最关心、最直接、最现实的利益，构建社会主义和谐社会，对于加快经济发展方式转变、扩大内需等，都

---

① http：//www.gov.cn/zwgk/2012-07/20/content_2187242.htm.
② http：//www.gov.cn/zwgk/2012-07/20/content_2187242.htm.
③ http：//www.gov.cn/zwgk/2012-07/20/content_2187242.htm.

具有十分重要的现实意义。①

对西藏自治区而言,"十二五"时期既是西藏加快全面建设小康社会的攻坚时期,也是加快构建基本公共服务体系的关键时期。"十二五"时期西藏发展既面临重大机遇,也面临严峻挑战。就西藏发展面临的重大机遇而言,主要体现在:一是从国内的大环境来看,随着第二轮西部大开发战略的全面实施,国家更加注重西部地区基础设施、生态建设与环境保护、经济结构调整与自主创新以及社会事业发展,这为西藏实现持续、快速、协调发展创造了良好的外部条件。同时,随着我国对外开放不断向纵深推进,西藏自治区处在对南亚开放的重要地位,在充分利用国际国内两个市场、两种资源,提高对外开放水平上具有更加有利的宏观环境。二是从西藏区内的小环境来看,随着中央第五次西藏工作座谈会的召开,国家制定和出台了一系列扶持西藏经济社会发展的特殊优惠政策和措施,这些政策和措施将在"十二五"时期得到全面贯彻落实,这是西藏自治区实现新的发展目标的坚强保障。2010年1月中央第五次西藏工作座谈会确定对口支援西藏政策延长到2020年,进一步完善经济援藏、干部援藏、人才援藏与科技援藏相结合的工作格局,初步建立了援藏资金稳定增长机制,这是西藏加快发展的坚强后盾。

与此同时,西藏发展也面临严峻挑战,具体表现在:一是受特殊的自然环境与社会历史等因素影响,西藏发展与全国发展的差距仍然较大,具体表现为经济基础薄弱、基础设施建设不足、自然生态环境脆弱、科技人才匮乏、基本公共服务水平较低等,西藏城乡居民特别是农牧民生活水平还不高,人民日益增长的物质文化需要同落后的社会生产力之间的矛盾仍然是西藏社会的主要矛盾。二是受特殊的地理区位与宗教文化等因素影响,西藏自治区还长期存在

---

① http://www.gov.cn/zwgk/2012-07/20/content_2187242.htm.

着各族人民同以达赖集团为代表的分裂势力之间的特殊矛盾，反对分裂、维护社会稳定的任务十分艰巨，这在很大程度上给西藏基本公共服务能力提升与保障和改善民生带来了诸多不利影响。

根据国家"十二五"规划纲要，为突出体现"学有所教、劳有所得、病有所医、老有所养、住有所居"的要求，"十二五"时期西藏自治区必须坚持共享发展，以保障和改善民生为一切工作的出发点和落脚点，着力在保障和改善民生上取得新突破。为此，西藏自治区必须要更加注重提高基本公共服务能力和均等化水平，坚持加大投入、优化结构、提升质量、提高效益，努力提高政府提供基本民生服务、公共事业服务与公共安全服务的能力和水平。《西藏自治区"十二五"时期国民经济和社会发展规划纲要（草案）》对西藏未来五年的发展，提出了经济发展、人民生活、公共服务、基础设施、生态环境、改革开放、社会稳定等方面的目标，其中，将保障和改善民生放在了首位。结合西藏实际区情来看，"十二五"时期保障和改善民生的重点领域在农牧区，重点对象是农牧民，为此，西藏自治区要更加注重改善农牧民生产生活条件，着重解决农牧区生产生活条件较差、农牧民增收困难等突出问题。结合西藏自治区第八次党代会精神来看，"十二五"时期西藏自治区在保障和改善民生上将努力做到四个"一定要"：一定要优先发展教育，让所有孩子都能够上学、上得起学、上得好学；一定要加快发展医疗卫生事业，让各族群众少得病、看得起病、看得好病；一定要积极做好就业与再就业工作，让各族劳动者就业有岗位、创业有门路、致富有盼头；一定要完善覆盖城乡的社会保障体系，让各族群众衣食有着落、生活有来源、养老有保障。[①] 到2015年，西藏自治区继续保持经济跨越式发展势头，农牧民人均纯收入与全国农村居民人

---

① http://news.sina.com.cn/c/2011-08-08/100322953372.shtml。

均收入水平差距显著缩小,基本公共服务能力显著提高,生态环境进一步改善,自我发展能力明显增强,社会更加和谐稳定。①

"十二五"时期,为了进一步提升西藏基本公共服务能力,西藏自治区政府应在重塑公共服务理念与优化公共服务职能的基础上,大力提升西藏自治区政府的自我治理能力与社会治理能力,增强西藏自治区政府在基础教育、医疗卫生、社会保障、就业服务等民生领域的公共服务供给能力。与此同时,西藏自治区还必须紧紧依靠中央政府的大力支持与内地省份的无私援助,充分借助和利用外部推力,不断创新基本公共服务方式与完善公共服务体制,积极发挥市场主体与社会组织在西藏基本公共服务供给中的作用,形成合力,从而全面提升西藏基本公共服务能力,切实推动西藏民生改善。

西藏自治区作为我国欠发达地区之一,和平解放以来,财政支出与基础设施建设主要来自中央政府的投入。尤其是中央第四次西藏工作座谈会以来,中央政府对西藏的支持力度进一步加大,不仅制定了一系列有利于西藏发展的优惠政策措施,而且拨付了大量资金支持西藏发展。2007年6月20日,时任西藏自治区人民政府主席的向巴平措同志在国务院新闻发布会上谈到,西藏财政每花10元钱中,就有9元是来自中央政府的财政转移支付。② 由此可以看出,西藏财政自给率较低,而且在全国来看都是最低的。然而,半个多世纪以来西藏却取得了举世瞩目的成就,包括本书研究的基本公共服务供给,有些领域在全国来看可能都是最好的,显然,这与中央政府的大力支持是分不开的。基于此,本书对"十二五"时期西藏基本公共服务能力提升的实践路径研究,主要以加大中央财政

---

① http://www.cnstock.com/index/gdbb/201101/1128910.htm.
② http://news.sina.com.cn/c/2007-06-20/102813271043.shtml.

支持为重点进行深入探讨，同时，也对加大对口援藏帮扶、加强政府能力建设以及加强制度设计创新等方面进行了初步探讨。

第一节　加大中央财政支持与提升西藏基本公共服务能力

公共财政作为中央政府在西藏执政的物质基础与政府行政的财力保障，在推进西藏跨越式发展与长治久安中担负着重要责任。由于西藏自我发展能力较弱，在相当长一段时间内，加快西藏经济社会发展仍然要靠国家的大力扶持。"十二五"时期，为了进一步提升西藏基本公共服务能力，确保实现中央提出的"到2015年，西藏基本公共服务能力显著提高与接近全国平均水平"阶段目标要求，中央政府应进一步加大对西藏的财政支持力度。

2010年1月，中央第五次西藏工作座谈会明确提出，"十二五"时期中央对西藏继续实行"收入全留、补助递增、专项扶持"的财政政策。2011年7月6日，国务院正式批准了《"十二五"支持西藏经济社会发展建设项目规划方案》，规划方案涉及项目226个，总投资约为3300亿元。[①] 其中，"十二五"时期中央财政计划对西藏的财力补助达到2124亿元。[②] 中央财政的大力支持，为"十二五"时期大力提升西藏基本公共服务能力提供了重要的财力保障。

"十二五"时期，中央政府将着力健全以民生为重点的财政支出体系，坚持"以人为本"，健全保障"学有所教、劳有所得、病有所医、老有所养、住有所居"为重点的民生财政投入稳定增长长

[①] http://money.163.com/11/0715/14/790TQMVU002529IR.html.
[②] http://www.tibet.cn/news/index/xzyw/201004/t20100419_566801.htm.

效机制，确保发展成果由各族人民共享。温家宝同志在中央第五次西藏工作座谈会上指出："加大中央投资力度，继续扩大专项投资规模，中央投资要向民生领域倾斜、向社会事业倾斜、向农牧业倾斜、向基础设施倾斜。"这为"十二五"时期中央财政支持西藏发展指明了具体方向，即中央财政要更多地向西藏农牧区倾斜、向公共服务倾斜、向基层倾斜、向民生领域倾斜，重点投入到民生改善与社会事业发展上，尤其是改善西藏农牧民生产、生活条件，着力解决农牧区群众和贫困群众的实际困难。中央统战部副部长斯塔认为，中央关注西藏民生问题，与中国经济社会发展进入一个新阶段分不开。"过去，中央对西藏这些相对闭塞地区的投入，主要以加大基础设施建设为主；而现在随着国力的增强，可以腾出手来全面解决西藏民生问题。"[1]"十二五"时期，中央在这些方面陆续出台一系列措施，如对西藏教育发展、医疗卫生服务、公共就业、养老保障等方面给予非常大的支持。[2]

一　优先发展西藏教育事业

西藏自治区"十二五"发展规划指出，优先发展教育事业。坚持优先发展，育人为本，改革创新，促进公平，提高质量，建立和完善有中国特色、西藏特点的社会主义现代教育体系，全面推进西藏教育事业科学发展，努力提高西藏教育现代化水平，为推进西藏跨越式发展提供智力支撑与人才保障。

"十二五"时期，优先发展西藏教育事业的具体表现如下。一是积极推进学前双语教育。大力推进城镇学前三年、农牧区学前两年双语教育，到 2015 年学前教育毛入园率达到 60%。二是巩固提

---

[1] http://stock.sohu.com/20100308/n270648835.shtml.
[2] http://stock.sohu.com/20100308/n270648835.shtml.

高义务教育。积极推进义务教育均衡发展，城乡、区域、校际之间差距显著缩小，提高双语教育质量；合理调整义务教育阶段学校布局，提高农牧区和偏远地区集中办学程度，推进义务教育学校标准化建设；到2015年九年义务教育巩固率达到90%，该目标作为西藏"十二五"规划的约束性目标而提出，作为一项硬指标、硬任务必须在2015年实现。三是加快发展普通高中教育。加强普通高中建设，改善办学条件，扩大优质教育资源；到2015年高中阶段教育毛入学率达到80%，新增劳动力受教育年限达到12.2年，该目标作为西藏自治区"十二五"发展规划的预期性目标而提出，力争在2015年实现。四是大力发展中等职业教育。逐步扩大办学规模，积极改善办学条件，形成与经济社会发展需要相适应的职业教育体系；到2015年中职阶段毛入学率达到80%，该目标作为预期性目标而提出，即力争在2015年实现。为了全面实现上述目标，"十二五"时期，西藏自治区还逐步提高义务教育阶段"三包"经费标准，将高中阶段农牧民子女全部纳入"三包"政策范围，同时，对农牧区学前双语教育实行免费政策、对中等职业教育实行免费制度。为了实现上述目标，在西藏自治区自身财力极为有限的情况下，仅靠西藏自治区自身财力显然是难以支撑的，也是难以实现的，需要中央财政进一步加大对西藏教育发展投入。

根据相关资料统计，"十二五"时期西藏自治区教育项目共规划投资80亿元，资金来源均为国家投资。其中，13亿元实施学前双语幼儿园建设工程，新建双语幼儿园608所，改扩建农牧区双语幼儿园68所；47亿元用于实施农牧区寄宿制学校建设工程，规划新建小学31所，改扩建小学640所，新建初中3所，改扩建初中75所，完善配套中小学附属设施；6亿元用于实施普通高中建设，规划新建高中5所，改扩建高中15所；投资6亿元实施职业教育基础能力建设，规划新建中等职业学校5所，改扩建中等职业学校 5 所。① "十二五"时期,中央财政安排学前教育补助资金 10.6 亿元,主要用于幼儿园教学及活动设施建设、幼儿伙食补助、公共教育经费以及教学资源建设等方面。可以说,中央政府对西藏的教育惠民政策覆盖范围之广、投入力度之大,前所未有。② 由于中央财政的大力支持,西藏教育事业呈现出良好发展态势。

笔者结合《国家基本公共服务体系"十二五"规划》对"十二五"时期西藏基本公共教育服务能力提升进行综合分析。从国家层面来看,"十二五"时期中央政府提供如下基本公共教育服务:一是为适龄儿童、少年提供免费九年义务教育,为农村义务教育阶段寄宿生提供免费住宿,并为家庭经济困难寄宿生提供生活补助;二是为贫困地区农村义务教育学生实施营养改善计划;三是为农村学生、城镇家庭经济困难学生和涉农专业学生提供免费中等职业教育;四是为家庭经济困难学生接受普通高中教育提供资助;五是为家庭经济困难儿童、孤儿和残疾儿童接受学前教育提供资助,其中,重点任务在于巩固提高九年义务教育、基本普及高中阶段教育和建立普惠性学前教育。"十二五"时期,国家通过建立基本公共教育制度,建立健全基本公共教育服务体系,保障所有适龄儿童、少年享有平等受教育的权利,提高国民基本文化素质。《国家基本公共服务体系"十二五"规划》的全面实施,为"十二五"时期大力提升西藏基本公共教育服务能力指明了具体方向与实践路径。

(一)巩固提高西藏九年义务教育

就西藏九年义务教育服务供给而言,在中央财政的大力支持下,西藏自治区已于 1985 年在全国率先实施以免费为特征的九年

---

① http://news.cnr.cn/gnxw/201111/t20111123_508822319.shtml.
② http://gb.cri.cn/27824/2011/12/05/5951s3461076.htm.

义务教育。中央第二次西藏工作座谈会召开后，针对西藏农牧民生活困苦、无力承担子女上学费用的实际情况，1985年中央财政拨出专款在西藏农牧区实行了以寄宿制为主的中小学校办学模式，对西藏农牧区中小学生实施"三包"政策（即对义务教育阶段的西藏农牧民子女住校生提供"包吃、包住、包学习费用"的优惠政策）。中央政府实施的特殊优惠政策惠及了占西藏全区总人口80%以上的农牧民群众，农牧民子女受教育目标人群覆盖率达到100%，农牧民群众由此享受到以免费供给为特征的九年义务教育服务。然而，结合表7-1来看，与九年义务教育服务国家标准相比，到2015年西藏自治区九年义务教育巩固率仅为90%（这还是预期性目标），比国家标准低了3个百分点。为此，"十二五"时期需要中央财政进一步加大西藏九年义务教育服务供给力度，努力提高西藏九年义务教育巩固率。

表7-1 "十二五"时期九年义务教育服务国家标准

服务项目	服务对象	保障标准	支出责任	覆盖水平
义务教育免费	适龄儿童、少年	免学费、杂费以及住宿费，免费提供教科书；农村中小学年生均公用经费，普通小学不低于500元、初中不低于700元	中央与地方财政按比例分担	目标人群覆盖率100%，九年义务教育巩固率93%
寄宿生生活补助	农村家庭经济困难寄宿学生	年生均补助，小学1000元、初中1250元	地方政府负责，中央财政适当补助	目标人群覆盖率100%
农村义务教育学生营养改善	贫困地区农村义务教育学生	在寄宿生生活补助基础上，集中连片特殊困难地区每生每天营养膳食补助3元	地方政府负责，中央财政适当补助	目标人群覆盖率100%

(二) 基本普及西藏高中阶段教育

就西藏高中阶段教育服务供给而言，在中央财政的大力支持下，西藏自治区已于1985年对普通高中家庭经济困难学生实施奖学金及助学金制度。为了进一步实现教育平等，2011年中央财政安排专项资金，将西藏自治区高中教育阶段的所有农牧民子女全部纳入"包吃、包住、包学习费用"的"三包"政策适用范围。同时，还建立健全了学前教育至高中教育阶段城镇困难家庭子女助学金制度，在全国率先实施了高中阶段免费教育政策。[①] 然而，结合表7-2来看，与高中阶段教育服务国家标准相比，到2015年西藏自治区高中阶段教育毛入学率仅为80%（这还是预期性目标），比"十二五"时期国家标准低了7个百分点。为此，"十二五"时期还需要中央财政进一步加大对西藏高中阶段教育服务供给力度，重点提高西藏高中阶段教育毛入学率。

为了促进西藏职业教育发展，早在"十一五"时期，中央财政和西藏自治区本级财政共投入专项经费1.19亿元，主要用于建设县级职教中心、职业教育实训基地、示范性职业院校以及提高职业院校教师素质。从2006年起，西藏自治区还整合中央财政专项资金、城市教育费附加、人才培养基金等渠道的资金，每年设立3000万元职业教育发展专款，主要用于扶持紧缺人才培养实训基地和劳动实践场所建设、师资培训以及对贫困家庭学生进行资助。[②] 为了引导和鼓励西藏农牧民子女、城镇低保家庭子女、企业困难家庭子女接受中等职业教育，提高广大劳动者的文化素质，培养实用型技能人才，从2009年9月1日起，西藏自治区财政安排专项资金，让自治区生源考入区内中等职业学校的农牧民子女、城镇低

[①] http://gb.cri.cn/27824/2011/12/05/5951s3461076.htm.

[②] http://finance.sina.com.cn/roll/20101216/09309116911.shtml.

保家庭子女及企业困难家庭子女免费接受中等职业教育。①"十二五"时期,西藏自治区按照国家办学标准的基本要求和西藏办学的基本需要,加大财政专项投入,配置完善各类职业教育图书资料、教学仪器和实训设备。到 2015 年,西藏自治区建设完成 15 所中等职业学校的校园网络和信息服务平台,进一步提升西藏职业教育办学水平。

表 7-2 "十二五"时期高中阶段教育服务国家标准

服务项目	服务对象	保障标准	支出责任	覆盖水平
中等职业教育免费	农村学生、城镇家庭经济困难学生和涉农专业学生	免学费	中央与地方财政按比例分担	目标人群覆盖率100%,高中教育毛入学率87%
中等职业教育国家助学金	全日制在校农村学生及城市家庭经济困难学生	资助每生每年不低于 1500 元,资助两年	中央与地方财政按比例分担	目标人群覆盖率100%
普通高中国家助学金	家庭经济困难学生	平均资助每生每年 1500 元,地方结合实际确定	中央与地方财政按比例分担	目标人群覆盖率100%

(三) 加快构建普惠性西藏学前教育

就西藏学前教育服务供给而言,"十二五"时期,由中央财政在西藏全区所有乡镇建立起乡镇中心幼儿园,在人口较多的行政村建立起村级幼儿园,在乡以下则依托小学或教学点负责学前班建设,同时,改扩建一批县级幼儿园,加大对农牧区学龄前儿童的吸纳能力。"十二五"时期,在中央财政的大力支持下,西藏自治区建立健全学前双语教育经费保障机制,重点将农牧区学前教育经费纳入公共财政保障体系,建立与义务教育相一致的学前教育经费保

---

① http://tibet.cctv.com/20090823/102920.shtml.

障机制，对接受学前教育的农牧民子女实行幼儿园"三包"政策，学费、住宿费以及生活费全部由国家财政负担。中央希望通过在西藏农牧区推行免费两年学前双语教育，对城镇三年制的公办幼儿园实行成本合理负担机制，并对城镇困难家庭给予专门补助，力争到2015年西藏学前双语教育幼儿园入学率提高到60%。[①] 仅2011年中央财政就安排专项资金11.3亿元，对西藏学前教育阶段农牧民子女实行补助政策，将高中教育阶段所有农牧民子女全部纳入了"包吃、包住、包学习费用"的"三包"政策适用范围。上述政策惠及西藏全区51.7万多名学生，占在校生总人数的95%。[②] 然而，结合表7-3来看，2015年西藏学前双语教育幼儿园入园率远低于国家标准。为此，还需要中央财政进一步加大投入，加快学前教育基础设施建设与师资力量培育，力争实现"学前一年毛入园率85%"的国家标准。

表7-3 "十二五"时期学前教育服务国家标准

服务项目	服务对象	保障标准	支出责任	覆盖水平
学前教育资助	家庭经济困难儿童、孤儿和残疾儿童	具体资助方式和标准由地方确定	地方政府负责，中央财政适当补助	目标人群覆盖率100%，学前一年毛入园率85%

二 加快发展西藏医疗卫生事业

西藏自治区"十二五"发展规划指出，"十二五"时期西藏自治区将以确保各族人民的健康需求为出发点和落脚点，重点以农牧民健康促进行动为突破口，坚持医药卫生事业的公益性质，逐步建立健全

[①] http://politics.people.com.cn/GB/99014/13441171.html.

[②] http://gb.cri.cn/27824/2011/12/05/5951s3461076.htm.

覆盖城乡居民的基本医疗卫生制度，努力提高城乡区域基本医疗卫生服务能力和均等化水平，全方位提升农牧民健康水平，实现西藏各族人民"人人享有基本医疗卫生服务"的目标，促进西藏医疗卫生事业健康协调发展，为实现西藏跨越式发展与长治久安提供保障。①

"十二五"时期，加快发展西藏医疗卫生事业的具体表现如下：一是健全完善医疗卫生服务体系，提升医疗卫生服务水平。"十二五"时期，西藏自治区进一步整合资源，优化配置，健全完善县、乡、村三级医疗卫生服务网络，到2015年基本实现"县县有标准化医院、中心乡镇有标准化卫生院、行政村有卫生室、街道办事处有社区卫生服务中心"的目标，初步建成服务功能健全、人员素质较高、监督管理规范、群众满意的医疗服务体系。同时，健全完善藏医服务网络体系，形成以自治区藏医院为龙头、27个藏医院为枢纽，覆盖全区的藏医药服务体系。逐步建立社区首诊、分级诊疗和双向诊疗制度，形成"小病在社区、大病到医院、康复回社区"的就医格局，提高基本医疗卫生服务的覆盖面与可及性。二是健全公共卫生服务体系，增强公共卫生服务能力。"十二五"时期，西藏自治区继续加强区、地（市）、县（区）三级疾病预防控制体系建设，到2015年西藏各级疾控机构基本建成和硬件设施基本齐全，人员队伍结构合理，初步建立起具有西藏特色、功能齐全、技术过硬、运转协调、保障有力的疾病预防控制体系，加大对传染病、地方病、高原病、慢性病等的防治力度，增强突发公共卫生事件应急处置能力。三是加快医疗卫生人才队伍建设，力争"十二五"末每千人拥有卫生技术人员数达到3.5人；通过加强全科医师培养和在职卫生专业技术人员培训，逐步提高基层医疗卫生队伍的整体素质

---

① http://news.xinhuanet.com/local/2011-11/15/c_122285542.htm.

与诊疗水平,进而提高医疗卫生服务水平与服务质量。①

相关资料统计表明,"十一五"时期,中央财政专项投资25.6亿元用于西藏医疗卫生事业发展。一是在基础设施建设方面,投入12.55亿元,支持815个县级医院、县妇幼保健院、乡镇卫生院、村卫生室、社区卫生服务中心等基础设施建设和基本设备购置,所有投资均由中央财政安排,并在项目数量、投资顺序及投资标准上实现重点倾斜。二是在公共卫生服务方面,按照人均最高补助标准(12元/人)对西藏给予补助,组织实施了9大类、21项基本公共卫生服务;投入专项经费组织实施了结核病、艾滋病等重大疾病防控,国家免疫规划、农村孕产妇住院分娩补助、乙肝疫苗补种、农村改水改厕等重大公共卫生项目。三是在藏医药方面,安排专项资金2亿元,重点支持西藏6个地(市)、20个县(区)藏医院实施改扩建项目,以期整体改善藏医院基础设施条件,提高藏医药综合服务能力。② 四是在人才培养方面,实施"万名医师支援农村卫生工程",连续开展农村卫生人员及城市社区卫生人员培训,共培训各类专业技术人员2.2万人次。③ "十二五"时期,中央财政专项投入西藏医疗卫生事业经费总额预计达到40亿元。④ 在中央财政的大力支持下,"十二五"时期西藏基本医疗卫生服务能力必将进一步提升。

本书结合《国家基本公共服务体系"十二五"规划》对"十二五"时期西藏基本医疗卫生服务能力提升进行综合分析。《国家基本公共服务体系"十二五"规划》突出"把基本医疗卫生制度作为公共产品向全民提供"这一核心理念,把基本医疗卫生服务定位为医疗卫生服务中最基本、最核心的部分,将其作为政府的基本

---

① http://news.xinhuanet.com/local/2011-11/15/c_122285542.htm.
② http://www.fycdc.com/news/html/5326.html.
③ http://www.fycdc.com/news/html/5326.html.
④ http://news.xinhuanet.com/fortune/2010-09/28/c_12616731.htm.

职责，由政府主导并负最终责任。① 从国家层面来看，"十二五"时期中央政府将提供以下基本医疗卫生服务。一是为城乡居民免费提供居民健康档案、健康教育、预防接种、传染病防治、儿童保健、孕产妇保健、老年人保健、慢性病管理、重性精神疾病管理、卫生监督协管等国家基本公共卫生服务。二是实施国家免疫规划，艾滋病和结核病、血吸虫病等重大传染病防治，农村妇女住院分娩补助，适龄妇女宫颈癌、乳腺癌检查等重大公共卫生项目。三是实施国家基本药物制度，基本药物全部纳入基本医疗保障药物报销目录，并实行零差率销售，为人民群众的安全用药提供保障，确保药品质量和安全。《国家基本公共服务体系"十二五"规划》的全面实施，为"十二五"时期大力提升西藏基本医疗卫生服务能力指明了具体方向与实践路径。

（一）建立健全西藏基本医疗服务体系

一是就西藏新型农村合作医疗服务而言，在中央财政的大力支持下，早在2003年西藏自治区就开始实施以免费医疗为基础的农牧区医疗制度。2009年，农牧区医疗制度已覆盖西藏全区所有农牧民，参加个人筹资的农牧民占总数的95.69%。② 结合表7-4来看，2010年西藏农牧民参与农牧区医疗制度的比例就已经高于"十二五"时期国家标准（90%），而且提前两年实现了中央政府的既定目标。从2013年1月1日起，西藏农牧民在乡（镇）定点医疗机构就医所发生的住院费用，缴纳个人筹资的可报销90%；在县（市）定点医疗机构就医发生的住院费用，缴纳个人筹资的可报销85%；在地（市）及以上定点医疗机构就医发生的住院费用，缴纳个人筹资的可报销70%。③ 结合表7-4来看，2013年西藏农牧民

---

① http：//www.tibet.cn/news/gnxw/201207/t20120726_1763026.htm.
② http：//www.tibet.cn/news/index/xzyw/201111/t20111114_1155658.htm.
③ http：//news.youth.cn/gn/201302/t20130201_2855694.htm.

住院费用支付比例已经高于"十二五"时期国家标准的平均水平（75%）。为进一步增强西藏农牧民抵御重大疾病风险的能力，2013年自治区财政落实农牧民大额医疗商业保险保费，继续为全区农牧民大额补充医疗保险投保。每一个被保险人发生的符合西藏农牧区医疗制度规定的医疗费用，中国人民财产保险股份有限公司西藏分公司将对农牧区医疗制度保险补偿政策最高支付限额在6万元以上的部分，实行100%的赔付；每人每年封顶线为7万元。这样，西藏农牧民最高医疗报销限额可达到年人均13万元。[①] 按照2013年西藏农牧民年人均纯收入6520元的标准计算，最高支付限额已达到农牧民年人均纯收入的20倍左右。[②] 2013年，西藏农牧民医疗报销最高支付限额远远高于"十二五"时期国家标准（8倍左右）。不过，"十二五"时期，西藏自治区应继续完善以免费医疗为基础的农牧区医疗制度，实施"农牧民健康促进行动"并扩大服务范围，促进西藏基本公共卫生服务均等化。

二是就西藏职工基本医疗保险服务而言，2001年12月西藏自治区首先在拉萨市开展城镇职工基本医疗保险试点工作以来，到2007年10月，西藏城镇职工基本医疗保险在制度上实现了全覆盖。2008年1月，西藏自治区进一步调整了城镇职工基本医疗保险制度中的住院起付线标准与医疗报销比例。首次住院医疗费起付标准由原来的600元、800元、1000元分别调整为400元、600元、800元；与此同时，住院治疗费用分别调整为超过起付标准以上至2万元的部分，由基本医疗保险统筹基金支付90%；2万~4万元部分支付95%；4万元以上至最高支付限额部分支付98%。[③] 2011年，西藏自治区进一步提高城镇职工基本医疗保险年度最高支付限额，

---

① http://www.chinatibetnews.com/news/2014/0116/1317423.shtml.
② http://www.chinatibetnews.com/2014/0109/1315525.shtml.
③ http://news.sina.com.cn/c/2009-11-12/132819033106.shtml.

基本医疗保险统筹基金年度支付限额由原来的6万元提高至8万元,大额医疗费商业补充医疗保险年度最高赔付由原来的10万元提高至14万元。进一步调整了城镇职工基本医疗保险政策中的医疗报销比例,医疗费用超过起付标准至2万元的部分,统筹基金支付比例调整为93%;2万~4万元的部分,统筹基金支付比例调整为96%;4万元以上至最高支付限额的部分,统筹基金支付比例为98%。[①] 然而,结合表7-4来看,相对于职工基本医疗保险服务国家标准而言,"十二五"时期西藏职工基本医疗保险服务对象还需进一步扩大,尤其是应将无雇工的个体工商户、灵活就业人员以及农牧民工纳入职工基本医疗保险服务对象。"十二五"时期,西藏自治区还应适当扩大病种保障范围,提高对门诊特殊病种和住院重大疾病的保障水平。[②] 为此,也需要中央财政进一步加大西藏职工基本医疗保险服务支持力度,不断提高财政补助与医疗保障服务能力。

表7-4 "十二五"时期基本医疗服务国家标准

服务项目	服务对象	保障标准	支出责任	覆盖水平
新型农村合作医疗	农村居民	住院费用支付比例达到75%左右,最高支付限额达到当地农村居民年人均纯收入的8倍左右	个人和政府共同负担,各级财政的补助标准提高到年人均不低于360元,基金出现支付不足时由县级以上政府给予补贴	参合率稳定在90%以上
职工基本医疗保险	职工、无雇工的个体工商户、灵活就业人员	住院费用支付比例达到75%左右,最高支付限额达到当地职工年平均工资的8倍左右	用人单位缴纳工资总额的6%左右,职工缴纳本人工资的2%,基金出现支付不足时由县级以上政府给予补贴	全国参保人数达到2.6亿人左右

---

① http://www.hn12333.com/ldbzdt/2010/2010_gn/201104/t20110424_343547.html.
② http://news.xinhuanet.com/local/2011-11/15/c_122285542.htm.

(二) 建立健全基本公共卫生服务体系

一是就西藏城乡居民健康档案服务而言，自2009年4月7日《医药卫生体制改革近期重点实施方案（2009—2011年）》提出"逐步在全国统一建立居民健康档案"以来，西藏自治区开始加强城乡居民健康档案建立工作。到2013年底西藏自治区已对258万名城乡居民建立了规范化的健康档案，占全区人口总数的82.68%；在对西藏全区城乡居民建立健康档案工作的同时，还对城乡居民同步进行了健康体检，城乡居民健康体检完成率达99.2%。[①] 所有健康体检结果按户全部录入《健康体检簿》，为今后系统地进行健康管理建立基本数据库。通过建立规范化的健康档案，有助于增强西藏城乡居民的健康意识，逐步实现公共卫生服务均等化和人人享有基本医疗卫生服务的目标，进而提高全区人民的健康水平。

二是就西藏城乡居民健康教育服务而言，自2003年西藏自治区实施农牧区医疗制度以来，政府就一直免费为城乡居民提供健康教育宣传信息。然而，结合表7-5来看，西藏城乡居民在享有健康教育咨询服务方面还比较欠缺，城乡居民尤其是农牧民的健康素养尚未培养起来。对此，"十二五"时期还需要中央财政进一步加大支持力度，加强健康教育服务投入，努力提高城乡居民健康素质，进而减少西藏城乡居民慢性病的发病率，力争在"十二五"末西藏农牧区实现"具备健康素养的人数占总人数10%"的国家标准。

三是就西藏儿童预防接种而言，2003年11月西藏自治区颁布《西藏自治区预防接种管理办法》，规定儿童计划免疫所用疫苗的购置以及儿童计划免疫接种所需费用均由自治区财政解决。2013年，

---

① http://www.dzwww.com/xinwen/shehuixinwen/201404/t20140411_10020275.htm.

西藏自治区已基本建立了较为完善的免疫规划管理和预防接种服务体系，为全区儿童的健康成长奠定了坚实基础。

四是就西藏传染病防治服务而言，在中央财政专项资金的支持下，2013年12月13日在拉萨市正式成立了西藏首支国家突发应急传染病防控队。西藏国家突发应急传染病防控队是国家卫生计生委统一规划、中央财政专项资金支持的在全国建设的12支国家级传染病防控队中的一支，既承担国家下达的应急传染病防控任务，又承担西藏本地传染病防控任务，主要应对西藏各类自然灾害卫生应急工作及大型活动的卫生保障，提高西藏突发应急传染病防控处置、自然灾害卫生救援及重大活动卫生保障服务能力，维护西藏农牧民群众的生命财产安全。[1]

五是就西藏儿童保健、孕产妇保健及老年人保健服务而言，2001年，西藏颁布实施《西藏自治区儿童发展纲要（2001—2010年）》，从儿童健康、教育、法律保护与环境4个领域提出了儿童发展的目标和策略措施。2010年，《西藏自治区儿童发展纲要（2001—2010年）》确定的主要目标基本实现，儿童健康与营养状况持续改善，婴儿死亡率、5岁以下儿童死亡率分别从2000年的35.28‰、57.2‰下降到2010年的20.69‰、28.15‰，儿童计划免疫接种率达到了98%以上，孕产妇死亡率从2000年的466.88/10万下降到2010年的174.78/10万。

"十二五"时期，西藏颁布实施《西藏自治区儿童发展规划（2011—2015年）》，继续制定和实施儿童发展战略规划，自治区财政每年安排100万元专项资金，以保障儿童发展的经费投入，为儿童健康成长创造更加有利的社会环境。显然，为了全面促进西藏儿童事业健康发展，需要中央财政继续加大对西藏妇幼卫生事业和优

---

[1] http://news.xinhuanet.com/local/2013-12/13/c_118549549.htm.

生优育支持力度。① 2012 年,西藏为全区孕产妇和 5 岁以下儿童建立了儿童保健手册,通过定期随访、家庭防治等多种方式,为孕产妇进行登记跟踪服务,为儿童进行体格检查、生长发育及心理行为发育评估,开展规范的儿童保健服务。特别是西藏自治区先后开通了 3 条"绿色生命通道",极大地保障了西藏农牧民健康安全。一是"孕产妇住院分娩绿色通道",孕产妇住院只要有绿色通道卡、户口本和乡镇卫生院开具的转院证,即可免押金住院;二是"患病婴儿绿色通道",对农牧业户口的农牧民婴儿(出生至 1 周岁以内)住院治疗实行 100% 报销;三是"先诊疗后结算绿色通道",凡是参加新型农村合作医疗的农牧民和享受优抚、低保的农牧民以及病情严重需要采取紧急医疗措施救治的群众,均可享受"先诊疗后结算绿色通道"服务。② 为了保障西藏老年人的合法权益,2006 年 1 月 1 日西藏正式实施《中华人民共和国老年人权益保障法》,规定县级以上人民政府应当将老年事业纳入当地国民经济和社会发展规划,根据当地经济发展水平和老年人口规模,将老年事业经费纳入财政预算。显然,在西藏地方财政极为有限的情况下,仍然需要中央财政对西藏老年事业发展予以大力支持。

六是就西藏慢性病管理、重性精神疾病管理及卫生监督协管服务而言,目前,全世界约有 63% 的人死于慢性病;在中国,这一数字超过 80%。可以看出,中国正面临巨大的慢性病风险,已经进入必须严格控制慢性病的阶段。③ 尤其是在青藏高原特殊的自然地理环境下,西藏自治区是高血压等慢性病高发地区;加上西藏居民尤其是农牧民对慢性病认知水平较差,对慢性病的护理与保养能力较

---

① http://www.bjwomen.gov.cn/a/fuerguihua/gygh/sjgh/2012/1206/14483.html.
② http://www.mzb.com.cn/zgmzb/html/2013-03/05/content_90592.htm.
③ http://www.chinatibetnews.com/2014/0721/1347673.shtml.

弱，因此，需要政府免费为他们提供健康指导、定期随访以及体格检查等公共卫生服务。当然，这也需要中央财政对此进行专项投入。自2009年我国实施医改以来，政府又将重性精神疾病管理服务纳入国家基本公共卫生服务项目，由专业机构指导基层医疗卫生机构，为患者提供随访管理和康复指导服务。截至2013年3月，重性精神疾病管理治疗工作覆盖了全国除西藏自治区以外的30个省、自治区、直辖市的226个市（州）、1652个区（县），初步管理了353.8万名重性精神疾病患者。[①] 由此看来，西藏自治区在重性精神疾病管理方面仍然处于空白，"十二五"时期需要中央财政对此进行专项投入，进一步加大投入力度，健全完善重性精神疾病管理服务。

表7-5　"十二五"时期基本公共卫生服务国家标准

服务项目	服务对象	保障标准	支出责任	覆盖水平
居民健康档案	城乡居民	为辖区常住人口免费建立统一、规范的居民电子健康档案	地方政府负责，中央财政适当补助	规范化电子建档率75%以上
健康教育	城乡居民	免费享有健康教育宣传信息和健康教育咨询服务等	地方政府负责，中央财政适当补助	具备健康素养的人数占总人数的10%
预防接种	0~6岁儿童和其他重点人群	免费接种国家免疫规划疫苗，在重点地区对重点人群进行针对性接种	地方政府负责，中央财政适当补助	适龄儿童免疫规划疫苗接种率90%以上
传染病防治	传染病病人、疑似病人、密切接触者及相关人群	就诊的传染病病例和疑似病例得到及时发现登记、报告、处理，免费享有传染病防治知识宣传和咨询服务	地方政府负责，中央财政适当补助	传染病报告率和报告及时率100%；突发公共卫生事件信息报告率100%

---

① http://www.chinacdc.cn/mtdx/rdxw/201310/t20131014_89103.htm.

续表

服务项目	服务对象	保障标准	支出责任	覆盖水平
儿童保健	0~6岁儿童	免费建立保健手册,享有新生儿访视、儿童保健系统管理、体格检查、生长发育监测及评价和健康指导	地方政府负责,中央财政适当补助	儿童系统管理率85%以上
孕产妇保健	孕产妇	免费建立保健手册,享有孕期保健、产后访视及健康指导	地方政府负责,中央财政适当补助	孕产妇系统管理率85%以上
老年人保健	65岁及以上老年人	免费享有登记管理、健康危险因素调查、一般体格检查、中医体质辨识、疾病预防、自我保健及伤害预防、自救等健康指导	地方政府负责,中央财政适当补助	老年居民健康管理率60%
慢性病管理	高血压、糖尿病等慢性病高危人群	免费享有登记管理、健康指导、定期随访和体格检查	地方政府负责,中央财政适当补助	高血压和糖尿病患者规范化管理率40%以上
重性精神疾病管理	重性精神疾病患者	免费享有登记管理、随访和康复指导	地方政府负责,中央财政适当补助	重性精神疾病患者管理率70%
卫生监督协管	城乡居民	免费享有食品安全信息、学校卫生、职业卫生咨询、饮用水卫生安全巡查等服务与指导	地方政府负责,中央财政适当补助	目标人群覆盖率70%以上

三 努力提升西藏公共就业服务水平

西藏自治区"十二五"发展规划指出,"十二五"时期西藏自治区政府将进一步加大资金投入,建立健全覆盖城乡的劳动就业公共服务体系,全面提升公共就业服务能力,统筹城乡居民就业,实现城乡劳动者平等就业与促进全社会充分就业。

"十二五"时期,全面提升西藏公共就业服务水平具体表现在以下几个方面。一是实施更加积极的就业政策。继续实施并完善财税、信贷等优惠政策,多渠道开发就业岗位,基本形成劳动者自主择业、市场调节就业与政府促进就业的共促机制,保持就业局势基本稳定、规模持续扩大、结构更加合理。二是全面加强公共就业服务。健全完善公共就业服务体系,为城镇失业人员、高校毕业生、"零就业"家庭人员等劳动者提供职业介绍、职业指导、就业与失业登记等公共就业服务;完善职业技能培训体系,开展面向城乡劳动者的免费职业培训;加快建立就业、培训、维权"三位一体"的农村劳动力转移就业工作机制,扩大统筹城乡就业试点;加强人力资源供求监测,建立失业预警机制,城镇登记失业率控制在社会可承受范围内。三是促进高校毕业生就业。积极鼓励和引导西藏高校毕业生到企业、基层就业,进一步完善高校毕业生创业政策体系,促进高校毕业生自主创业。四是完善就业援助制度。积极开发公益性岗位,重点帮助"零就业"家庭、残疾人、低保对象、企业下岗职工等就业困难人员就业,建立健全就业援助工作长效机制。"十二五"时期,西藏自治区将通过增加公职人员岗位、购买公益性岗位、增强企业就业吸纳能力、发挥就业援藏优势以及引导高校毕业生转变就业观念等多种途径,力争到"十二五"末实现城镇新增就业10万人,城镇登记失业率控制在4%以内,每年实现农牧区富余劳动力转移就业35万人,高校毕业生就业率不低于80%。[①] 而且,西藏自治区明确提出将"五年城镇新增就业10万人"作为一项约束性指标,必须在"十二五"时期全面实现。显然,这进一步加大了"十二五"时期大力提升西藏公共就业服务能力的紧迫感与使命感。

---

① http://www.xz.hrss.gov.cn/news/201234/n3203533.html。

"十二五"时期,在中央财政的大力支持下,西藏将进一步加大资金投入,建设四级人力资源和社会保障公共服务体系,即重点实施自治区公共职业技能实训基地项目、地(市)人力资源市场项目、县级人力资源社会保障综合服务中心与城市社区人力资源社会保障综合服务中心建设项目。通过建设自治区公共职业技能实训基地,可为以农牧区转移就业人员为主的各类劳动者提供职业技能实训,培养初级、中级职业技能劳动者。为了在"十二五"末实现西藏籍大学生全部就业这一自治区既定目标,西藏自治区人力资源和社会保障厅为促进大学生充分就业,实施了一系列优惠措施。对区内企业接收西藏籍大学生并签订 5 年合同的一次性给予企业 2 万元奖励;西藏籍大学生到区内中小企业就业的还按照签订合同年限给予一定的生活补贴;对到区外就业的西藏籍大学生,每人每月发放 300 元的生活补助以及 1000 元的路费,发放期为一年;等等。正如西藏自治区人社部门负责人所谈到的,这样的措施和力度目前在全国都是没有的。[①]

本书结合《国家基本公共服务体系"十二五"规划》对"十二五"时期西藏公共就业服务能力提升进行综合分析。《国家基本公共服务体系"十二五"规划》指出,国家应建立劳动就业公共服务制度,为全体劳动者就业创造必要条件,改善劳动环境,加强劳动保护,保障合法权益,促进充分就业和构建和谐劳动关系。从国家层面来看,"十二五"时期中央政府将提供以下公共就业服务:一是为全体劳动者免费提供就业信息、就业政策咨询、职业指导与职业介绍、就业失业登记等服务;二是重点为就业困难人员和零就业家庭提供就业援助;三是为失业人员、农民工、残疾人、新成长劳动力等提供职业技能培训和技能鉴定补贴;四是免费为全体劳动

---

① http://news.cnr.cn/gnxw/201111/t20111113_508771242.shtml.

者提供劳动关系协调、劳动人事争议调解仲裁和劳动保障监察执法维权等服务。"十二五"时期，国家提供公共就业服务重点表现在以下三个方面：一是就业服务和管理；二是职业技能培训；三是劳动关系协调和权益保障。《国家基本公共服务体系"十二五"规划》的全面实施，为"十二五"时期大力提升西藏公共就业服务能力指明了具体方向与实践路径。

一是就西藏就业服务和管理而言。"十二五"时期，西藏自治区仍然需要中央财政对其给予大力支持，通过不断加大投入，建立健全覆盖城乡的就业服务体系，设立公共就业服务机构。进一步加强人力资源市场及信息网络建设，建立人力资源供求信息免费发布制度，为有就业需求的劳动年龄人口免费提供以下服务：提供就业政策法规咨询服务，发布职业供求信息、市场工资指导价位信息与职业培训信息，提供职业指导与职业介绍服务，做好就业与失业登记工作等。然而，结合表7-6来看，西藏自治区要在"十二五"末实现就业服务和管理"目标人群覆盖率100%"的国家目标，工作任务非常艰巨。为此，"十二五"时期，西藏就业服务和管理的重点在于创建农牧民非农牧就业服务平台，为广大农牧区有就业需求的劳动年龄人口提供更多的公共就业服务，进一步加强对西藏农牧区劳动力转移输出的信息服务和就业指导服务。

二是就西藏创业服务而言。2010年西藏自治区实施《〈中华人民共和国就业促进法〉办法》，要求县级以上人民政府及有关部门应当鼓励劳动者自主创业，放宽市场准入，凡是法律法规未禁止的行业和领域一律向各类创业主体开放；对创业者在一定期限内给予税收优惠，减免登记类、证照类和管理类等相关行政事业性收费，实施创业奖励政策。[1] 结合表7-6来看，"十二五"时期为了鼓励

---

[1] http：//news.icycn.com/policy/201012/MjkzOTY =_3.html.

西藏大学生与农牧民自主创业,需要中央财政继续给予专项支持,一方面为有创业需求的西藏籍大学生与农牧民提供创业启动资金,为他们实现创业奠定物质基础;另一方面应同时为他们免费提供创业咨询指导、创业项目培训及创业项目推介等服务,降低创业风险,为他们实现稳定创业提供平台。

表7-6 "十二五"时期公共就业服务国家标准

服务项目	服务对象	保障标准	支出责任	覆盖水平
就业服务和管理	有就业需求的劳动年龄人口	免费享有就业政策法规咨询、职业供求信息、职业培训信息、职业指导和职业介绍、就业和失业登记等服务	地方政府负责,中央财政适当补助	目标人群覆盖率100%
创业服务	有创业需求的劳动年龄人口	免费享有创业咨询指导、创业培训、创业项目推介,获得创业小额担保贷款贴息	地方政府负责,中央财政适当补助	为500万人次提供创业培训
就业援助	零就业家庭和符合条件的就业困难人员	免费享有公益性岗位配置和政策指导、就业困难人员和零就业家庭认定、就业岗位即时服务、就业培训等	地方政府负责,中央财政适当补助	帮助就业困难人员就业和再就业,动态消除零就业家庭
职业技能培训和技能鉴定	失业人员、农村转移就业劳动力、残疾人、新成长劳动力	失业人员、农村转移就业劳动力、残疾人等享有职业技能培训补贴,新成长劳动力享有补贴性劳动预制培训;享有职业技能鉴定补贴	地方政府负责,中央财政适当补助	提供各类职业技能培训,培训后就业率不低于60%;提供技能鉴定

三是就西藏就业援助服务而言。2010年,西藏自治区实施《〈中华人民共和国就业促进法〉办法》,西藏自治区实行就业援助制度。通过采取"税费减免、贷款贴息、社会保险补贴、岗位补

贴、提供公益性岗位"等措施,对就业困难人员实行优先扶持与重点帮助。该办法规定县级以上人民政府应当建立就业困难人员申报登记制度,完善就业困难人员认定、安置、退出的动态管理机制,建立健全就业困难人员信息数据库;建立城镇零就业家庭就业援助制度,确保城镇有就业需求的家庭至少有一人实现就业。对于西藏行政区域内的就业困难人员而言,可以得到以下援助:免费进行职业培训和职业技能鉴定;优先安排到政府开发的公益性岗位就业,并给予社会保险补贴和岗位补贴;从事个体经营的,有关部门免除登记类、管理类、证照类等行政事业性收费以及国家和西藏自治区规定的其他扶持政策。[①]"十二五"时期,为了对西藏自治区内零就业家庭及符合条件的就业困难人员提供更好的就业援助,需要中央财政继续给予专项扶持,为西藏自治区内零就业家庭及符合条件的就业困难人员免费提供就业培训等服务,进一步提升他们的就业能力,帮助他们更好地实现就业与再就业。同时,西藏自治区还应当建立失业预警制度,加强失业动态监测,及时采取专项政策措施,有效预防和控制失业,力争使西藏自治区在"十二五"末实现"动态消除零就业家庭"的国家目标。

四是就西藏职业技能培训和技能鉴定服务而言。2010年,西藏自治区实施《〈中华人民共和国就业促进法〉办法》,西藏自治区实行有利于促进就业的职业教育与职业培训政策。该办法规定县级以上人民政府应当加大对职业技能培训的投入;鼓励和支持各类职业院校、职业技能培训机构和用人单位依法开展就业前培训、在职转岗转业培训、再就业培训、创业培训和转移就业技能培训;县级以上人民政府要依法实行劳动预备制度,对有就业要求的初中和高中毕业生进行一定期限的职业教育和技能培训,使其取得相应的职

---

① http://news.icycn.com/policy/201012/MjkzOTY=_3.html.

业资格或者掌握一定的职业技能，提升其就业技能与就业能力；对农牧区劳动力开展转移前的就业技能培训，围绕用工需求开展订单、定向、定点培训，切实提高农牧民技能水平。西藏自治区将全面推行职业资格证书制度，对实行就业准入的职业，用人单位应当招用已经取得相应职业资格证书的人员。① 显然，"十二五"时期西藏自治区要全面实现上述目标以及国家标准，仍然需要中央财政加大投入；特别是应统筹各类培训资源，有针对性地对西藏农牧民工开展实用技术和职业技能培训与鉴定，提高农牧民工就业竞争能力与自主创业能力。鉴于劳动关系协调、劳动保障监察与劳动人事争议调解仲裁等服务主要由各级地方政府负责，本书后面将结合西藏自治区政府能力提升对此进行分析，故不再赘述。

四 健全完善西藏社会保障服务体系

西藏自治区"十二五"发展规划指出，"十二五"时期西藏自治区将进一步加大资金投入，健全完善社会保障与社会服务体系，全面建立以养老、医疗、失业、工伤、生育五大社会保险为核心的社会保障体系；坚持广覆盖、保基本、多层次、可持续的方针，为城乡居民尤其是农牧区困难群体基本生活提供物质帮助，保障老年人、残疾人、孤儿等特殊群体有尊严地生活和平等地参与社会发展，为全面建设小康西藏提供水平适度、持续稳定的社会保障网。

"十二五"时期，健全完善西藏社会保障与社会服务体系的具体表现如下。一是建立健全社会保险体系。继续完善新型农村社会养老保险制度；努力提高各项社会保险统筹层次；加强社会保障与社会服务设施建设，努力提高社会保障与社会服务水平。二是建立健全社会救助体系。继续完善城乡居民最低生活保障制度与农村五保供养制

---

① http：//news.icycn.com/policy/201012/MjkzOTY=_3.html.

度,逐步扩大保障范围,提高保障标准与救助标准;加强农村低保、新型农村社会养老保险以及其他社会救助制度和扶贫政策之间的衔接;加强农村五保供养服务机构和设施建设,力争农村五保集中供养率达到50%;完善临时救助制度,帮助低收入困难家庭和因突发事件造成临时生活困难的群众。三是加强社会福利体系建设。积极发展以扶老、助残、救孤、济困为重点的社会福利事业;重点推进农村敬老院、社会福利院建设,改善孤残儿童、孤寡老人的收养供养条件,建立适度普惠型养老服务体系;加强残疾人康复、教育、脱贫和社会保障等工作,完善无障碍设施。到"十二五"末,西藏社会保障制度基本实现全覆盖,各项社会保险基本实现自治区级统筹,社会保障水平稳步提高,新型农村社会养老保险参保人数达到100万人,新农保参保率达到88%,其余各险种参保率达到95%。[①]

本书结合《国家基本公共服务体系"十二五"规划》对"十二五"时期健全完善西藏社会保障与社会服务体系进行综合分析。《国家基本公共服务体系"十二五"规划》指出,国家建立基本养老保险、基本医疗保险、工伤保险、失业保险与生育保险等社会保险制度,保障公民在年老、患病、工伤、失业、生育等情况下依法从国家和社会获得物质帮助的权利;国家建立基本社会服务制度,为城乡困难群体提供最低生活保障与专项救助,为老年人提供基本养老服务,为农村五保对象提供生活照顾与物质帮助,为自然灾害受灾人员提供救助以及为残疾人、孤儿、精神病人等特殊群体提供福利服务。从国家层面来看,"十二五"时期中央政府将提供如下社会保障与社会服务:一是农村居民享有新型农村社会养老保险,城镇居民享有城镇居民社会养老保险,职工享有职工基本养老保险;二是农牧民工与职工平等享有失业保险与工伤保险服务;三是

---

① http://www.xz.hrss.gov.cn/news/201234/n3203533.html.

着力健全以城乡最低生活保障制度为核心，以农村五保供养、自然灾害救助、医疗救助为主要内容，以临时救助制度为补充的社会救助体系；四是以扶老、救孤、助残、济困为重点，逐步拓展社会福利保障范围，推动社会福利向适度普惠型转变，逐步提高国民福利水平。《国家基本公共服务体系"十二五"规划》的全面实施，为"十二五"时期健全完善西藏社会保障与社会服务体系、提升西藏社会保障与社会服务能力指明了具体方向与实践路径。

（一）健全完善西藏基本养老服务

一是就西藏新型农村社会养老保险服务而言。2012年1月1日，西藏自治区实行《西藏自治区新型农村社会养老保险实施办法》，对凡具有西藏农业户籍，未参加城镇企业职工基本养老保险或城镇居民养老保险的农村居民，政府对符合领取条件的参保人全额支付新农保基础养老金。基础养老金标准为每人每月90元，其中，中央财政补贴55元，其余部分自治区财政承担80%，地（市）、县（市、区）各级财政承担10%，并列入年度财政预算。与此同时，政府还对参保人员缴费给予补贴，具体补贴标准为每年每人30~85元，多缴多补，但最高补贴不超过85元。结合表7-7来看，在中央财政的大力支持下，2012年西藏新型农村社会养老保险服务水平已经超过"十二五"时期国家标准。"十二五"时期，西藏自治区继续着力完善农村养老服务体系，鼓励居家养老，拓展社区养老服务功能，增强公益性养老服务机构的服务能力，鼓励和引导社会资本参与农村养老服务。

二是就西藏基本养老服务补贴而言。对家庭经济困难且生活难以自理的65岁及以上城乡居民，政府为其代缴最低标准的养老保险费，并享受相应的缴费补贴。缴费补贴及政府为困难群体代缴的最低标准养老保险费，由自治区、地（市）和县（市、区）各级财政按比例分担，其中，自治区财政承担80%、地（市）财政承担

10%、县（市、区）财政承担10%，分别列入自治区、地（市）和县（市、区）年度财政预算。2012年西藏基本养老服务补贴目标人群覆盖率达到100%，远远超过"十二五"时期国家标准（50%以上）。从表面上看，基本养老服务补贴由西藏自治区各级地方政府负责提供，实际上仍然离不开中央财政的大力支持。结合表7-7来看，"十二五"时期，提升西藏基本养老服务能力的途径在于完善职工基本养老保险与城镇居民社会养老保险。一方面应以农民工、非公有制经济组织从业人员和灵活就业人员为重点，扩大职工基本养老保险覆盖面，将未参保的集体企业退休人员全部纳入基本养老保险保障服务范围；另一方面应实现新型农村社会养老保险与城镇居民社会养老保险制度全覆盖，各地根据实际情况可以将两项制度合并实施。相关统计资料表明，西藏大部分城镇居民因受收入水平限制，参加城镇企业职工基本养老保险的积极性不高，其中，只有少数城镇居民参加了企业职工基本养老保险，还有部分城镇居民想参加新型农村社会养老保险，但又受户籍制度限制，导致这部分人徘徊在基本养老保险的大门之外。经初步统计，这个群体大约有15.4万人。[①] 由此来看，只有不断加强西藏基本养老服务制度创新，才能解决上述困境。

表7-7 "十二五"时期基本养老服务国家标准

服务项目	服务对象	保障标准	支出责任	覆盖水平
新型农村社会养老保险	未参加职工基本养老保险的农村居民	基础养老金不低于每人每月55元，并逐步提高标准	基础养老金由政府全额负担，个人缴费部分政府适当补贴	参保人数4.5亿人左右
基本养老服务补贴	家庭经济困难的65岁及以上城乡居民	根据老年人身体状况和家庭收入情况评估，确定补贴标准	地方政府负责	目标人群覆盖率50%以上

① http://roll.sohu.com/20111108/n324909466.shtml.

续表

服务项目	服务对象	保障标准	支出责任	覆盖水平
职工基本养老保险	职工、无雇工的个体工商户、灵活就业人员	根据个人累计缴费年限、缴费工资、当地职工平均工资等因素确定基本养老金	用人单位缴纳一般不超过工资总额的20%，职工缴纳本人工资的8%	参保人数3亿人左右
城镇居民社会养老保险	不符合职工基本养老保险参保条件的城镇非从业居民	基础养老金不低于每人每月55元，并逐步提高标准	基础养老金由政府全额负担，个人缴费部分政府适当补贴	参保人数5000万人左右

（二）健全完善西藏工伤与失业保险服务

一是就西藏工伤保险服务而言。2012年11月1日西藏自治区实施《〈工伤保险条例〉办法》，该办法规定工伤保险费由用人单位缴纳，职工个人不用缴纳。用人单位应按照确定的费率，以全部职工上月工资总额为缴费基数，按月足额缴纳工伤保险费。工伤保险基金主要用于下列服务项目支出：治疗工伤的医疗费用和康复费用；住院伙食补助费；经批准到统筹地区以外就医的交通食宿费；安装配置伤残辅助器具所需费用；生活不能自理的，经劳动能力鉴定委员会确认的生活护理费；一次性伤残补助金和一至四级伤残职工按月领取的伤残津贴；终止或者解除劳动合同时，应当享受的一次性医疗补助金；因工死亡的，其遗属领取的丧葬补助金、供养亲属抚恤金和因工死亡补助金；劳动能力鉴定费；工伤预防的宣传、培训费；等等。

结合表7-8来看，"十二五"时期提升西藏工伤保险服务能力，应以农牧民工、非公有制经济组织从业人员等为重点对象，扩大工伤保险服务覆盖面；积极探索建立农牧民意外伤害保障机制，适度提高工伤保险待遇水平；逐步健全预防、补偿、康复相结合的工伤保险制度，充分利用现有医疗与康复资源，加强工伤康复基地建设。

二是就西藏失业保险服务而言。2002年12月1日西藏自治区实施《〈失业保险条例〉办法》,该办法规定企业、事业单位按照本单位工资总额的2%缴纳失业保险费;企业、事业单位职工按照本人工资总额的1%缴纳失业保险费;企业、事业单位招用的农牧民合同制工人本人不用缴纳失业保险费。失业保险基金主要用于下列服务项目支出:失业保险金;领取失业保险金期间的医疗补助金;领取失业保险金期间死亡的失业人员的丧葬补助金和其供养的配偶、直系亲属的抚恤金;领取失业保险金期间接受职业培训、职业介绍的补贴;自治区规定或者批准的与失业保险有关的其他费用。由此可以看出,西藏农牧民未能享受到与企业、事业单位职工一样的失业保险服务。

结合表7-8来看,"十二五"时期提升西藏失业保险服务应以农民工、非公有制经济组织从业人员等为重点,扩大失业保险服务覆盖面;健全完善失业保险制度,健全失业保险待遇正常调整机制,探索建立失业保险关系转移接续机制。

表7-8 "十二五"时期失业、工伤和生育保险服务国家标准

服务项目	服务对象	保障标准	支出责任	覆盖水平
工伤保险	职工	基金支付工伤医疗和康复、伤残、护理及工亡等待遇;用人单位支付停工留薪期的工资福利及护理待遇、五至六级伤残津贴待遇及一次性伤残就业补助金等	个人不缴费,用人单位根据行业差别费率和行业内费率档次缴费,基金出现支付不足时由县级以上政府给予补贴	参保人数2.1亿人左右
失业保险	职工	支付失业保险金、基本医疗保险费、丧葬补助金、抚恤金以及职业培训和职业介绍补贴等,失业保险金标准不低于城市居民最低生活保障标准	用人单位和职工按规定缴费,基金出现支付不足时由县级以上政府给予补贴	参保人数1.6亿人左右

(三) 健全完善西藏社会救助服务

城乡居民最低生活保障是民生之基，也是社会和谐的重要保证。

一是就西藏城市居民最低生活保障而言。2002年4月1日，西藏自治区实施《〈城市居民最低生活保障条例〉办法》，该办法规定对凡持有当地非农业户口，其共同生活的家庭成员人均月收入低于当地城市居民最低生活保障标准的，均由户籍所在地人民政府予以保障。城市居民最低生活保障所需资金，由自治区、地（市）、县（市、区）人民政府列入本级财政预算，纳入社会救济专项资金支出科目，实行财政专户管理，专款专用。城市居民最低生活保障标准，按照当地维持城市居民基本生活所必需的衣、食、住等费用，并适当考虑当地水、电、燃煤（燃气）等费用以及未成年人的义务教育费用来确定；初步确定西藏全区城市居民最低生活保障的平均标准为人均200元/年，各市、县在执行时，可结合本行政区域内的海拔高差、物价消费指数、财政收入状况等因素，实行上下浮动，最高和最低不得超过平均标准的15%。西藏城市居民最低生活保障制度指出，应当根据当地生活必需品价格总体水平的变化和人民生活水平的提高适时调整保障标准。2009年，西藏城镇低保标准提高到人均310元/年。[①]

二是就西藏农村居民最低生活保障而言。2007年7月1日，西藏自治区开始实施农村居民最低生活保障制度，并首次确定农村居民最低生活保障标准为家庭年人均纯收入低于800元。西藏自治区民政部门对年人均纯收入低于800元家庭中的不同成员实施分类保障，其中，长期患疾病丧失劳动能力的农村居民、丧失劳动能力的老年人和残疾人为重点保障对象，丧失部分劳动能力的残疾人为特殊保障对象，家庭其他成员为一般保障对象。农村最低生活保障制

---

① http://www.tibet.cn/news/xzzw/shjj/200912/t20091223_530718.htm.

度覆盖西藏农牧区特困群众23万人。① 西藏农村最低生活保障制度还提出，随着经济增长、生活必需品价格变化和人民生活水平的提高，将适时调整最低生活保障标准。2009年，西藏自治区再一次将农村居民最低生活保障标准由年人均850元调整为1100元。②"十一五"时期，在中央财政的大力支持下，西藏自治区通过不断完善城乡居民最低生活保障制度，城乡居民最低生活保障在全区基本实现了动态管理下的"应保尽保"，让人人享有社会保障在西藏正在逐步成为现实。

结合表7－9来看，"十二五"时期提升西藏城乡居民最低生活保障服务能力应从以下三个方面着手改进。首先要坚持应保尽保、应助尽助原则，认真落实政府责任，切实将符合条件的困难群众纳入最低生活保障范围，力争实现最低生活保障服务"目标人群覆盖率100％"的国家标准。其次要坚持动态管理原则，认真落实低保对象定期复查制度，健全低保标准动态调整机制，切实做到保障对象有进有出、补助水平有升有降，最大限度地体现社会公平与公正原则，进一步推动西藏和谐社会建设。再次要坚持统筹兼顾原则，整合资金，逐步加强城乡低保与社会保险、扶贫开发等工作的有效衔接。

三是就自然灾害救助而言。西藏地处青藏高原，受气候等多种因素影响，自然灾害种类多，分布广，损失重，发生频繁。每年发生的暴雪、大风、泥石流、地震等，都对西藏农牧区救灾体系建设提出了严峻考验。经过多年的救灾历练和投资建设，到2009年底，西藏自治区逐步完善自然灾害应急机制，自然灾害紧急救助能力逐步提高。西藏全区七个地（市）和部分县（市、区）、乡（镇）已

---

① http://news.xinhuanet.com/local/2007－07/02/content_6317455.htm.

② http://www.tibet.cn/news/xzxw/shjj/200912/t20091223_530718.htm.

经修建了规模不同的救灾物资储备仓库,通过实物和协议等方式储备了一批帐篷、棉衣等生活类救灾物资,这些救灾物资可在灾后5小时内运抵灾害现场。① 结合表7-9来看,"十二五"时期提升西藏自然灾害救助服务能力应从以下两个方面着手改进:一是希望中央财政进一步加大投入,加强西藏农牧区救灾物资储备仓库建设,尽量延伸到74个县(市、区)和所有乡(镇),以实现自然灾害救助服务"目标人群覆盖率100%"的国家目标;二是应大力开展防灾减灾专业人员特别是灾害信息员和志愿者队伍培训,逐步加强西藏农牧区自然灾害预警能力与应急处置能力建设,努力提升西藏农牧区自然灾害救助能力。

表7-9 "十二五"时期社会救助服务国家标准

服务项目	服务对象	保障标准	支出责任	覆盖水平
最低生活保障	家庭人均收入低于当地最低生活保障标准的城乡居民	保障标准按能维持当地居民基本生活所必需的吃饭、穿衣、用水用电等费用确定,年均增长按国家"十二五"规划纲要确定的目标实施	地方政府负责,中央财政对困难地区适当补助	目标人群覆盖率100%
自然灾害救助	因自然灾害致使基本生活困难的人员	灾后12小时内基本生活得到初步救助	中央和地方政府共同负责	目标人群覆盖率100%

(四)健全完善西藏社会福利服务

一是健全完善西藏农村五保供养服务。自1994年国务院颁布实施《农村五保供养工作条例》以来,西藏农村"五保"供养工作也得到了明显进步。2003年,西藏农村税费改革试点工作全面启动,自治区财政将五保户供养纳入农村税费改革公共财政支出范

---

① http://www.chinanews.com/gn/news/2009/12-22/2031516.shtml.

围，将经费标准由改革前的每人每年588元增加到每人每年900元。① 此后，西藏农村五保供养开始走上规范化道路。

2009年2月1日，西藏自治区实施《〈农村五保供养工作条例〉办法》，对符合下列条件的西藏农牧区残疾人或者年满60周岁和未满16周岁的农牧民，提供五保供养服务待遇：无法定赡养、抚养、扶养义务人的，或者其法定赡养、抚养、扶养义务人无赡养、抚养、扶养能力的；无劳动能力的以及无生活来源的。五保供养服务包括：供给粮油、副食品和生活用燃料；供给服装、被褥等生活用品和零用钱；提供符合基本居住条件的住房；提供疾病治疗，对生活不能自理的给予照料以及办理丧葬事宜。该办法规定，五保供养标准不得低于西藏全区农牧民平均生活水平，并根据全区经济发展、农牧民人均纯收入和财力保障水平适时作出调整。按照文件规定，西藏对农牧区五保供养实行集中供养与分散供养两种模式相结合：集中供养的由乡（镇）人民政府、五保供养服务机构和供养对象三方签订供养服务协议，集中供养所需款物，由乡（镇）人民政府发放给五保供养服务机构或者由五保供养服务机构直接发放给五保供养对象；分散供养的可由村民委员会委托其他村民负责照料，乡（镇）人民政府、受委托的代养人和供养对象三方应当签订供养服务协议，分散供养所需款物，乡（镇）人民政府可以委托村民委员会发放。

2010年，西藏全区共有14185名五保户。根据五保户供养标准不低于当地农牧民中等生活水平的要求，西藏自治区再次将五保户供养标准提高200元，达到年人均2000元。② 在保障基本生活的基础上，西藏自治区各级民政部门还把提高"五保"人员的居住水

---

① http：//www.tibet.cn/news/xzxw/shjj/200912/t20091223_530718.htm.

② http：//www.mzb.com.cn/html/report/116889-1.htm.

平、提高集中供养率作为工作重点。

结合表7-10来看,"十二五"时期,提升西藏农村五保供养服务能力应该在实现"应保尽保"的基础上,逐步提高集中供养能力。为此,西藏自治区地方各级人民政府应当把五保供养服务机构建设纳入本地经济社会发展规划,合理布局,适度集中;特别是县级人民政府应当根据当地经济社会发展规划组织建设五保供养服务机构,分期分批新建、改(扩)建一批以县(市、区)为中心的具有辐射功能的五保供养服务机构和乡(镇)五保供养服务机构,提供必要的设备、管理资金以及配备必要的工作人员。西藏自治区力争在"十二五"末实现"目标人群覆盖率100%,集中供养能力达到50%以上"的国家标准。当然,为了实现国家目标,西藏自治区要因地制宜,不能一味地追求集中,应在充分尊重农村五保对象实际意愿的基础上,做到集中供养与分散供养相结合。

表7-10 "十二五"时期社会福利服务国家标准

服务项目	服务对象	保障标准	支出责任	覆盖水平
农村五保供养	无劳动能力、无生活来源又无法定赡养、抚养、扶养义务人,或者法定赡养、抚养、扶养义务人无赡养、抚养、扶养能力的老年、残疾或者未满16周岁的村民	不低于当地村民的平均生活水平,并根据当地村民平均生活水平的提高适时调整,由地方政府确定	地方政府负责,中央财政对困难地区适当补助	目标人群覆盖率100%,集中供养能力达到50%以上
孤儿养育保障	失去父母、查找不到亲生父母的未成年人	孤儿基本生活最低养育标准由各地按不低于当地平均生活水平的原则合理确定,机构养育标准高于散居养育标准	地方政府负责,中央财政按照一定标准给予补助	目标人群覆盖率100%,新增孤儿养育床位20万张

二是健全完善西藏孤儿养育保障服务。从 2010 年开始，西藏自治区民政部门根据《国务院办公厅关于加强孤儿保障工作的意见》要求，对西藏全区孤儿进行普查，开展儿童信息录入工作，发放《儿童福利证》。2010 年，西藏全区有 5085 名孤儿，按照西藏城乡低保标准发放孤儿基本生活养育费 5928 万元。[1] 然而，由于西藏各地区、不同类别的标准相差较大，为了保障孤儿基本生活和健康成长的需要，避免出现各地供养标准差距过大、孤儿保障状况不平衡等现象，西藏自治区根据自身财力状况、城乡生活水平等因素，从 2011 年 1 月 1 日起确定西藏社会散居孤儿基本生活养育标准为每人每月 600 元，福利机构供养孤儿基本生活养育标准为每人每月 1000 元，结束了西藏孤儿生活养育费用标准按照城乡低保标准发放的历史，西藏孤儿养育服务走向制度化，基本实现了机构养育标准高于散居养育标准的国家目标。2011 年，在西藏全区 5085 名孤儿中，有 1042 名在各类福利机构集中供养，其余 4043 名散居在社会家庭中。[2] 2012 年，西藏全区共有 13 所儿童福利机构（含民间机构），收养孤残儿童 1115 名；其他孤儿分散在亲朋好友家中抚养。[3]

结合表 7-10 来看，"十二五"时期，提升西藏孤儿养育保障服务能力应该从以下几个方面着手：一是中央财政应继续加大投入，加强西藏农牧区儿童福利机构设施建设，重点推进县级儿童福利院建设，提高福利机构收养能力，提升孤儿养育保障服务能力；二是在公共财政投入导向下，建立健全西藏孤儿养育保障服务体系，鼓励和引导家庭养育，促进民间孤儿收养工作健康发展，推动西藏孤儿养育服务主体多元化；三是进一步提升西藏孤儿养育服务

---

[1] http://news.cntv.cn/2013/01/09/ARTI1357711798140203.shtml.
[2] http://news.cnr.cn/gnxw/201111/t20111122_508817852.shtml.
[3] http://news.cntv.cn/2013/01/09/ARTI1357711798140203.shtml.

经费标准，根据农牧区各地实际与经济发展水平差异，合理确定西藏农牧区各地孤儿养育服务标准，基本建立起孤儿养育保障服务经费自然增长机制，努力提高西藏孤儿养育服务水平，充分保障每个孤儿的生活权益。力争在"十二五"末实现"孤儿养育保障服务目标人群覆盖率100%"的国家标准。

第二节　加大对口援藏帮扶与提升西藏基本公共服务能力

中央历来十分关心西藏各族人民，高度重视西藏工作。援藏工作历来是中央在西藏工作的一个重要组成部分，从20世纪50年代开始，在西藏发展的各个不同的历史时期，中央都从全国抽调干部进藏，实施重大项目建设，实行财政补贴，组织地方和行业对口支援西藏。1980年以来，中央先后召开六次西藏工作座谈会，专门研究西藏的发展问题。中央为一个地区先后六次召开专门会议并动员全国予以支援，西藏是唯一的。对口支援西藏，是中央西藏工作总体部署的重要组成部分，是推动西藏跨越式发展和长治久安的重要举措，也是维护国家主权，粉碎西方敌对势力分裂中国图谋的重要举措。[①]

一般来说，对西藏的援助实际上包含两个方面：一方面是中央政府直接拿钱、拿项目在西藏投资；另一方面就是内地的部分省市及中央企业对西藏的对口援助。鉴于第一个方面即中央财政支持，在本章第一节已作专题论述，故本节不再赘述；本节就第二个方面即内地援藏省市与中央企业对西藏的对口援助展开分析论述，其中，重点以"十二五"时期内地省市的对口援助为例，分析内地省

---

① http://www.rmlt.com.cn/2012/0907/47458.shtml.

市对口援藏与全面提升西藏基本公共服务能力二者间的内在逻辑关系。

一 对口援藏的提出及演变历程

早在西藏和平解放之初，就有大批军队和地方干部赴藏工作。1980年4月7日，中共中央发出《关于转发〈西藏工作座谈会纪要〉的通知》，《通知》明确提出，"中央各部门要加强对西藏工作的正确指导，并且根据实际需要和可能条件，组织全国各地积极给他们以支持和帮助"，"全国各有关地方和单位都要根据上级的指示，认真做好支援西藏的工作"。1983年，国务院批准原国家经委会同原国家计委、国家民委和中央统战部组织四川、浙江、上海、天津重点对口支援省市赴西藏落实支援项目。1983年11月30日，原国家经委转发了国务院领导同志关于对口支援西藏的批示和《国家经委关于对口支援西藏的报告》，共落实援藏项目70个，其中，四省市援藏项目65个；同时，明确浙江省杭州市、四川省建设厅、天津市工业局、天津市商业局、天津市交通局、四川卫生防疫站、天津市地毯厂、上海益民皮革厂、上海毛麻公司、天津拖拉机厂等10个地方和单位，与拉萨市和西藏相关单位、企业对口结成友好城市和长期固定协作关系。[①]

（一）中央第二次西藏工作座谈会：拉开了对口支援西藏的新序幕

1984年2月，中央召开第二次西藏工作座谈会，会议决定实施"国家直接投资项目、中央政府财政补贴、全国人民对口支援西藏"的政策，会议确定由北京、上海、天津、江苏、浙江、四川、广东、山东、福建9省市以及当时的水电部、农牧渔业部、建材局等

---

① http://www.rmlt.com.cn/2012/0907/47458.shtml.

中央企业，有计划、有步骤地帮助西藏建设实施近期迫切需要的中、小型工程项目，简称"43项工程"，亦称"交钥匙工程"。"43项工程"共完成投资4.8亿元，其中，国家补助投资1.78亿元，中央国家机关投资0.62亿元，西藏地方投资2.4亿元；9省市为建设"43项工程"共投入了1.9万人。"43项工程"建设内容涉及能源、交通、建材、粮油加工、商业、文教卫生、市政建设、旅游设施等10多个行业，总建筑面积达23.6万平方米。[①]"43项工程"全面建设和实施，极大地改变了拉萨（"43项工程"中有20项工程建设在拉萨）以及日喀则、山南、那曲、昌都和阿里5个地区的城镇面貌，改善了西藏各族群众的文化场所条件和旅游接待能力，有力地促进了20世纪80年代西藏经济社会的发展，被人们誉为高原上的"43颗明珠"。中央第二次西藏工作座谈会的召开，标志着全国对口支援西藏工作的正式开始。

（二）中央第三次西藏工作座谈会：掀起了对口支援西藏的新浪潮

1994年7月，中央召开第三次西藏工作座谈会，会议确定"分片负责、对口支援、定期轮换"的援藏方式，作出全国支援西藏和15个省市对口援助西藏的重大决策，首批确定内地14个省市对口支援西藏7个地（市）的44个县，10年内分三期进行轮换。具体如表7-11所示。关心西藏、支援西藏是全国各族人民的共同责任。江泽民同志在中央第三次西藏工作座谈会上指出，"决不能让西藏从祖国分裂出去，决不能让西藏长期处于落后状态"，要从增强中华民族凝聚力的高度认识中央关于全国支援西藏决策的深远意义。会议号召全国各地方和中央各部门都要大力支持西藏的建设，同时也需要全国的支援，从人才、资金、技术、物资等多方面做好

---

① http://www.tibetinfor.com.cn/t/040727xzxdyjxm/20040200485125659.htm.

支援工作。中央第三次西藏工作座谈会召开后，中央各部门与援藏省市随即组织了一大批干部、教师、医务人员及其他专业技术人员到西藏开展对口援藏帮扶工作。由国家直接投资和动员全国支援实施兴建西藏经济建设和社会发展急需的工程项目，简称"62项工程"。"62项工程"具有投资大、门类多、分布广、基础设施及生产性项目比重大等特点，涉及能源、交通、通信、工业、农业、牧业、林业、水利、文化、教育、卫生、广播电视和市政建设等方面。"62项工程"原计划投资23.8亿元，其中，中央国家机关承担30项，安排投资18.02亿元，占投资总额的75.7%；各省市承担32项，安排投资5.78亿元，占投资总额的24.3%。[1] 1995~1998年，中央有关部委和对口援藏省市在"62项工程"之外又落实援助、合作项目668个，投入资金达8.8亿元。"62项工程"于1995年陆续开工，全国各省份和6个计划单列市都承担了援藏建设任务；到2000年年底全部完成，"62项工程"实际完成投资48.6亿元。[2] "62项工程"全面建设和实施，极大地改善了西藏交通、能源、通信等基础设施落后局面，对进一步发挥西藏资源优势、提高西藏人民生活水平、加快西藏各项事业全面发展起到了重要作用。[3]

中央第三次西藏工作座谈会进一步指出，支援是相互的，加强对口支援西藏，增强西藏自我发展活力，既是西藏发展的需要，也是全国各地发展的需要，可以进一步密切内地与西藏经济、文化、社会联系。援助西藏应是主动的、会议安排的，要积极认真地完成；会议没有安排的，只要西藏人民需要，也要千方百计地去办。援助西藏应是多方面的，只要有利于西藏的发展，有利于维护祖国

---

[1] http://www.mzb.com.cn/html/Home/report/116176-1.htm.
[2] http://www.mzb.com.cn/html/Home/report/116176-1.htm.
[3] 潘久艳：《全国援藏的经济学分析》，四川大学出版社，2009。

统一和民族团结，不管是官方的还是民间的，物质的还是精神的，都要予以鼓励和支持。李瑞环同志在中央第三次西藏工作座谈会上谈道："援助西藏应是长期的，它既不是从这次会议才开始的，也不会因这次会议确定的任务完成而结束，而应当把这次会议作为全国支援西藏的新起点。"[①] 由此可以看出，中央第三次西藏工作座谈会是新时期西藏工作的重要里程碑，掀起了全国支援西藏的新浪潮，开创了全国支援西藏的新局面，拉开了西藏历史性发展的序幕。

表7-11 1994年中央第三次西藏工作座谈会确立的
对口援藏省市一览表

援藏省市	受援地市	援藏省市	受援地市
湖北/湖南	山南地区	浙江/辽宁	那曲地区
上海/山东	日喀则地区	河北/陕西	阿里地区
广东/福建	林芝地区	北京/江苏	拉萨市
四川/重庆/天津	昌都地区	中央国家机关	自治区直属机关

（三）中央第四次西藏工作座谈会：书写了对口支援西藏的新篇章

2001年6月，中央召开第四次西藏工作座谈会，会议决定加大对口支援西藏力度，将对口支援西藏工作在原定10年的基础上再延长10年；扩大对口支援范围，并新增3个省市和15家中央骨干企业承担对口支援任务，将西藏尚未建立对口支援关系的29个县，以不同的方式全部纳入对口支援范围。至此，西藏的74个县（区、市）全部纳入对口支援范围。会议确定了国家直接投资的建设项目

---

① http://news.xinhuanet.com/politics/2014-07/12/c_1111580162_3.htm.

117个（简称"117项目"），总投资约312亿元（其中，青藏铁路西藏段投资约120亿元），国家投资和中央财政扶持主要用于农牧业、基础设施、科技教育、基层政权建设以及生态环境保护建设，着重解决制约西藏经济社会发展的"瓶颈"因素和突出困难。在"117项目"中安排社会事业项目16个，累计投资10.07亿元，建成了一批社会事业发展急需的基础设施项目，主要包括中等职业教育、中小学危房改造、西藏贫困县乡无校舍学校建设、县卫生服务中心和乡卫生院等。"117项目"的全面实施，有效地改善了西藏基础设施条件，切实改变了西藏城乡面貌，显著提高了西藏各族人民的生活水平，对促进西藏经济社会跨越式发展与长治久安起到了十分重要的作用。

中央第四次西藏工作座谈会确定由对口支援西藏的15个省市和未承担对口支援西藏的12个省份以及5个计划单列市援助西藏建设70个项目，总投资为10.62亿元（实际完成投资11亿元），项目涉及城市基础设施、教育、科技、文化、医药、卫生、能源、工业等领域。[①] 2004年，由于四川藏区也需要支援，中央决定四川省不再承担对口支援西藏任务；同时，中央增加了两家中央企业对口援藏。自此，基本形成了目前实行的由17个省市和17家中央企业对口支援西藏7个地（市）、74个县（区、市）的发展格局。具体如表7-12所示。2004年年底70个援助项目的全部建设完工，一方面促进了西藏经济发展，另一方面也促进了民族团结、增加了民族凝聚力。中央第四次西藏工作座谈会是中央关心西藏、全国支援西藏的又一重大战略举措，为对口援藏书写了历史新篇章，是西藏进入21世纪的重要里程碑。

---

① http://politics.people.com.cn/GB/8198/50050/52280/3636709.html.

表7-12 2001年中央第四次西藏工作座谈会后对口援藏一览

援藏省市(单位)	受援地市
北京/江苏	拉萨
上海/山东/黑龙江/吉林/上海宝钢/中国化工进出口总公司	日喀则
湖北/湖南/安徽/中粮公司	山南
广东/福建	林芝
天津/重庆/四川(2004年退出)/东风汽车公司/第一汽车集团公司/中国远洋运输集团/中国电信集团/中国铝业集团/武汉钢铁集团	昌都
浙江/辽宁/中国石油集团公司/中国石油天然气集团公司/中国海洋石油总公司/神华集团/中信公司	那曲
河北/陕西/国家电网公司/中国联通公司/中国移动公司	阿里
中央国家机关	自治区直属机关

（四）中央第五次西藏工作座谈会：丰富了对口支援西藏的新内涵

2010年1月，中央召开第五次西藏工作座谈会，会议提出"推进西藏跨越式发展，要更加注重改善农牧民生产生活条件……更加注重提高基本公共服务能力和均等化水平"，"要把更多财力投到公共服务领域、落实到重大公益性项目上，把政策资金更多向广大农牧区和边远地区倾斜"，"要大力保障民生，切实把保障和改善民生作为西藏经济社会发展的出发点和落脚点，继续实施'富民兴藏'战略，提高各族群众生活水平和质量，把更多关怀和温暖送给广大农牧民和困难群众，着重解决他们迫切需要解决的问题特别是农牧区条件艰苦、农牧民增收困难等问题"。会议决定进一步加大对口支援力度，继续坚持"分片负责、对口支援、定期轮换"的办法，进一步完善干部援藏和经济援藏、人才援藏、技术援藏相结合的援藏工作格局。中央第五次西藏工作座谈会取得的一个重要成绩是：进一步确立了援藏资金稳定增长机制，明确对口支援省市"年度援藏投资实物工作量，在现行体制下，按该省市上年度地方财政一般预算收入的1‰安排"。会议还提出对口支援西藏政策将延长到2020年。中央第五次西藏工作座谈会是突出解决西藏民生问题的一次重要会议，是确保西藏实现全面建设小康社会奋斗目标的一次重要会议，是"谋长久之策、行固本之举"的一次重要会议。

中央第五次西藏工作座谈会召开后的两年多时间，17个对口援藏省市和17家中央企业共落实援藏项目988个，总投资44.49亿元。根据《"十二五"时期对口支援西藏经济社会发展总体规划》，17个对口援藏省市在"十二五"时期共安排对口援藏项目1610个，总投资141.36亿元。[1]

二 对口援藏与西藏基本公共服务发展

自1994年中央第三次西藏工作座谈会确定实施对口援藏政策、1995年全国援藏工作全面启动以来，各对口支援单位与广大援藏干部认真贯彻落实中央的决策部署，始终坚持干部援藏、经济援藏、人才援藏与技术援藏相结合的工作方式，不断加大援藏力度、丰富援藏内涵、调整援藏重点，全方位、宽领域、多层次地开展援藏工作。[2] 从1994年中央第三次西藏工作座谈会以来至2010年中央第五次西藏工作座谈会召开以前，对口援藏资金累计达150.68亿元，实施项目5417个。[3] 西藏自治区国内生产总值从1995年的56.1亿元跃升到2010年的507.46亿元，西藏经济持续15年保持两位数高

---

[1] http://www.rmlt.com.cn/2012/0907/47458.shtml.
[2] http://www.chinatibetnews.com/2014/0612/1340717_2.shtml.
[3] http://www.chinatibetnews.com/2014/0612/1340717_2.shtml.

速增长态势,"西藏速度"令世界刮目相看。① 对口援藏为西藏经济社会实现又好又快发展做出了重要贡献,已经成为促进西藏跨越式发展与长治久安不可或缺的重要支撑力量。

"十一五"时期,全国对口援藏力度进一步加大,援藏资金累计达到了75.7亿元,共有2661名援藏干部进藏工作。援藏工作机制不断健全,援藏项目和援藏资金向农牧区和民生领域倾斜。西藏自治区7个地(市)、74个县(区、市),自治区和地(市)主要直属部门都在受援范围之内。② 根据《"十二五"时期对口支援西藏经济社会发展总体规划》,"十二五"时期17个对口援藏省市共安排援藏资金141.36亿元,实施对口援藏项目1610个,涵盖西藏城乡居民住房、农牧区基础设施、市政建设、社会事业、产业发展、生态建设、基层组织建设等经济社会发展的各个领域。③ 在对口援藏资金安排上,县级及县级以下的援藏资金占57.9%,安排在农牧区的援藏资金占53.3%。④ 与此同时,西藏自治区深入推进对口受援工作,明确受援重点,突出改善民生、扶贫开发与增强"造血"功能,引导援藏资金和援藏项目集中投向改善农牧民生产生活条件、提升基本公共服务能力、发展县域经济与扶持落后地区发展等重点领域。通过全国援藏,为"十二五"时期大力提升西藏基本公共服务能力提供了重要的外部支撑力量。

(一)教育援藏与西藏教育事业发展

改革开放以来,为帮助西藏进一步发展教育事业,培养人才,中央做出了"教育援藏"的重大决策。根据西藏实际,不断调整和丰富援藏内容,内地办学已成为西藏教育的重要补充形式、人才培

---

① http://www.chinatibetnews.com/2014/0612/1340717.shtml.
② http://www.chinaacc.com/new/184_900_201101/24li358984500.shtml.
③ http://gb.cri.cn/42071/2014/07/10/147s4609918.htm.
④ http://www.xdrc.gov.cn/ReadNews.khtml?NewsID=3426.

养的重要基地和中国特色、西藏特点现代教育体系的重要组成部分。2002年，教育部召开全国教育支援西藏工作会议，会议要求从2003年至2007年，采取"分片负责，对口支援"和"定点、包干、负责"的办法支援西藏教育发展。2007年7月，教育部启动了新一轮教育对口支援西藏工作，采取"分片、分校负责，定点对口支援，包干落实对口任务"的办法，由18个省市对口支援西藏7个地（市）发展普通高中教育与中等职业教育，重点帮助西藏15所普通高中学校及7所中等职业学校。2007~2010年，每年为对口支援地（市）培训120名中小学骨干教师、60名教育行政管理骨干，选派教师和教育行政管理人员援藏；各对口支援单位围绕基础建设、师资培训、管理队伍培养、学科建设、学生交流等积极开展援藏工作。[1]

为进一步加大西藏各类人才培养力度，充分利用和发挥内地优质教育资源，中央做出了"在内地创建西藏学校和开办西藏班"的重大决策，决定从1985年开始在北京、上海、天津等16个省市创办内地西藏班（校）。2010年，内地西藏班在校生达2.18万人，分布在全国21个省市的28所内地西藏班、58所重点高中、90多所高等院校。[2] 为进一步培养西藏经济建设急需的职业技能型人才，为西藏产业结构调整与特色产业发展提供强有力的技术支撑，从2009年开始，天津、河北、辽宁、上海、江苏、浙江、福建、江西、山东、湖南、广东11个省市的60所重点中等职业学校举办内地西藏中职班。[3] 截至2010年8月，内地西藏班先后为西藏培养输

---

[1] http://www.chinadaily.com.cn/dfpd/xizang_yzxw/2011-04-14/content_2306395.html.

[2] http://www.chinadaily.com.cn/dfpd/xizang_yzxw/2011-04-14/content_2306395.html.

[3] http://tibet.cctv.com/20090823/102920.shtml.

送了1.8万名各级各类建设人才。①

"十一五"时期,各对口支援单位采取"送进来""拉出去"的方式大力开展教师和教育行政管理干部的培训工作,为西藏教育事业发展培养了一支优秀的教师队伍和管理干部队伍。北京市援藏干部、拉萨市教体局副局长吴雅星谈道:"送钱送物不如培养一支好队伍,抓好培训引进、做好师资队伍建设才能提高教育管理和师资队伍水平,真正提高西藏教育事业发展水平。"② 送培上门,通过援藏教师、援藏管理干部的言传身教,带动受援单位教师和管理队伍水平的提高。仅2007~2009年,各对口支援单位派出援藏人员587人次,为西藏培训教师和管理人员1879人次,为西藏教育事业跨越式发展注入了新的活力。③ "十一五"时期,通过教育援藏,西藏教育事业发展取得了明显进步,有效地改善了西藏教育基础设施条件,基本满足了西藏各族群众接受教育的需求。

"十二五"时期,为满足西藏跨越式发展对技能人才的需求,应继续坚持教育援藏政策,努力办好内地西藏班,以开展内地西藏人才培养工程为抓手,进一步加大技能人才培养力度。为此,"十二五"时期,西藏将投入20亿元开展内地西藏人才培养工程。④ 在进一步改善内地西藏班办学条件、扩大内地西藏班(高中)招生规模的同时,还应努力提高内地西藏班教学质量;积极探索在内地省市的国家示范或国家重点中等职业学校举办西藏中职班。此外,"十二五"时期还应进一步完善教育援藏机制,逐步减少教育行政

---

① http://www.chinadaily.com.cn/dfpd/xizang_yzxw/2011-04-14/content_2306395.html.
② http://www.chinadaily.com.cn/dfpd/xizang_yzxw/2011-04-14/content_2306395.html.
③ http://www.chinadaily.com.cn/dfpd/xizang_yzxw/2011-04-14/content_2306395.html.
④ http://edu.qq.com/a/20101225/000017.htm.

管理干部援藏比例，大力增加专业技术人才即专业教师的援藏比例，同时，加快推进西藏自治区内专业教师"走出去"步伐。

（二）卫生援藏与西藏医疗卫生事业发展

实际上，早在1950年中国人民解放军第十八集团军进军西藏之日起，中央政府就随之选派了大批医务人员进藏，免费为西藏各族人民提供治病、防病等基本医疗卫生服务。可以说，这是我国卫生援藏的雏形；不过，当时还没有将其纳入正规的卫生援藏制度安排范畴。

西藏和平解放后，为促进西藏医疗卫生事业健康发展，卫生部曾先后五次召开全国卫生援藏会议，安排部署卫生援藏工作。2002年，卫生援藏被正式纳入各省（区、市）政府统一组织的对口支援西藏范围。自2006年第四次全国卫生援藏工作座谈会以来，按照中央统一部署安排，由北京、天津、河北、辽宁、吉林、黑龙江、上海、江苏、浙江、安徽、福建、山东、湖北、湖南、广东、重庆、云南等17个省市以及中国医学科学院、中国疾病预防控制中心、卫生部卫生监督中心、卫生部北京医院、中日友好医院、四川大学华西医院、中国中医科学院7个单位承担对口卫生援藏任务，选派医疗队和卫生援藏干部深入西藏自治区7个地（市）、74个县（区、市）的各级各类医疗卫生机构工作，为西藏各族人民提供医疗卫生服务。[①]

"十一五"时期，承担对口援藏任务的17个省市和7个单位共筹措卫生援藏资金4.6亿元，组织实施了137个项目，对各类医疗机构、疾病控制机构、妇幼保健机构、采供血机构开展建设。同时，支援车辆、医用设备等700余件，较大地缓解了西藏农牧区医

---

① http://politics.people.com.cn/GB/1026/12862906.html.

疗卫生机构的医疗仪器、办公设备及交通工具短缺问题。[①] 通过卫生援藏资金的大力支持，使西藏的医疗卫生条件、设施设备及就医环境得到了明显改善，使西藏卫生事业发展基础得到进一步增强。"十一五"时期，17个援藏省市与7个单位大力开展技术援藏，5年共派出援藏医疗队87批次、465人次，共接诊32万人次，实施各类手术3.3万人次，健康查体2.5万人次。与此同时，还采取"派出去"与"请进来"相结合的方式，积极开展受援地医疗卫生人才培养，17个援藏省市与7个单位在选派优秀医疗卫生人才赴西藏工作的同时，免费安排西藏医疗卫生专业技术人员到援藏省市进修学习。"十一五"时期，援藏省市共派出卫生管理干部和专业卫生技术人员500余人，接收西藏区内卫生管理干部挂职锻炼、进修培训人员及代培学生1000余人，开展专题培训8200多人次。[②] "十一五"时期，卫生援藏在改善和提高西藏医疗卫生服务水平与服务能力方面发挥了重要作用。通过卫生援藏，进一步提高了西藏医疗卫生技术水平与医疗卫生管理水平，大力提升了西藏医疗卫生服务能力，极大地增强了西藏医疗卫生服务的可得性与可及性，有力地促进了西藏医疗卫生事业发展，提高了西藏各族群众的健康水平，为西藏经济发展、社会稳定与民生改善做出了重要贡献。

"十二五"时期，按照"卫生援藏工作中长期发展目标"，继续坚持卫生援藏工作。到2015年，西藏自治区初步建立起覆盖城乡居民的基本医疗卫生制度，各族群众的主要健康指标达到西部地区中上水平；到2020年，西藏自治区基本建立覆盖城乡居民的基本医疗卫生制度，各族群众的主要健康指标达到全国平均水平。[③] 力争到"十二五"末西藏自治区实现初步建立起覆盖城乡居民的基

---

① http://www.tibet.cn/news/index/xzyw/201009/t20100928_751908.htm.
② http://www.tibet.cn/news/index/xzyw/201009/t20100928_751908.htm.
③ http://politics.people.com.cn/GB/1026/12862906.html.

本医疗卫生制度，人人享有基本医疗保障和基本公共卫生服务，医疗卫生服务的可及性与可得性增强，各族群众的满意度明显提高。为此，"十二五"时期卫生援藏工作应重点从以下三个方面努力，以期进一步提升西藏基本医疗卫生服务能力：一是巩固完善新型农村合作医疗制度，突出群众受益，切实保障和改善农牧民健康，使西藏农牧民群众能够直接享受到优质医疗卫生服务和卫生援藏工作带来的实惠；二是健全完善卫生援藏帮扶机制，突出智力帮扶，加大卫生技术专业人才援藏力度，通过"传、帮、带"等有效方式，为西藏培养培训优秀卫生技术人才；三是坚持外部支援与自力更生相结合，逐步提高西藏医疗卫生领域自我发展能力，促进西藏医疗卫生事业可持续发展，推动西藏基本公共卫生服务均等化。

（三）就业援藏与西藏公共就业服务发展

自中央第五次西藏工作座谈会提出"对口支援省（市）、企业每年吸纳一定数量的西藏籍高校毕业生就业"政策以来，2012年，西藏自治区与上海市等17个对口援藏省市及17家中央援藏企业共同实施了"就业援藏"项目。为了鼓励和引导推荐西藏籍高校毕业生到区外就业，西藏自治区还同步实施"对到区外就业并签订1年以上劳动合同的西藏高校毕业生一次性给予1000元路费补贴；到区外就业并对签订3年以上劳动合同或聘用协议的毕业生，除给予1000元的路费补贴外，按每人每月300元标准给予1年的生活补贴"的奖励政策。

2012年，17个对口援藏省市和17家中央援藏企业为西藏提供了3400个就业岗位。[①] 中央第五次西藏工作座谈会后，广东是第一个进藏举办就业援藏活动的省份。2012年5月27日，广东省

---

① http://district.ce.cn/zg/201204/24/t20120424_23268168.shtml.

人民政府率相关企业在西藏大学农牧学院举办了"粤藏携手，放飞梦想——2012广东企业西藏高校毕业生专场招聘会"。此次招聘会共组织了广东省属企业、中央驻穗企业及珠三角地区23家企业，以及17家广东在藏企业参加现场招聘；同时，还提供珠三角地区200多家企业就业岗位5500多个，共2100多名西藏高校毕业生参加了此次招聘活动，其中，达成就业意向389人次。①2012年9月15日，由西藏自治区和上海、江苏两省市相关部门共同举办的"就业援藏——上海市、江苏省用人单位面向西藏籍高校毕业生专场招聘会活动"在西藏自治区劳动就业服务局举行，此次招聘会共有170家用人单位进场招聘，提供了752个就业岗位，招聘会活动服务对象是应届和历届离校未就业的西藏籍高校毕业生，重点是帮助西藏"长期失业、单亲家庭和零就业家庭、家庭困难的高校毕业生"实现就业。②2012年，北京市、上海市等援藏省市及神华集团等中央援藏企业累计提供了12000多个就业岗位，通过招聘会、考录等方式，解决了1300名西藏籍高校毕业生的就业问题。③2013年，对口援藏省市与中央援藏企业提供就业岗位5000多个，通过网络招聘、举办专场招聘会等形式，全年共有1500多名西藏籍高校毕业生实现到区外就业，同比增长15.38%。④求职成功的西藏籍高校毕业生将获得相应的补贴。对于西藏籍高校毕业生来说，"就业援藏"项目的全面实施，使他们又多了一条实现就业的途径，将进一步促进西藏高校毕业生实现充分就业与人力资源的合理配置，有助于提高西藏城乡居民收入和切实改善西藏民生，进而有助于实现西藏社会稳定与促进西

---

① http://epaper.southcn.com/nfdaily/html/2012-06/01/content_7089949.htm.
② http://job.chsi.com.cn/jyzd/zph/201209/20120912/342103643.html.
③ http://job.chsi.com.cn/jyzd/zph/201209/20120912/342103643.html.
④ http://www.chinatibetnews.com/2014/0214/1322961.shtml.

藏社会和谐。

为了进一步提升西藏公共就业服务能力，需要从以下两个方面着手改进。一是西藏自治区要认真落实就业援藏政策，继续加大对到西藏区外就业的高校毕业生给予路费补贴与生活补助；同时，积极探索西藏高校毕业生到内地就业的方式与路径。二是对口援藏省市与中央援藏企业要不断创新就业援藏工作机制，积极创造条件，引导和鼓励西藏农牧民到区外就业；与此同时，西藏自治区也应对到区外就业的农牧民给予适当的路费补贴及生活补助，帮助他们实现更好就业。

第三节 加强政府能力建设与提升西藏基本公共服务能力

中央第三次西藏工作座谈会指出，解决西藏的困难和问题，实现西藏的伟大振兴，归根结底要靠西藏各族人民。中央第四次西藏工作座谈会进一步指出，实现西藏的快速发展，最根本的是要靠西藏广大干部群众自力更生、艰苦奋斗。由此看来，为了实现西藏的快速发展与伟大复兴，需要西藏自治区政府带领全区各族干部群众自力更生、艰苦奋斗。"十二五"时期，要全面提升西藏基本公共服务能力，也必须在西藏自治区政府的坚强领导下，通过全区各族人民的共同努力来实现。为此，对西藏自治区政府自身能力建设提出了更高要求，即必须大力提高西藏自治区政府构建公共服务体系的能力、西藏自治区政府的自我治理能力与西藏自治区政府的社会治理能力。

一 提高西藏自治区政府构建公共服务体系能力

"十二五"时期，提高西藏自治区政府构建公共服务体系的能力，需要从改善政府供给和满足社会公共需求两个角度同时进行，努力提高基本公共服务供给数量与质量，进而提高西藏各族群众尤其是农牧民群众的满意度。

（一）改善政府供给与构建公共服务体系

正如前面所分析指出的，西藏和平解放以来，在中央财政的大力支持与内地省市的无私援助下，西藏基本公共服务能力得以显著提升。正如中央第三次西藏工作座谈会所指出的那样："解决西藏的困难和问题，实现西藏的伟大振兴，归根结底要靠西藏各族人民。"为此，"十二五"时期乃至今后，西藏自治区政府首先必须着力增强自身财政增收能力，建立持续稳定增长的财政收入机制，正确处理"离不开"（即离不开中央财政的大力支持与内地省市的无私援助）与"不依赖"（即坚持独立自主、自力更生的原则）二者间的关系，坚持"两条腿"走路，千方百计做大做强西藏地方财政蛋糕，为提升基本公共服务能力提供可靠的财力保障，这是持续提升西藏基本公共服务能力的重要前提和基础。在此基础上，西藏自治区还应逐步建立健全与经济发展和政府财力增长相适应的基本公共服务财政支出增长机制，确保基本公共服务供给增长幅度与财力增长相匹配、同基本公共服务需求相适应。其次，西藏自治区政府在安排相应财政资金时，应优先安排预算用于基本公共服务供给，强化西藏自治区政府在基础教育、医疗卫生、公共就业、社会保险与社会服务等领域基本公共服务的支出责任。以西藏大学生就业服务为例，为了圆满完成"十二五"末西藏籍大学生全部实现就业这一自治区既定目标，西藏自治区实施了就业见习、税费减免、小额担保贷款、就业创业奖励等政策措施，为西藏籍高校毕业生就业创业提供财政资金支持。对西藏企业接收大学生并签订5年合同的一次性给予2万元奖励，大学生到中小企业就业还按照签订年限给予资金补贴；对到区外就业的西藏籍大学生每人发放为期一年，每月300元的生活补助以及1000元的路费补助。① 这样的措施和力度目前在全国都是没有的。再次,西藏自治区政府还必须建立健全公共财政体系,省级财政要按照行政区划内基本公共服务均等化的要求,合理确定与下级财政在基本公共服务支出的分担比例,充分发挥省级财政转移支付有效调节省内基本公共服务财力差距的功能。与此同时,西藏自治区政府要采取多种方式,加快完善省级以下财政转移支付制度,重点提高县级财政在省级以下财力分配中的比重,加大对县级财政的转移支付力度,切实增强县级财政提供基本公共服务的保障能力。最后,西藏自治区政府在构建公共服务体系上,应按照国家统一制度框架,本着"广覆盖、保基本、重绩效、促均等"的原则,努力提升基本公共服务能力,加快推进基本公共服务均等化进程,确保实现中央提出的"到2015年,西藏基本公共服务能力显著提高;到2020年,西藏基本公共服务能力接近全国平均水平"的分阶段目标要求。

随着计算机技术与现代信息技术的迅速发展,西藏自治区政府还应充分利用现代信息技术手段,加快电子政务建设,创新公共服务模式与公共服务业态,努力提高公共服务机构管理效率。为此,"十二五"时期西藏自治区应着力加强公共就业、医疗卫生、社会保障、社会服务等领域的信息系统建设,促进信息资源的整合与共享。

(二)满足公共需求与构建公共服务体系

公民是公共服务的接受者,也是公共服务的参与者。公民有权利选择和参与公共服务决策,为此,政府应努力为公民参与公共服务决策创造条件。新公共管理理论认为,政府不再是发号施令的权威官僚机构,而是"以人为本"的服务提供者。政府服务应以顾客

---

① http://edu.people.com.cn/n/2014/0214/c1053-24364669.html.

或市场为导向，只有顾客驱动的政府才能满足多样化的社会需求并促进政府服务质量的提高。新公共管理理论代表人物霍哲提出了基于回应性的政府全面质量管理，即建立起一套以顾客为中心，持续改进，强调授权和相互协作基础上的全面质量管理，其目的在于通过引入政府全面质量管理，建立更具回应性以及以顾客为中心的公共服务机构。结合新公共管理理论来看，"人本精神"是新公共管理理论的灵魂，是一种"把公民作为顾客，主张以顾客为导向，以社会和公民的满意程度为价值取向和评价标准，全面提高公共服务质量"的新型管理模式。"十二五"时期，西藏自治区政府在提升基本公共服务能力过程中，一定要认真学习和借鉴新公共管理理论的合理内核，把政府作为提供公共服务的"企业"，以购买公共服务的"顾客"的需求作为行动指南。换句话说，西藏自治区政府在提供基本公共服务时，一定要以满足西藏各族群众的公共需求为前提。

新公共服务理论认为，公共管理者（政府）的重要作用并不是体现在对社会的控制或驾驭上，而是在于帮助公民表达并满足他们的共同利益。政府的角色在于确保公共利益居于主导地位，确保公共问题的解决方案本身及其产生的过程都完全符合社会公平和公正的原则。新公共服务理论的核心价值在于以公民为中心，主张以社会和民主的标准来衡量公共服务质量。结合新公共服务理论来看，"十二五"时期西藏自治区政府在提升基本公共服务能力过程中，一定要树立"人本主义"理念，充分尊重西藏各族群众的意愿，认真倾听西藏各族群众的呼声，广泛听取西藏各族群众的意见，进一步构建良好的公共利益需求表达机制。只有在积极回应西藏各族群众尤其是农牧民群众的公共需求基础上，政府提供的基本公共服务才是最有效的，西藏基本公共服务能力提升才能得以真实地体现。

基于此，西藏自治区政府应致力于搭建社会公众参与公共服务决策的平台，构建政府与社会公众平等沟通的对话机制，以确保社会公众的知情权与话语权，深入推进政府与社会公众进行无拘无束、真诚的对话，共同商讨西藏基本公共服务应该选择的发展方向，而不是只凭政府部门的一厢情愿与主观决策。只有在西藏基本公共服务供给中建立起良好的供需整合机制，才能进一步增强自治区政府的回应能力与服务意识，积极回应社会公众的公共需求，进而实现政府与社会公众之间的良好互动。当然，这样做不仅有助于提高西藏基本公共服务供给的针对性与有效性，显著提升西藏基本公共服务能力，同时，还有助于构建一种以公共协商对话和公共利益为基础的公共行政精神，大力推进西藏自治区政府"民主行政"进程，这也是实现西藏民生改善这一"善治"的题中应有之义。

二 加强西藏自治区政府自我治理能力建设

新公共管理理论认为，政府公共行政不再是"管治行政"而是"服务行政"。新公共服务理论认为，公共服务体现的是政府的一种公共精神，这种公共精神也是全体社会成员普遍认同的价值观念。结合新公共管理理论与新公共服务理论来看，给我们的启示是政府公共行政的公共精神回归。新公共管理理论与新公共服务理论为西藏自治区政府加强自我治理能力建设提供了重要的理论依据。"十二五"时期，为了进一步加强西藏自治区政府的自我治理能力建设，努力提升西藏自治区政府公共行政能力，需要从以下三个方面着手进行。

一是西藏自治区政府应以实现公共利益为价值目标，运用公共权力，制定并执行基本公共服务政策与规划。为此，"十二五"时期西藏自治区政府要在国务院有关部门的指导下，以《国家基本公共服务体系"十二五"规划》为依据，制定符合西藏本地实际的基本公共服务标准体系。同时，结合西藏本地实际负责制定本地区基本公共服务标准及地方政策法规，编制实施省级基本公共服务专项规划或行动计划；此外，还要进一步加强对地（市）级和县级政府提供的基本公共服务进行绩效评价与监督问责。

二是为了进一步加强西藏自治区政府的自我治理能力建设，还应着力解决政府职责定位问题，即解决政府"该管什么、不该管什么"等问题，进一步清晰界定政府角色、明确规范政府职能。只有进一步明确和规范西藏自治区政府职能，西藏自治区政府才能在自己的能力范围内做"力所能及"的事情。为此，"十二五"时期西藏自治区政府必须以公共精神为指导，切实履行政府"社会福利的提供者"的职责，进一步增强服务社会、服务群众的意识，加大政府提供基本公共服务的力度，为西藏各族群众提供基础教育、医疗卫生、社会保障与公共就业等民生性公共服务。与此同时，西藏自治区政府还要积极开展本地区基本公共服务水平的监测评价与基本公共服务社会满意度调查，努力提高基本公共服务效率。

三是为了进一步加强西藏自治区政府的自我治理能力建设，还应大力提高政府公共行政效率。提高政府公共行政效率是提升其基本公共服务能力的重要前提和基础。新公共管理理论认为，企业的一些先进管理方法和手段能够改进政府工作管理、提高政府工作效率，而且这已为新公共管理运动实践所证明。社会要求政府"花费更少、做得更好"，更有效地使用公共财政资源，这样才能增强政府的公信力。为此，"十二五"时期西藏自治区政府要积极引入企业管理方法，大胆借鉴企业管理中的成功经验，如企业管理重视市场需求和顾客的反馈、讲求投入与产出、讲求成本核算等成功经验，都可以积极引入到西藏自治区政府公共管理中来。特别是西藏自治区政府应牢固树立效率意识，积极从内部管理上挖潜力，寻找新的管理理念和管理工具并将其付诸实践，努力提高政府公共行政效率。通过提升政府的管理与服务能力，将有限资源集中到关键领

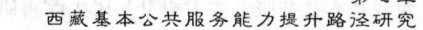

域，以有限的资源创造更多的公共服务，能够为社会公众提供更好的公共服务。

三 加强西藏自治区政府社会治理能力建设

新公共管理理论认为，政府官员不能只是扮演公共服务提供者的角色，他们还需要扮演协调者、调解者甚至仲裁者的角色，为促进公共问题的协调解决提供便利。"十二五"时期，为了全面提升西藏基本公共服务能力，还需要西藏自治区政府加强社会治理能力建设，即西藏自治区政府应协调处理好自身与中央政府、援藏省市政府、区内不同层级政府以及与市场、非政府组织之间的关系，提升综合利益协调能力，以实现公共利益最大化。

一是处理好与中央政府的关系。江泽民同志在中央第三次西藏工作座谈会上指出："西藏的稳定，涉及国家的稳定；西藏的发展，涉及国家的发展；西藏的安全，涉及国家的安全。"由此可见，西藏在党和国家的全部工作中居于重要战略地位。西藏和平解放以来，在中央政府的大力支持与援藏省市的无私援助下，西藏的发展已经与祖国内地的发展更加紧密地联系在一起了。党的十八大以来，以习近平同志为核心的党中央提出了实现中华民族伟大复兴的中国梦。当然，在中国实现和平崛起的过程中，西藏的重要战略地位与地缘政治价值不言而喻。基于此，西藏自治区政府应继续从西藏在当代中国与世界的关系格局中所处的独特地位的视角，认真把握重大现实问题，即清晰地把握西藏的发展与中国的发展、西藏的稳定与中国的稳定、西藏的和谐与中国的和谐之间的内在联系。"十二五"时期，为了进一步处理好与中央政府的关系，西藏自治区政府应该从以下两个方面着手改进：一要深刻领会中央治藏精神，认真贯彻实施中央治藏方略与治藏政策，把中央政府对西藏的关心转化为推动西藏跨越式发展的战略行动，确保中央治藏方略与治藏政策在西藏不变样、不走样，在实践中认真贯彻实施。二要将工作中遇到的困难和问题及时向中央政府多汇报、多交流、多沟通，争取获得中央政府更多的支持与帮助，把国家的支持与发挥市场机制的作用结合起来、把国家的优惠政策与发挥资源优势结合起来、把国家的支持与提升自身能力建设结合起来。

二是处理好与援藏省市政府的关系。"十二五"时期，西藏自治区政府要主动加强同援藏省市、中央和国家机关及企事业单位的协调配合，妥善安排好支援方的工作条件与后勤保障，共同做好援藏工作，深入推进受援工作的科学发展。首先，要进一步加强经济援藏工作的统筹规划、监督管理与运行协调，健全完善援藏项目"全区统筹、地市规划、属地负责"的工作机制；健全完善援藏资金管理办法，探索建立干部人才援藏与资金项目援藏二者逐步脱钩的机制。其次，要进一步明确受援重点，突出改善民生、扶贫开发和增强"造血"功能，积极引导援藏资金和援藏项目集中投向改善农牧民生产生活条件、提升基本公共服务能力、扶持落后地区发展等重点领域。最后，要紧紧立足援受双方各自优势，充分发挥援藏干部的桥梁纽带作用与市场机制作用，坚持无偿支援与互利合作相结合，逐步拓宽援藏领域，不断创新援藏方式，丰富完善经济援藏、干部援藏、人才援藏、科技援藏内容；进一步加强与援藏省市的联系，积极推动就业援藏。

三是处理好区内不同层级政府的关系。"十二五"时期，西藏自治区政府要妥善处理好区内不同层级政府的关系。首先，要从省级（自治区）层面建立起高层次的综合协调机制，切实加强组织领导与统筹协调，建立健全规划实施机制，明确各地区、各部门的责任分工，协调解决基本公共服务规划实施中跨地区、跨部门、跨行业的重大问题。其次，加快完善省级以下财政转移支付制度，合理确定自治区财政对地（市）、县（区）两级财政转移支付比例，重点提高县（区）级财政在省（区）以下财力分配中的比重，切实增强县（区）级财政提供基本公共服务的保障能力。只有这样，才能确保下级政府有足够的财力和动力，承担起上级政府分配或委托给予的相应事权。当然，西藏自治区政府处理好区内不同层级政府间的关系也才有基础。最后，西藏自治区政府还应加强对地（市）、县（区）两级政府公共服务机构的绩效评估、内部监管与监督问责，敦促它们为西藏各族群众提供优质公共服务。此外，还应当鼓励和引导城市优质公共服务资源向农牧区延伸，促进西藏农牧民共享城市优质公共服务资源。以医疗卫生服务为例，应继续实施城市卫生支援农牧区卫生工作，以实施"万名医师支援农村卫生工程"为契机，加大城乡医院对口支援力度，逐步推进西藏城乡医疗卫生服务一体化。

四是处理好与市场、非政府组织之间的关系。改革开放以来，随着市场经济体制在西藏的日益健全和完善，在市场经济力量的作用下，西藏的基本社会关系也正在发生深刻变化。以前相对较为单一的、较为封闭的社会逐渐分化成不同的利益群体、社会阶层以及具有不同利益诉求的单个个体，利益主体日益多元化，于是利益关系协调开始作为一种不同于政府机制和市场机制的新机制出现。这对西藏自治区政府加强社会治理能力建设提出了新的挑战，必须进一步处理好政府与市场、社会三者之间的关系。为此，"十二五"时期，西藏自治区政府对其社会管理职能也应做出相应的调整，探索如何加强对西藏行政区域内的新型社会关系进行管理，建立不同社会主体之间平等、民主的社会合作机制；积极创造条件，培育和发展各类专业性的非政府组织和社会中介组织，合理引导和充分发挥市场主体及非政府组织在西藏基本公共服务能力提升中的重要作用。

五是处理好反分裂斗争与加强社会公共危机事件管理之间的关系。"十二五"时期，西藏自治区与全国一样，处于发展的关键期、改革的攻坚期与矛盾的凸显期，并且战略机遇期与改革攻坚期叠加、发展黄金期与矛盾凸显期交织。除此之外，西藏自治区还长期面临尖锐复杂的反分裂斗争形势，各种社会矛盾叠加，这进一步加大了西藏自治区政府加强社会治理能力建设的难度。为此，"十二五"时期，西藏自治区以建设和谐社会为重点，积极探索建立把深入开展反分裂斗争与加强对社会公共危机事件有效处理相结合的社会治理机制，在不断加强对常规性的社会风险、公共危机和治安事件治理的同时，持续深入开展反分裂斗争，加强社会综合治理，进一步夯实西藏农牧区基层社会治理基础。[①]

第四节 加强管理制度设计创新与提升西藏基本公共服务能力

新公共管理理论认为，公共管理是公共服务供给过程中由多元主体共同组成的复杂网络的治理，是由公共部门、准公共部门及部分参与公共服务提供的私人部门共同对公共事务的治理。新公共管理理论强调政府公共管理的多元主体与多元参与，为"十二五"时期西藏自治区建立健全多元供给主体、大力提升西藏基本公共服务能力提供了重要的理论依据，在西藏基本公共服务供给中，应积极引入多中心治理模式，这是西藏自治区政府提升基本公共服务能力的有效途径。

新公共管理理论主张政府在公共行政中应该只是制定政策而不是执行政策，即主张"政治与行政二分法"。政府应该把管理和具

---

① http://news.9ask.cn/gaga/gaga/201105/1199654.shtml.

体操作分开，通过"政府公共政策化"，将政府从管理的具体事务中解脱出来。同时，政府应将市场机制、公共权威机制和社会自治机制结合起来实现良好的治理。政府组织的职能是"掌舵"，而服务提供组织与服从型组织的职能是"划桨"。政府"掌舵"后，"划桨"的任务应交给私人部门和非营利性组织、社区组织、公民自治组织等第三部门。这样，政府就成为多元管理主体的组织者与协调者，是多元管理主体的核心。新公共管理理论主张政府管理应广泛引入市场竞争机制，以竞争求生存、以竞争求质量、以竞争求效率，让更多的私营部门参与公共服务的提供；认为私营部门的管理水平要比公共部门先进得多，因而主张引进私营部门的成功经验与管理手段，全面降低公共部门管理成本，以实现成本的节省，提高公共服务供给效率。由此看来，新公共管理理论对"十二五"时期大力提升西藏基本公共服务能力具有重要的借鉴意义。一方面，允许和鼓励私营部门进入公共服务领域，有助于实现西藏自治区政府治理结构主体的多元化，推动西藏自治区政府由传统政府向现代政府转型。另一方面，将市场竞争机制引入公共服务领域，有利于重构公共服务能力，提高政府解决问题的效率，有助于破解西藏自治区基本公共服务供给不足的"瓶颈"。

事实上，随着社会不断向前发展，政府组织无法包揽所有公共事务，需要公共部门、准公共部门及私人部门共同参与承担。与政府组织相比，非政府组织有明确的服务对象，具有更加贴近基层群众的优势；与企业组织相比，非政府组织具有鲜明的非营利性，具有维护社会公平的优势。基于这些优势，使得非政府组织在政府、企业与社会之间，在政府、社会与公民之间承担着沟通协调、承上启下的社会功能。由此可见，非政府组织在公共事务管理和公共服务提供中发挥着政府组织不可替代的作用。然而，长期以来西藏自治区出于维护社会稳定等诸多因素考量，非政府组织在西藏的发展环境还不够成熟，也不够理想；当然，这也进一步限制了非政府组织在西藏自治区基本公共服务供给中的作用发挥。为此，"十二五"时期西藏自治区需要从以下三个方面着手改进。

一 健全完善西藏基本公共服务供给机制

"十二五"时期，西藏自治区各地区、各部门在制定公共服务规划和配置公共服务资源时，一定要给非公共部门留有合理空间，充分发挥公共财政投入的引导与调控作用，寻求建立公共财政资金对非公立基本公共服务机构的扶持政策，特别是在配置新增资源时要统筹考虑由社会资本举办服务机构和提供服务。在政府实施有效监管、社会加强有效监督的基础上，逐步有序扩大基本公共服务领域的对外开放，公平开放基本公共服务准入，鼓励和引导社会资本参与基本公共服务设施建设和运营管理，进一步健全完善西藏基本公共服务多元供给机制。在实践证明有效的公共服务领域，西藏自治区应积极推行政府购买、特许经营、合同委托、服务外包等公共服务供给方式。以"十二五"时期西藏学前教育发展为例，应积极鼓励和引导社会力量举办幼儿园，大力扶持民办幼儿园特别是面向大众、收费较低的普惠性民办幼儿园发展，通过采取政府购买、减免租金、以奖代补、派驻公办教师等方式，引导和支持民办幼儿园为西藏各族群众提供普惠性学前教育服务。

二 健全完善西藏基本公共服务供给平台

"十二五"时期，西藏自治区在坚持政府负责的前提下，充分发挥市场机制作用，鼓励社会力量参与，推动基本公共服务供给主体与供给方式多元化，逐步建立起"政府主导、社会参与、公办民办并举"的基本公共服务多元供给模式。"十二五"时期，随着西藏城镇化进程不断加快，西藏自治区应逐步提升社区基本公共服务能力，构建以社区为基础的城乡基层社会管理与公共服务平台。加快实施社区服务体系建设工程，以西藏城乡居民的实际需求为导向，优化整合基层公共服务资源，因地制宜地建设社区综合公共服务设施，加大社区教育、文化体育、卫生计生、就业与社会保障、科普宣传等基本公共服务设施共建共享力度，充分发挥社区在公共管理中的作用。此外，西藏自治区还应大力发展志愿服务，逐步完善志愿服务管理制度与服务方式，促进志愿服务经常化、制度化与规范化，推动志愿服务与政府服务优势互补、有机融合，健全完善多元供给主体。

三 健全完善西藏基本公共服务决策机制

新公共服务理论认为，现代政府的作用是与非政府组织一道为社区面临的问题寻找解决办法。不管是由政府组织来提供公共服务，还是由非政府组织来提供公共服务，都要高度重视人的价值、人的尊严、信任与归属感，以及基于共同理想和公共利益的公民意识都应该受到充分尊重。为此，政府要积极提供公民参与公共服务决策平台，畅通公民参与公共事务管理渠道，把人们聚集到能无拘无束、真诚地进行对话的环境中，通过广泛的公众对话和协商来共商社会应该选择的发展方向，实现公共服务决策的民主化与透明化。"十二五"时期，为了进一步提升西藏基本公共服务能力，应逐步强化社会公众对基本公共服务供给决策及运营的知情权、参与权和监督权，健全完善西藏基本公共服务决策机制，充分发挥各类社会组织在基本公共服务需求表达、服务供给与监督评价等方面的作用，增加公共服务供给决策透明度。与此同时，西藏自治区应积极引入第三方评估，鼓励多方参与评估，这是健全完善西藏基本公共服务决策机制的又一有效途径。

主要参考文献

一 著作

《当代中国》丛书编辑委员会：《当代中国的西藏》，当代中国出版社，1991。

王绍光、胡鞍钢：《中国国家能力报告》，辽宁人民出版社，1993。

世界银行：《1997年世界发展报告——变革世界中的政府》，蔡秋生等译，中国财政经济出版社，1997。

孙勇：《西藏——非典型二元结构下发展改革》，中国藏学出版社，2000。

郑功成：《社会保障学》，商务印书馆，2000。

成文科：《发展经济学与21世纪中国西部发展》，山西经济出版社，2001。

多吉才旦、江村罗布：《西藏经济简史》，中国藏学出版社，2002。

王洛林、朱玲：《后发地区发展路径选择——云南藏区案例研究》，经济管理出版社，2002。

王洛林、朱玲：《市场化与基层公共服务——西藏案例研究》，民族出版社，2005。

〔美〕斯蒂格利茨：《公共部门经济学》（第三版），郭庆旺等译，中国人民大学出版社，2005。

孟醒：《统筹城乡社会保障》，经济科学出版社，2005。

赵曦、周炜：《21世纪西藏农牧民增收的途径》，中国藏学出版社，2006。

杨明洪：《西藏经济社会跨越式发展的实证研究》，中国藏学出版社，2006。

西藏社会科学院编《中国西藏发展报告（2006）》，西藏人民出版社，2006。

聂华林、杨建国：《中国西部农村社会保障概论》，中国社会科学出版社，2006。

陈昌盛、蔡跃洲编著《中国政府公共服务：体制变迁与地区综合评估》，中国社会科学出版社，2007。

李军鹏：《新公共服务学——政府公共服务的理论与实践》，国家行政学院出版社，2007。

毛阳海：《西藏实现跨越式发展的财政政策研究》，西藏人民出版社，2007。

丁业现：《执著的探索——财政部第四批援藏干部财经文集》，西藏人民出版社，2007。

西藏社会科学院编《中国西藏发展报告（2007）》，西藏人民出版社，2007。

西藏社会科学院编《中国西藏发展报告（2008）》，西藏人民出版社，2008。

郑洲：《西藏农村公共产品供给研究——以农牧区"四基"供给为例》，四川大学出版社，2009。

潘久艳：《全国援藏的经济学分析》，四川大学出版社，2009。

党秀云主编《民族地区公共服务体系创新研究》，人民出版社，

2009。

西藏社会科学院编《中国西藏发展报告（2009）》，西藏人民出版社，2009。

西藏社会科学院编《中国西藏发展报告（2010）》，西藏人民出版社，2010。

二　期刊论文

代欣言、达贵：《白朗县合作医疗运行情况调查》，《西藏医药杂志》2001年第3期。

毛泽禾：《巩固与完善西藏合作医疗面临的问题与解决对策》，《中国初级卫生保健》2002年第8期。

央金卓嘎：《进一步完善西藏农牧区医疗保障制度的几点思考》，《中国卫生事业管理》2003年第4期。

朱玲：《西藏农牧区基层公共服务供给与减少贫困》，《管理世界》2004年第4期。

扎洛：《西藏农区的村级组织及其公共服务供给——藏农区七村的案例分析》，《中国人口科学》2004年第3期。

谢来位：《公共服务能力建设要点分析》，《行政法》2006年第2期。

李锦：《公共品供给——藏农牧民增收的社区环境改善》，《中国藏学》2006年第3期。

王胜章：《加强民族自治地方政府公共服务建设需要注意的几个问题》，《云南行政学院学报》2006年第3期。

王胜章：《民族自治地方政府公共服务建设思考》，《思想战线》2006年第4期。

周平：《边疆多民族地区政治文明建设的问题分析》，《思想战线》2006年第5期。

姚俊开：《〈义务教育法〉在西藏的实施》，《教育研究》2006年第5期。

郑新立：《深化改革，转变职能，提高政府公共服务能力》，《宏观经济管理》2006年第10期。

常修泽：《和谐社会四个关系之分析》，《经济前沿》2006年第12期。

张弘、刘洪渊、肖怡然：《西藏农牧区合理配置教育资源的路径研究》，《理论与改革》2007年第1期。

卢德生、巴登尼玛：《发挥教育在西藏和谐社会建设中的重要作用》，《西藏发展论坛》2007年第1期。

陈海威：《中国基本公共服务体系研究》，《科学社会主义》2007年第3期。

郑洲：《西藏德吉新村扶贫综合开发绩效研究——基于农村公共产品供给的视角分析》，《西藏研究》2007年第4期。

安七一：《公共产品供给与西藏农村和谐社会建设》，《财经科学》2007年第4期。

财政部财政科学研究所课题组：《西藏农牧区社会事业发展的财政政策研究》，《经济研究参考》2007年第5期。

扎西多布杰等：《关于西藏谢通门县经济社会发展的调研报告》，《西藏发展论坛》2007年第6期。

达娃卓玛、拉琼：《发挥远程教育优势，加快提高西藏农牧民科技文化素质》，《西藏科技》2007年第11期。

谭兴中：《西部县级政府公共服务能力建设初探》，《重庆社会科学》2007年第12期。

丁元竹：《基本公共服务如何均等化》，《瞭望新闻周刊》2007年第22期。

李培林：《改善民生的三个突破》，《农村工作通讯》2008年第

1期。

张志英:《西藏农村公共产品供给多元途径的探索》,《西南民族大学学报》2008年第3期。

李俊清:《从政府公共服务水平提升看西藏人权的改善》,《中国行政管理》2008年第6期。

陈全功:《民族地区的基本公共服务均等化——涵义、现状水平的衡量》,《中南民族大学学报》2008年第9期。

郑洲、张明:《需求不足对农牧区基础教育影响的经济学分析——基于农牧民实际需求的视角》,《财经科学》2008年第10期。

江娟:《论民族自治地方政府公共服务能力》,《学理论》2008年第24期。

郑中华:《政府公共服务的能力建设刍议》,《学习月刊》2009年第1期。

李雪萍:《短板效应:西藏公共产品供给——兼论均衡性公共产品供给特点》,《贵州社会科学》2009年第12期。

李松林:《论新公共服务理论对我国建设服务型政府的启示》,《理论月刊》2010年第2期。

郝鹏:《关于现阶段政府管理创新的初步思考》,《行政管理改革》2010年第3期。

李秀芹:《提升我国民族自治地方政府公共服务能力的路径思考》,《法制与社会》2010年第12期。

宋瑞:《西藏高校毕业生就业制度改革的现状分析及对策思考》,《西藏研究》2010年第4期。

邓发旺:《西藏城乡发展差距分析》,《西藏研究》2010年第5期。

曾光、黄建始:《公共卫生的定义和宗旨》,《中华医学杂志》

2010年第9期。

王伟同：《公共服务投入决策与产出效果的互动影响》，《财经科学》2010年第10期。

吕稚知：《关于政府服务能力的概念界定及阐述》，《前沿》2010年第14期。

王存同：《藏区农牧民人口健康促进的实地研究——来自西藏自治区昌都地区的调查》，《中国人口科学》2011年第1期。

索朗多吉：《西藏自治区高校毕业生就业情况调查（上）》，《西藏教育》2011年第11期。

熊英：《西藏自治区教育均等化研究》，《西藏研究》2012年第1期。

李中锋：《西藏公益性岗位包容效应研究》，《西藏大学学报》2012年第2期。

陈爱东：《保障改善民生，促进社会经济稳定发展——西藏十七大以来的财政成就综述》，《西藏民族学院学报》2012年第5期。

吕中军：《民族自治地方政府公共服务能力研究》，博士学位论文，中央民族大学，2012。

史云峰：《从第六次人口普查数据看西藏人口发展变迁与特征》，《西藏民族学院学报》2013年第6期。

图书在版编目(CIP)数据

西藏基本公共服务能力提升与民生改善研究/郑洲著.--北京：社会科学文献出版社，2017.6
西藏历史与现状综合研究项目
ISBN 978-7-5201-0278-0

Ⅰ.①西… Ⅱ.①郑… Ⅲ.①公共服务-研究-西藏 ②人民生活-生活状况-研究-西藏 Ⅳ.①D669.3 ②F126

中国版本图书馆 CIP 数据核字（2017）第 039087 号

·西藏历史与现状综合研究项目·
西藏基本公共服务能力提升与民生改善研究

著　者／郑　洲

出 版 人／谢寿光
项目统筹／宋月华　周志静
责任编辑／周志静

出　　版／社会科学文献出版社·人文分社（010）59367215
　　　　　地址：北京市北三环中路甲29号院华龙大厦　邮编：100029
　　　　　网址：www.ssap.com.cn
发　　行／市场营销中心（010）59367081　59367018
印　　装／三河市尚艺印装有限公司

规　　格／开　本：787mm×1092mm　1/16
　　　　　印　张：16　字　数：207千字
版　　次／2017年6月第1版　2017年6月第1次印刷
书　　号／ISBN 978-7-5201-0278-0
定　　价／89.00元

本书如有印装质量问题，请与读者服务中心（010-59367028）联系

▲ 版权所有 翻印必究